ダンドロダンドロ

近隣の若い女性たちの圧倒的な支持を受けているヴェネツィア料理店。色鮮やかな野菜をふんだんに使ったパスタランチは前菜付きのお食べ得。(p87)

季彩そばきり すゞ木

そば三昧は文字通り、そば尽くし。締めには玄挽きと粗挽きの2種のそばが登場して、いずれ劣らぬ杜若(かきつばた)。(p233)

不二越

東京のはずれの板橋区。そのまたはずれの成増に創業百年にならんとする喫茶店ありき。名代は個性豊かな成増キーマカレー。一食の価値、大いにあり。(p240)

皇蘭

生牡蠣やフライばかりが牡蠣じゃない。大粒の牡蠣がゴロゴロ浮かぶ、かきつゆそばを食べて初めて秋たけなわを知る。(p230)

川千家

鯉のあらいと鯉こくは川魚料理専門の老舗の腕の見せどころ。鯉尽くしの昼餉(ひるげ)となれば、恋する二人にうってつけ。(p255)

コンコンブル

海外旅行に行かれない、そんなあなたに用意したワンプレートランチはビジネスクラスの機内食さながら。さあ、召し上がれ！（p160）

六波羅

多士済々の串揚げが8本並んだランチは千円ポッキリ。この値段にしてこの充実ぶりならば、飽きがくるまで毎日、通い続けてみたい。（p99）

ミンスクの台所

日本唯一のベラルーシ料理店。美味にして滋味豊かなランチもさることながら、美人トリオの笑顔こそが午後の仕事の活力を生む。(p111)

とんかつ 大倉

はるばる来ました二子玉川。東京の西のはずれに、忘れちゃならないとんかつ屋一軒。かつも美味いが海老フライと豚生姜焼きの盛合わせこそ人気メニュー。(p221)

手打そば 矢打

一之江からでも葛西からでも、テクテク歩いて数十分。やっとこ着いて鴨汁そばを一口たぐれば、その瞬間に歩き疲れはどこへやら。(p259)

昼めしを食べる 掲載店MAP

索引図

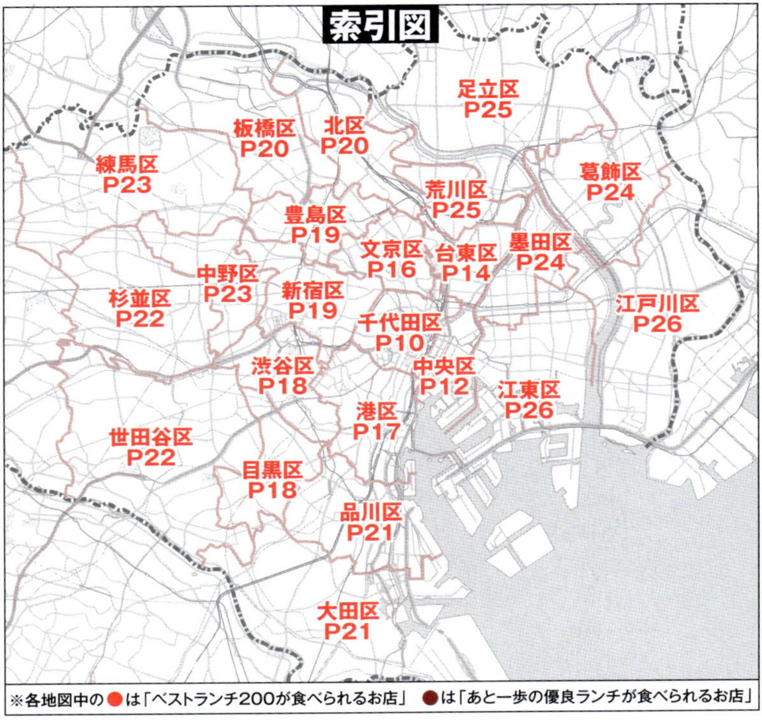

- 足立区 P25
- 板橋区 P20
- 北区 P20
- 練馬区 P23
- 荒川区 P25
- 葛飾区 P24
- 豊島区 P19
- 文京区 P16
- 台東区 P14
- 墨田区 P24
- 中野区 P23
- 新宿区 P19
- 杉並区 P22
- 千代田区 P10
- 江戸川区 P26
- 渋谷区 P18
- 中央区 P12
- 江東区 P26
- 世田谷区 P22
- 港区 P17
- 目黒区 P18
- 品川区 P21
- 大田区 P21

※各地図中の ● は「ベストランチ200が食べられるお店」 ● は「あと一歩の優良ランチが食べられるお店」

千代田区

【上部左 インセット地図】 0 200m

- 皇居外苑
- 都営三田線
- 千代田線
- ●東京会館
- 皇居線
- 横須賀線
- 京葉線
- 東京駅
- 帝国劇場
- ●レバンテ
- 東京国際フォーラム
- ●鳥藤
- ●ミルクワンタン
- ●とんかつ繁
- 有楽町線
- 日比谷線
- 有楽町駅
- ⊗丸の内署　読売会館●
- ザ・ペニンシュラ
- ●交通会館
- 日比谷駅
- イトシア
- マリオン　プランタン
- 日生劇場
- 日比谷シャンテ
- 銀座駅
- ●慶楽
- 泰明小　モザイク

【上部右 インセット地図】 0 100m

- 飯田橋駅
- ⊖飯田橋
- 総武線
- 中央線
- 東西線
- 南北線
- 有楽町線
- 白山通り
- 水道橋
- 飯田橋駅
- 九段下
- 順天堂医院⊕
- ●スクニッツォ！
- 日歯大病院⊕
- ▲市ヶ谷

【メイン地図】

- かえで通り
- 三楽病院⊕
- 日大法学部⊗
- 日大図書館⊗
- 文化学院●
- 神田女学園
- とちの木通り
- ●メーヤウ神保町店
- 千代田ファーストビル
- 西神田公園●
- 日大経済学部
- 三崎町
- 焼鳥通り
- ⊗明治大
- 日大病院⊕
- 都営三田線
- 錦華通り
- 錦華公園●
- 山の上⊞
- 明大通り
- 白山通り
- 御茶の水小⊗
- 明治大⊗
- 日大大学院
- 首都高速5号池袋線
- 専大通り
- ●専修大
- ●そば切り源四郎
- ●丸香
- カザルスホール
- 都営新宿線
- 専大前
- 靖国通り
- 神保町
- ●ランチョン
- ●ベントルナート・マッジオ
- 半蔵門線
- 神保町駅
- 三省堂
- 駿河台下
- ●源来酒家
- 岩波ホール●
- ●さぼうる2
- すずらん通り
- ●九段局
- 共立女子大大学院
- 日本教育会館
- 神田一橋中
- 東京パークタワー●
- ●神保町三井ビル
- 都営新宿線
- 千代田区役所⊗
- 麹町税務署⊗
- 九段合同庁舎●
- ●紅楼夢
- ●学士会館
- 千代田通り
- 東京電機
- 神田署⊞
- 牛ヶ淵
- 清水濠
- 共立女子高・中⊗
- 一ツ橋
- 神田税務署⊞
- 東京電機大
- 正則学園高⊗
- ⊗錦城学園高
- 北の丸公園
- ●科学技術館
- ⊗如水会館
- 首都高速都心環状線
- ●毎日新聞社
- ●東京国立近代美術館
- 内堀通り
- 丸紅
- KKRホテル東京⊞

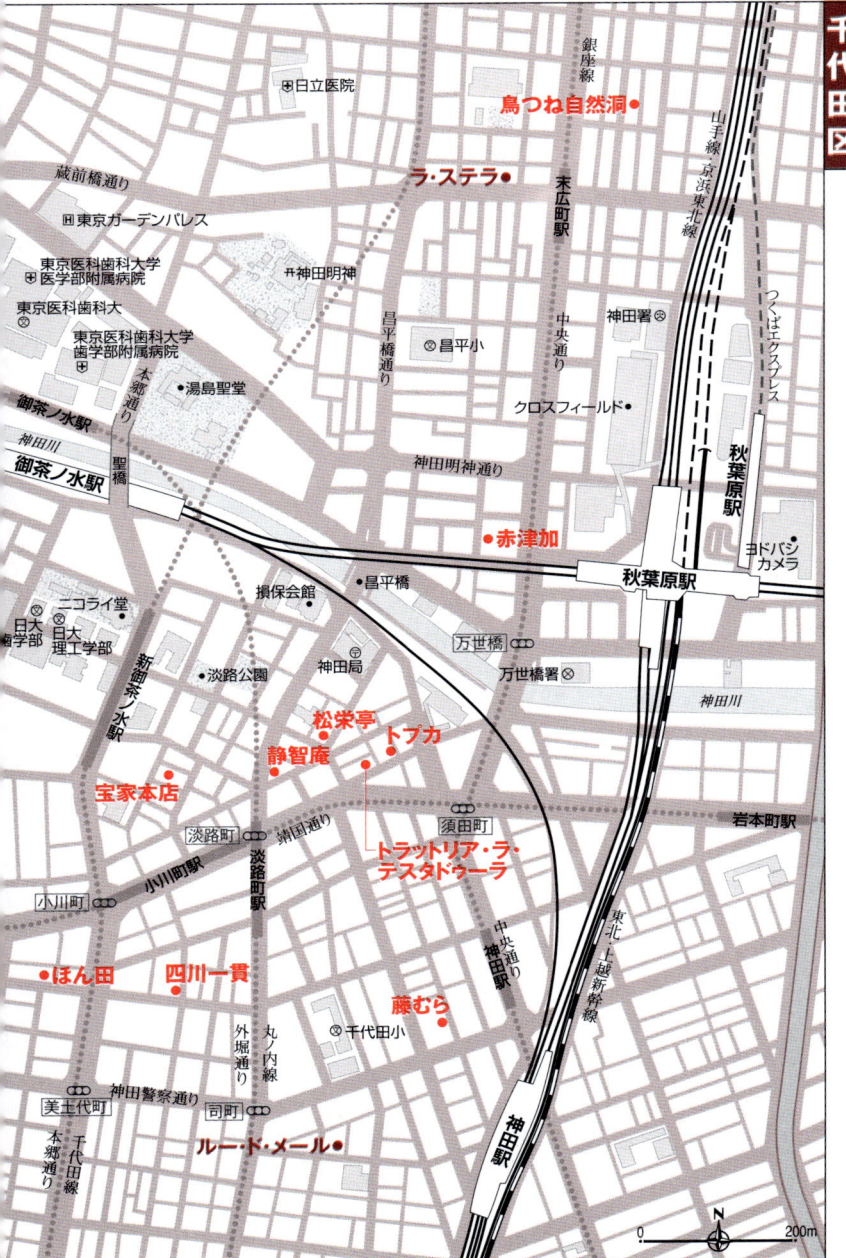

中央区

神田駅
東京駅
新日本橋駅
三越前駅
有楽町駅
日比谷駅
銀座駅
東銀座駅
新橋駅

ダンドロ ダンドロ
利休庵
ウエスト・レトロカフェ
ジャポネ
栄一
京すし
きむら
雪園京橋店
タイガー食堂
ひょうたん屋
煉瓦亭本店
萬福
ル・シズィエム・サンス・ドゥ・オエノン カフェ
とん喜
福和好日
竹葉亭銀座店
いわしや
ダリエ
桜蘭
韓国薬膳 はいやく
ダルマサーガラ
吉宗
シェ・ルネ

東海道本線・山手線・京浜東北線
東北・上越新幹線
銀座線
常磐線
首都高速1号上野線
江戸通り
昭和通り
外堀通り
中央通り
三越通り
日銀本店
三井タワー
常盤小
常盤橋公園
三越
貨幣博物館
三越新館
東京国際フォーラム
大丸
グラントウキョウノースタワー
外堀通り
城東小
グラントウキョウサウスタワー
鍛冶橋通り
富士屋
ペニンシュラ
ビックカメラ
交通会館
イトシア
有楽町マリオン
マロニエゲート
ブランタン
西洋銀座
マロニエ通り
柳通り
松屋
三愛
三越
みゆき通り
並木通り
交詢社通り
松坂屋
花椿通り
三原通り
三井ガーデン
歌舞伎座
ADK松竹スクエア
東劇
京橋局
新橋演舞場
日比谷公園
日比谷シャンテ
帝国H
泰明小
丸ノ内線
日比谷線
都営三田線
日比谷線
千代田線

200m

4

中央区

❶

たいめいけん
COREDO

東西線
日本橋駅
日本橋駅
日本橋駅

中央通り
・高島屋

日本橋女子館

靖国通り

浅草橋

一ツ橋高
総武快速線
都営新宿線
清洲橋通り
馬喰町駅
清杉通り
都営浅草線

古今
馬喰町
東日本橋駅

吉野鮨本店

⑮

八重洲通り
昭和通り
都営浅草線
阪本小
江戸通り
首都高速都心環状線

銀座線

人形町駅
八丁堀通り
半蔵門線

小舟町
江戸通り
都営浅草線

太田鮨
日本橋小
人形町通り

中山
水天宮前駅

Dobro
柿の木
宝町駅

桃乳舎
新大橋通り

京葉線
八丁堀駅
新大橋通り
蛎殻町
日比谷線

京橋署

東西線
茅場町駅
日本橋川

京橋公園

天朝
平成通り
日比谷線
新大橋通り

日比谷線
京橋築地小
築地駅
都営浅草線
昭和通り

税務署
新橋演舞場
京橋局
築地本願寺

新富町駅
銀座中
銀座局
国立がんセンター

中央区役所
海上保安庁
築地市場駅
新大橋通り
小田保
洋食たけだ

築地署
明石小
朝日新聞社
宮川本廛
朝日ホール
都営大江戸線

築地駅
聖路加看護大
京橋築地小
聖路加国際病院
築地川公園
築地本願寺
浜離宮恩賜庭園
中央卸売市場
築地市場
隅田川

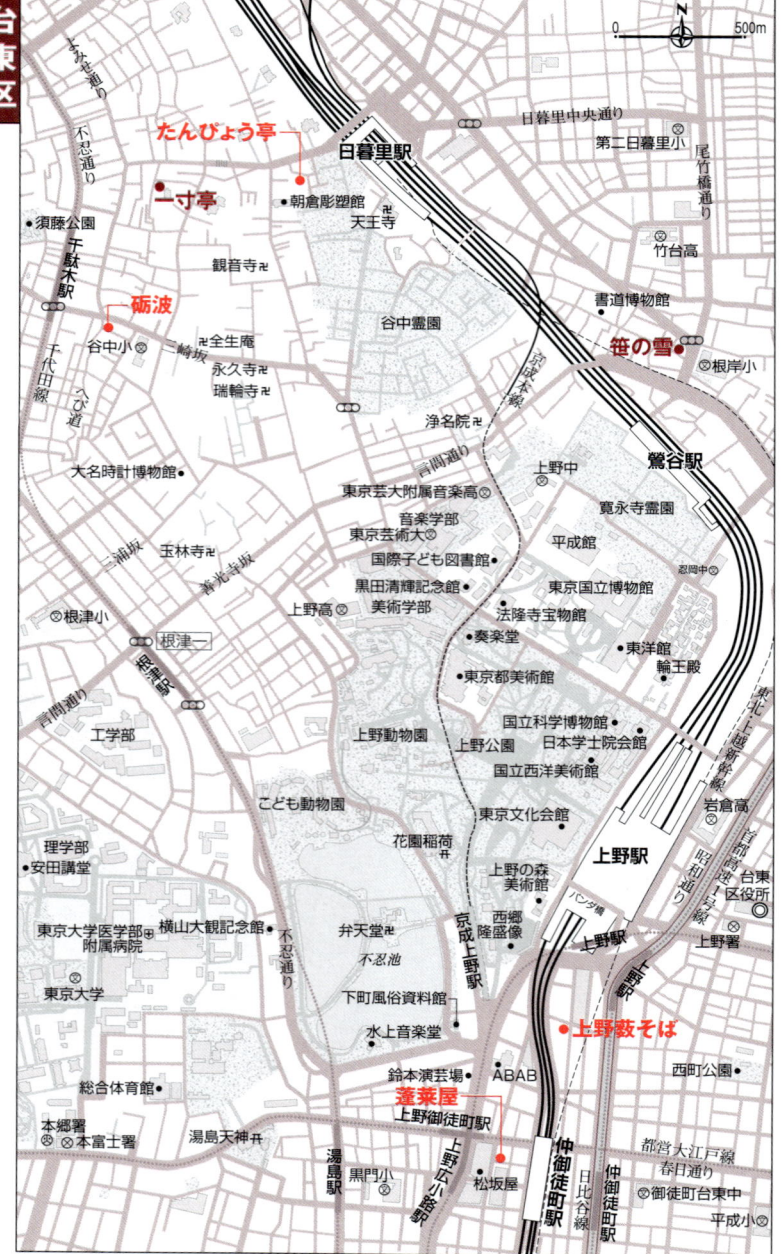

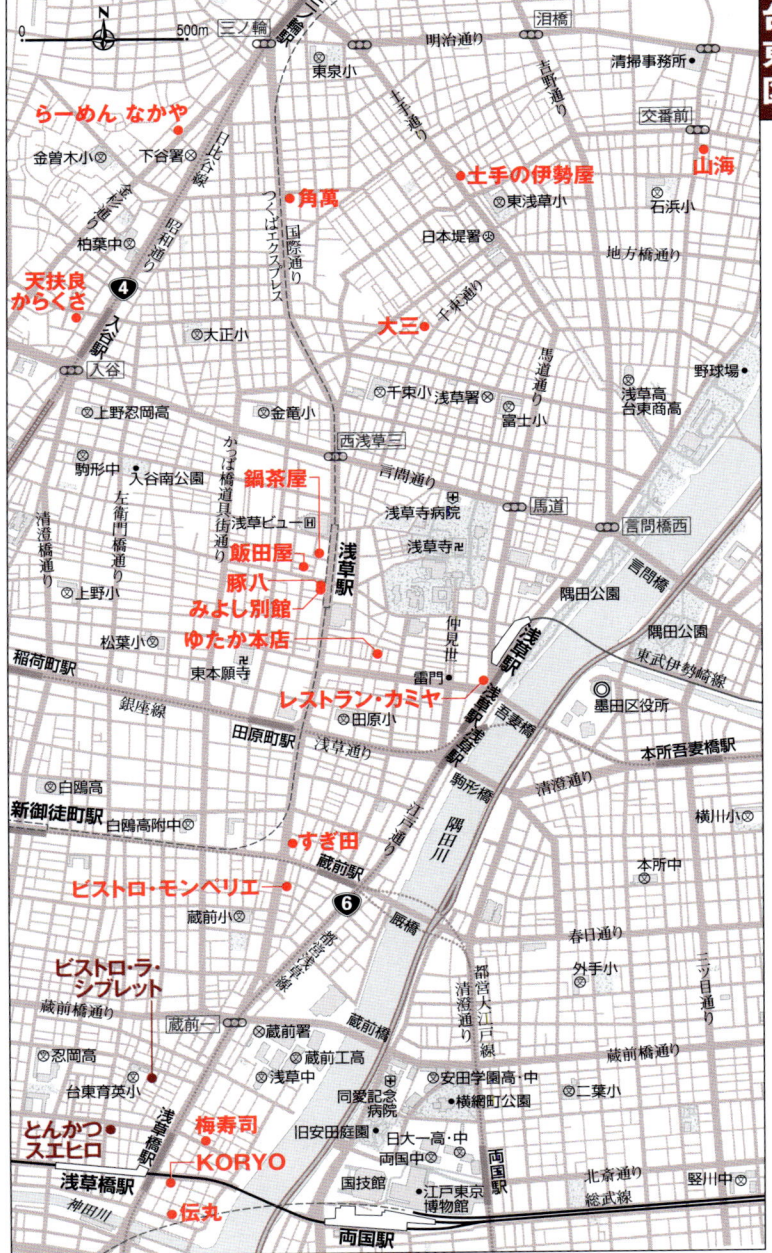

文京区

港区

- Devi Fusion
- 六本木楼外楼飯店
- ミンスクの台所
- 朋樹庵
- 六波羅 古家庵
- 海南鶏飯食堂
- 天茂 鮨兆
- ミスター・ガーリック
- 三幸園
- たき下
- EDOYA
- ふじや食堂
- ナプレ
- 竝よし
- 天ぷら逢坂
- Restaurant S
- ビストロ・ド・ラ・シテ
- 潮夢来
- 魚ゆ
- ホーカーズ
- とんかつ すずき

渋谷区

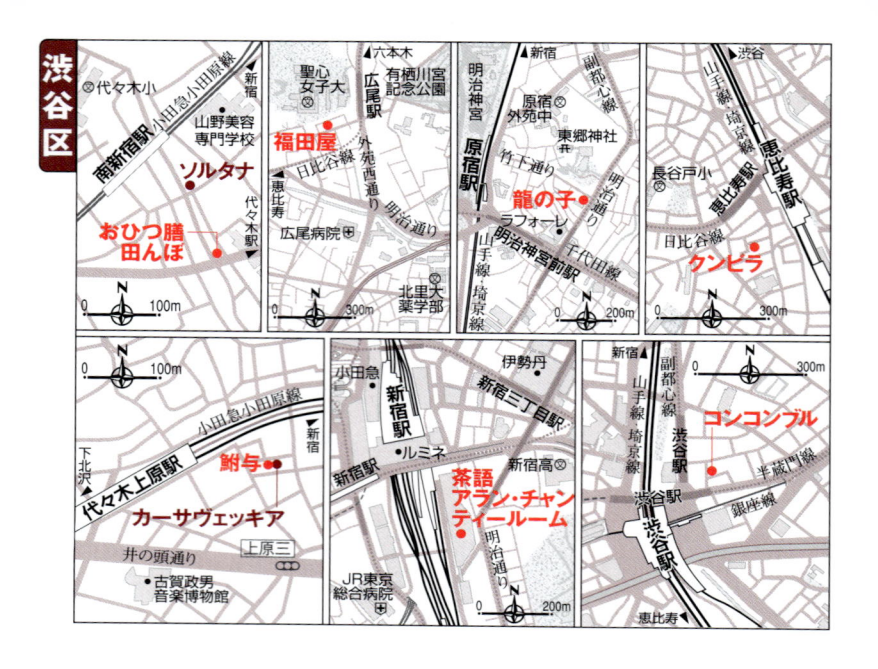

地図1
- 代々木小
- 南新宿駅
- 小田急小田原線
- 山野美容専門学校
- ソルタナ
- おひつ膳 田んぼ
- 代々木駅
- 新宿
- 0 100m

地図2
- 聖心女子大
- 六本木
- 広尾駅
- 有栖川宮記念公園
- 福田屋
- 外苑西通り
- 日比谷線
- 恵比寿
- 広尾病院
- 明治通り
- 北里大薬学部
- 0 300m

地図3
- 新宿
- 明治神宮
- 副都心線
- 原宿
- 外苑前
- 東郷神社
- 原宿駅
- 竹下通り
- 明治通り
- 龍の子
- ラフォーレ
- 千代田線
- 山手線
- 明治神宮前駅
- 0 200m

地図4
- 渋谷
- 山手線・埼京線
- 恵比寿駅
- 長谷戸小
- 日比谷線
- クンピラ
- 0 300m

地図5
- 小田急小田原線
- 代々木上原駅
- 鮒与
- 下北沢
- 新宿
- 代々木上原駅
- カーサヴェッキア
- 井の頭通り
- 上原三
- 古賀政男音楽博物館

地図6
- 小田急
- 新宿駅
- 伊勢丹
- 新宿三丁目駅
- 新宿高
- ルミネ
- 新線新宿駅
- 茶語 アラン・チャンティールーム
- 明治通り
- JR東京総合病院
- 恵比寿
- 0 200m

地図7
- 新宿
- 副都心線
- 山手線・埼京線
- 渋谷駅
- コンコンブル
- 渋谷駅
- 半蔵門線
- 銀座線
- 0 300m

目黒区

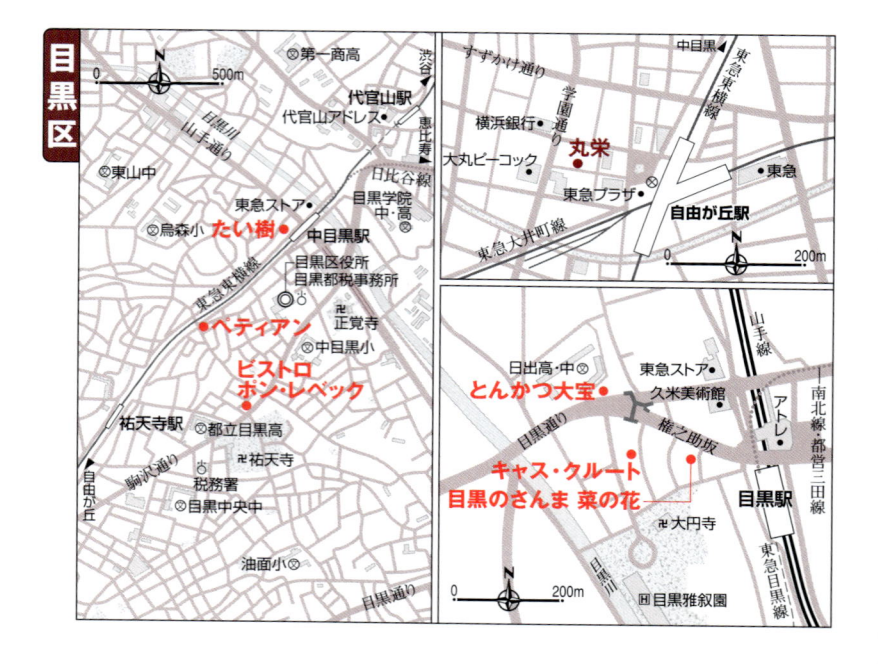

地図1
- 第一商高
- 渋谷駅
- 代官山駅
- 代官山アドレス
- 恵比寿
- 東山中
- 目黒川
- 山手通り
- 日比谷線
- 東急ストア
- 目黒学院中・高
- 烏森小
- たい樹
- 中目黒駅
- 目黒区役所
- 目黒都税事務所
- 東急東横線
- 正覚寺
- ペティアン
- 中目黒小
- ビストロ ポン・レベック
- 祐天寺駅
- 都立目黒高
- 横浜通り
- 駒沢通り
- 祐天寺
- 税務署
- 目黒中央中
- 油面小
- 目黒通り
- 自由が丘
- 0 500m

地図2
- 中目黒
- 東急東横線
- すずかけ通り
- 学園通り
- 横浜銀行
- 丸栄
- 大丸ピーコック
- 東急プラザ
- 東急
- 自由が丘駅
- 東急大井町線
- 0 200m

地図3
- 山手線
- 日出高・中
- 東急ストア
- 久米美術館
- アトレ
- 南北線・都営三田線
- とんかつ大宝
- 目黒通り
- 権之助坂
- キャス・クルート
- 目黒のさんま　菜の花
- 目黒駅
- 大円寺
- 東急目黒線
- 目黒川
- 目黒雅叙園
- 0 200m

新宿区

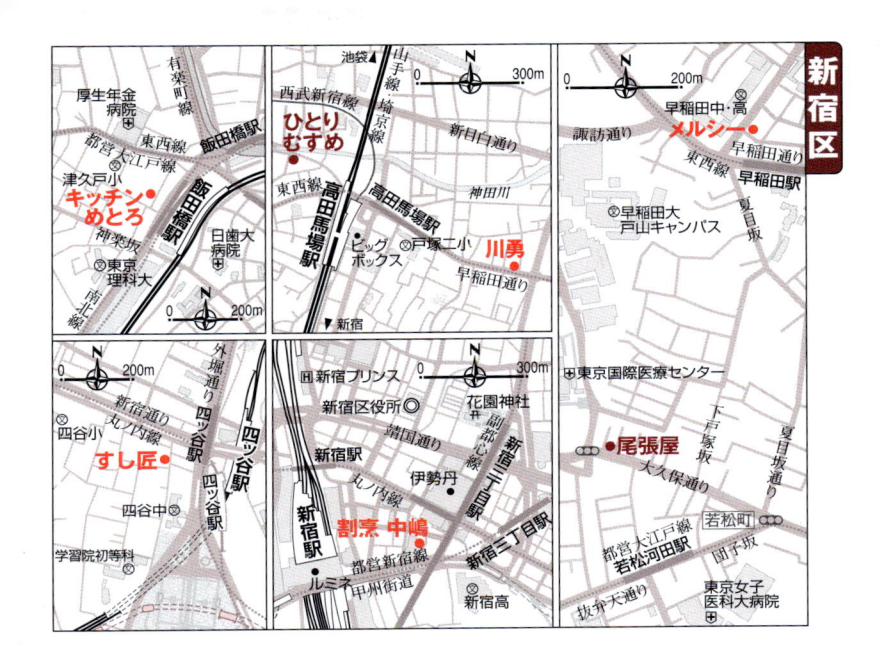

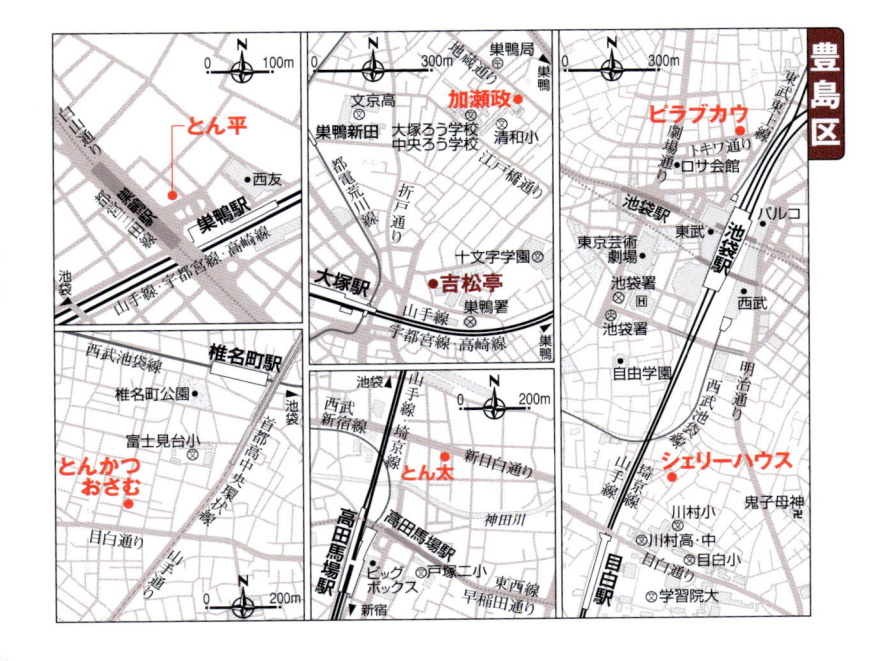

- キッチン・めとろ
- ひとりむすめ
- メルシー
- 川勇
- すし匠
- 割烹 中嶋
- 尾張屋

豊島区

- とん平
- 加瀬政
- ビラブカウ
- 吉松亭
- とんかつ おさむ
- とん太
- シェリーハウス

板橋区

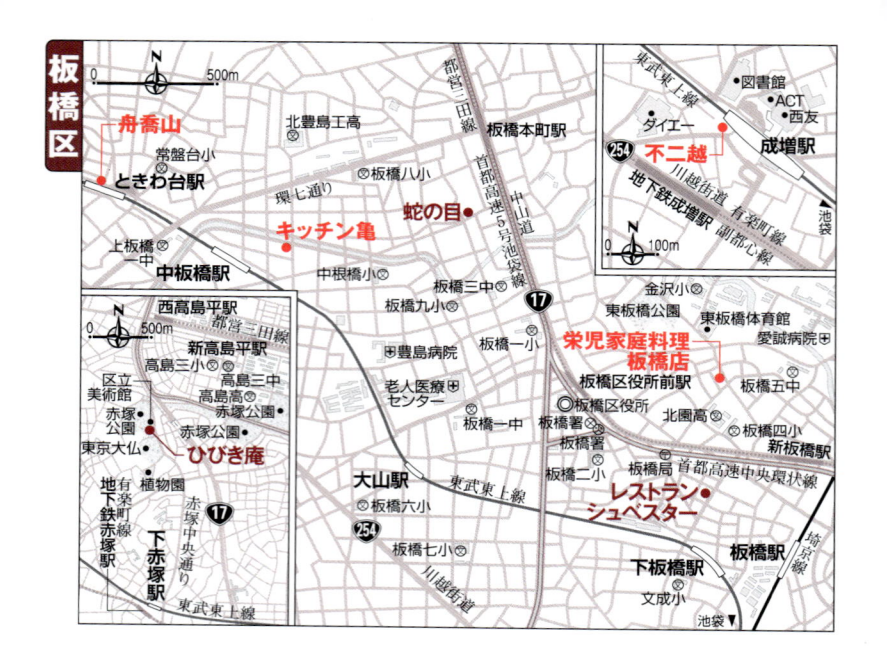

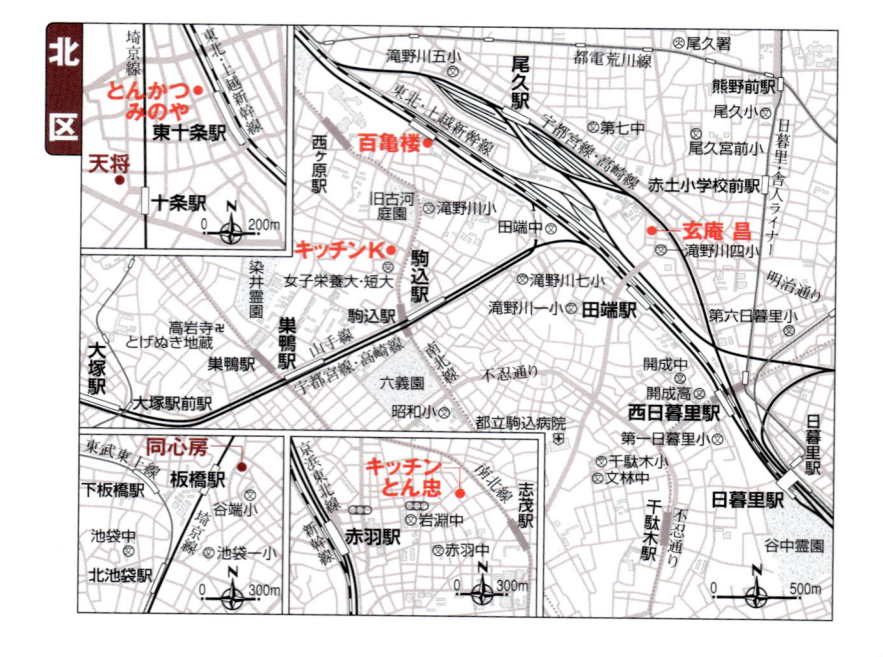

- 舟喬山
- ときわ台駅
- キッチン亀
- 蛇の目
- ひびき庵
- 不二越
- 栄児家庭料理 板橋店
- レストラン・シュベスター

北区

- とんかつ・みのや
- 天将
- 百亀楼
- キッチンK
- 玄庵 昌
- 同心房
- キッチンとん忠

大田区

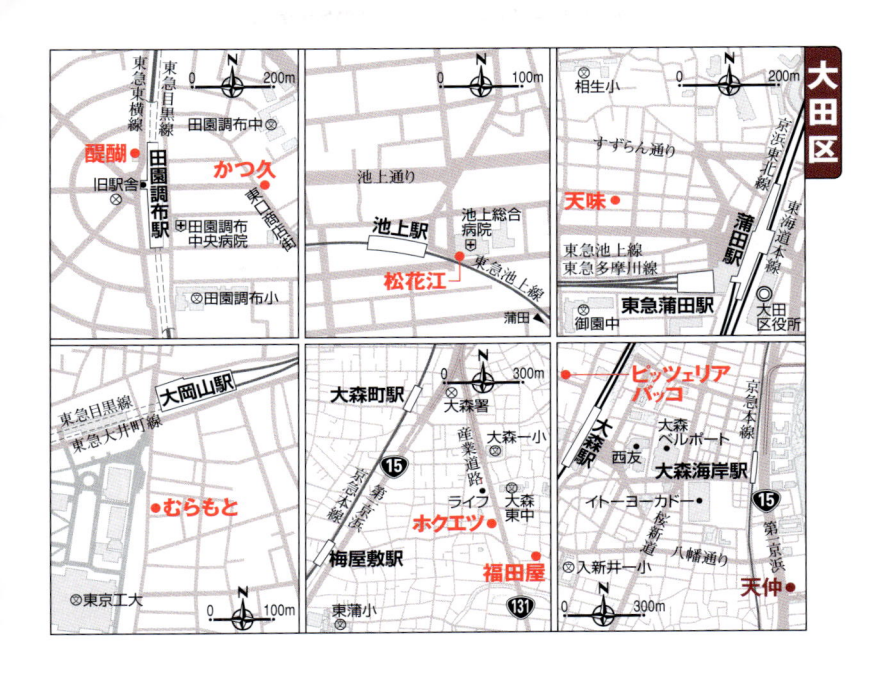

田園調布エリア
- 醍醐
- かつ久
- 田園調布駅（東急東横線／東急目黒線）
- 旧駅舎
- 田園調布中
- 田園調布中央病院
- 田園調布小
- 貴船口商店街
- 池上通り

池上エリア
- 池上駅
- 松花江
- 池上総合病院
- 東急池上線
- 蒲田

蒲田エリア
- 天味
- 蒲田駅（東海道本線／京浜東北線）
- 東急蒲田駅
- 東急池上線／東急多摩川線
- 御園中
- 大田区役所
- すずらん通り
- 相生小

大岡山エリア
- 大岡山駅
- 東急目黒線
- 東急大井町線
- むらもと
- 東京工大

大森町・梅屋敷エリア
- 大森町駅
- 大森署
- 産業道路
- ライフ
- 大森小
- 大森東中
- ホクエツ
- 梅屋敷駅
- 福田屋
- 東蒲小
- 京急本線
- (15)
- (131)

大森エリア
- ピッツェリア バッコ
- 大森駅
- 大森ベルポート
- 西友
- 大森海岸駅
- イトーヨーカドー
- 入新井一小
- 八幡通り
- 天仲
- 京急本線
- 第一京浜
- (15)

品川区

立会川エリア
- 立会川 吉田家
- 立会川駅
- 火防稲荷
- 仲町稲荷
- 勝島運河
- 羽田線
- なぎさ会館
- 第一京浜
- (15)

目黒エリア
- 山手線
- 都営三田線
- 南北線
- 東急ストア
- 久米美術館
- 日出高・中
- 目黒通り
- 権之助坂
- ラクシュミー
- 目黒駅
- 大円寺
- 目黒雅叙園
- 東急目黒線

品川エリア
- 品川駅
- アトレ
- 品川イーストワンタワー
- 東海道新幹線
- 北品川駅
- 北一食堂
- 京浜東北線
- 東海道本線
- 京急本線

大井町エリア
- 東急大井町線
- 大井町駅
- イトーヨーカドー
- りんかい線
- きゅりあん
- アトレ大井町
- オリガノ
- 一本橋商店街
- ブラッスリー・ポワソン・ルージュ
- 東海道本線
- 京浜東北線

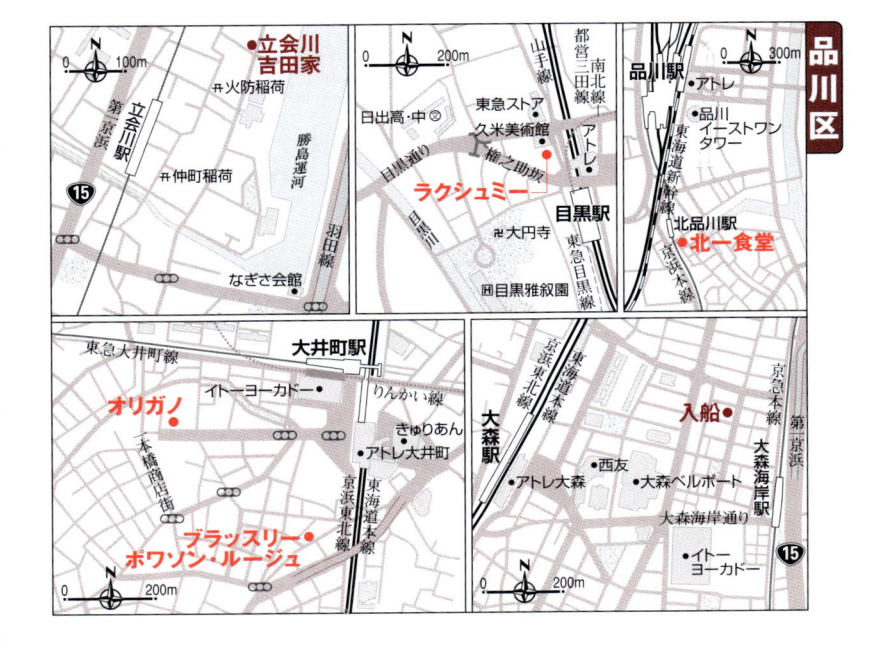

大森エリア
- 京浜東北線
- 東海道本線
- 京急本線
- 入船
- 大森駅
- アトレ大森
- 西友
- 大森ベルポート
- 大森海岸駅
- 大森海岸通り
- イトーヨーカドー
- 第一京浜
- (15)

杉並区

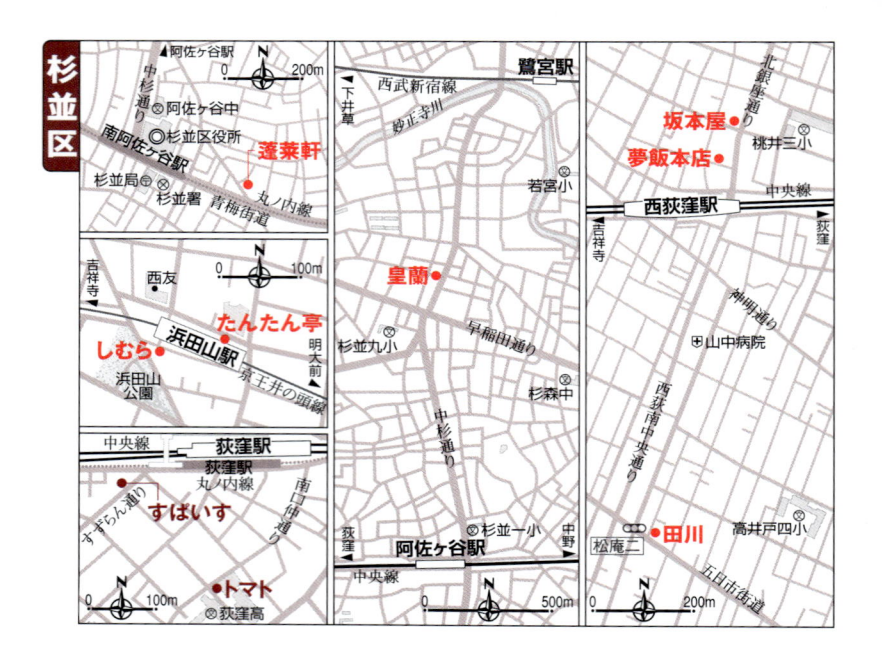

- 阿佐ヶ谷駅
- 中杉通り
- 阿佐ヶ谷中
- 南阿佐ヶ谷 ◎杉並区役所
- 蓬莱軒
- 南阿佐ヶ谷駅
- 杉並局
- 杉並署
- 青梅街道
- 丸ノ内線

- 鷺宮駅
- 西武新宿線
- 下井草
- 妙正寺川
- 若宮小
- 吉祥寺
- 皇蘭
- 杉並九小
- 早稲田通り
- 杉森中
- 中杉通り
- 荻窪
- 杉並一小
- 中野
- 松庵二
- 阿佐ヶ谷駅
- 中央線

- 北銀座通り
- 桃井三小
- 坂本屋
- 夢飯本店
- 中央線
- 西荻窪駅
- 荻窪
- 神明通り
- 山中病院
- 西荻南中央通り
- 田川
- 高井戸四小
- 五日市街道

- 吉祥寺
- 西友
- たんたん亭
- 浜田山駅
- 明大前
- しむら
- 浜田山公園
- 京王井の頭線

- 中央線
- 荻窪駅
- 丸ノ内線
- 南口中通り
- すずらん通り
- すぱいす
- トマト
- ◎荻窪高

世田谷区

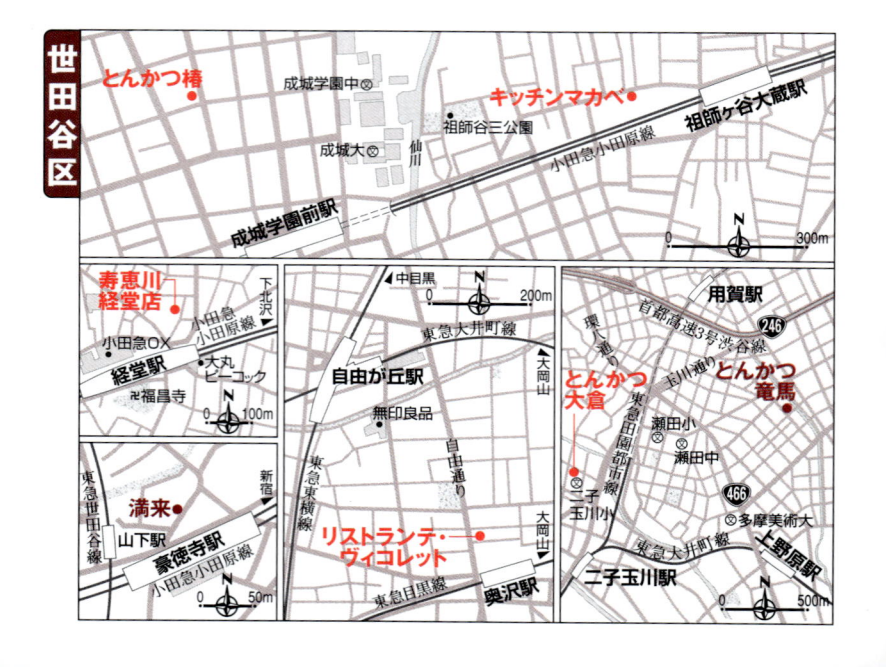

- とんかつ椿
- 成城学園中
- 成城大
- 仙川
- キッチンマカベ
- 祖師谷三公園
- 祖師ヶ谷大蔵駅
- 小田急小田原線
- 成城学園前駅

- 寿恵川経堂店
- 下北沢
- 小田急小田原線
- 小田急OX
- 大丸ピーコック
- 経堂駅
- 卍福昌寺

- 中目黒
- 東急大井町線
- 自由が丘駅
- 無印良品
- 大岡山
- 自由通り
- 東急東横線

- 用賀駅
- 首都高速3号渋谷線
- 環八通り
- 246
- 玉川通り
- とんかつ竜馬
- とんかつ大倉
- 東急田園都市線
- 瀬田小
- 瀬田中
- 466
- 二子玉川小
- 多摩美術大
- 東急大井町線
- 二子玉川駅
- 上野原駅

- 東急世田谷線
- 満来
- 山下駅
- 豪徳寺駅
- 新宿
- 小田急小田原線
- リストランテ・ヴィコレット
- 奥沢駅
- 東急目蒲線

中野区

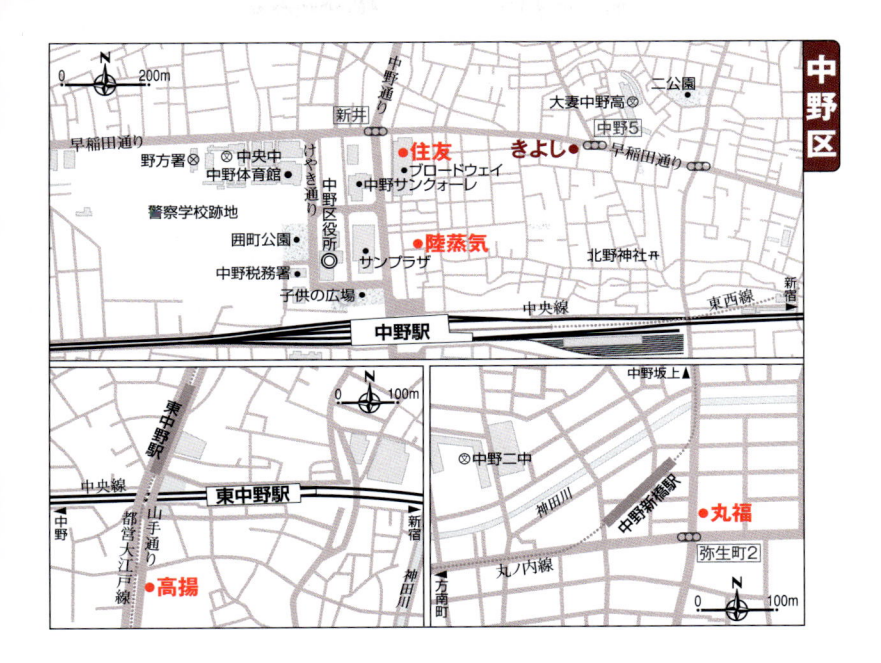

中野駅周辺
- 住友
- きよし
- 陸蒸気

周辺地名・施設: 中野通り、新井、大妻中野高、二公園、中野5、早稲田通り、野方署、中央中、中野体育館、けやき通り、ブロードウェイ、中野サンクォーレ、警察学校跡地、囲町公園、中野区役所、中野税務署、サンプラザ、北野神社、子供の広場、中央線、東西線、新宿、中野駅

東中野駅周辺
- 高揚

周辺: 東中野駅、中央線、山手通り、都営大江戸線、中野、新宿、神田川

中野新橋駅周辺
- 丸福

周辺: 中野坂上、中野二中、神田川、中野新橋駅、丸ノ内線、方南町、弥生町2

練馬区

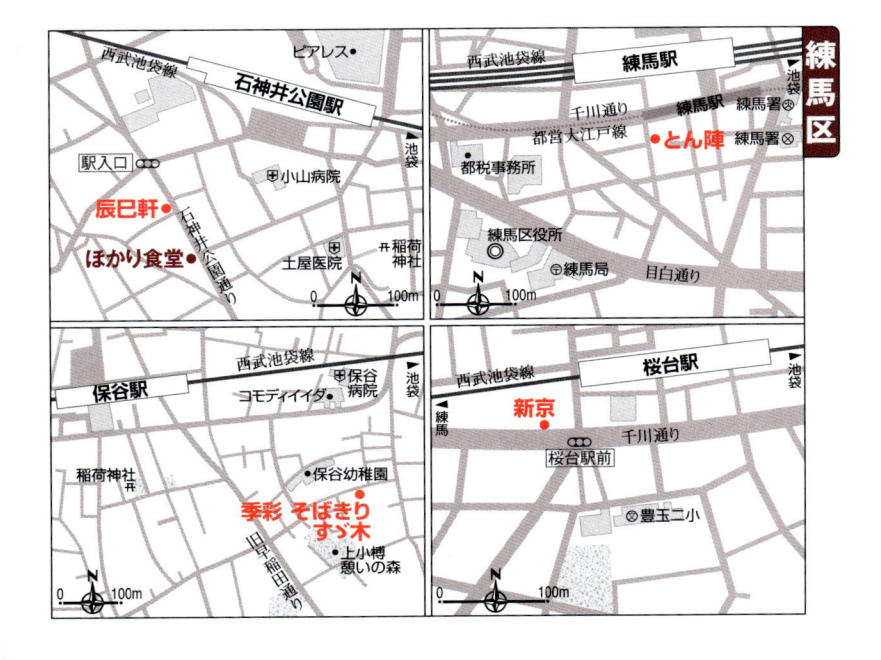

石神井公園駅周辺
- 辰巳軒
- ほかり食堂

周辺: 西武池袋線、ピアレス、石神井公園駅、駅入口、池袋、小山病院、石神井公園通り、土屋医院、稲荷神社

練馬駅周辺
- とん陣

周辺: 西武池袋線、練馬駅、千川通り、練馬署、都営大江戸線、都税事務所、練馬区役所、練馬局、目白通り

保谷駅周辺
- 季彩 そばきり すゞ木

周辺: 西武池袋線、保谷駅、コモディイイダ、保病院、池袋、稲荷神社、保谷幼稚園、旧早稲田通り、上小榑憩いの森

桜台駅周辺
- 新京

周辺: 西武池袋線、桜台駅、練馬、桜台駅前、千川通り、豊玉二小

葛飾区

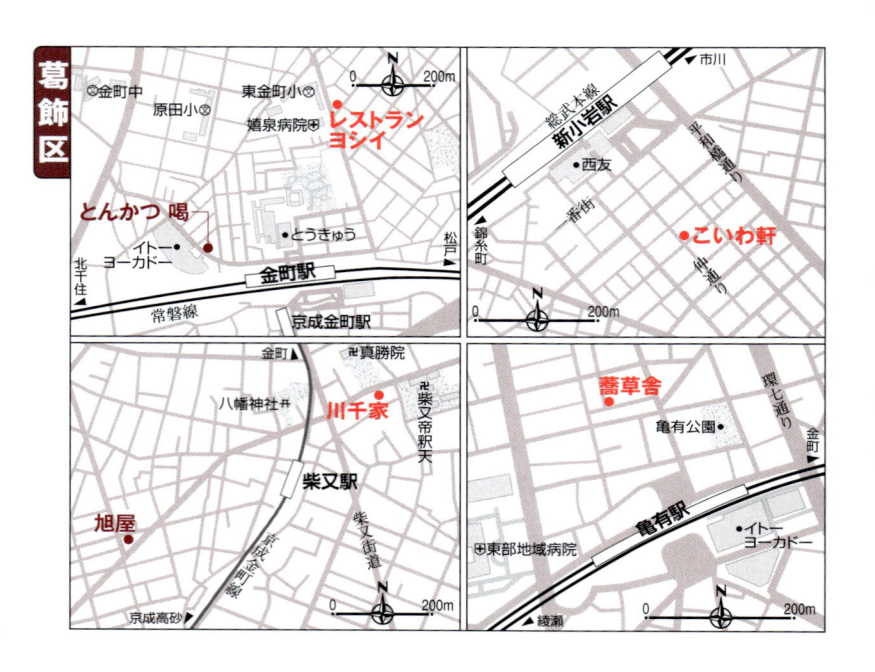

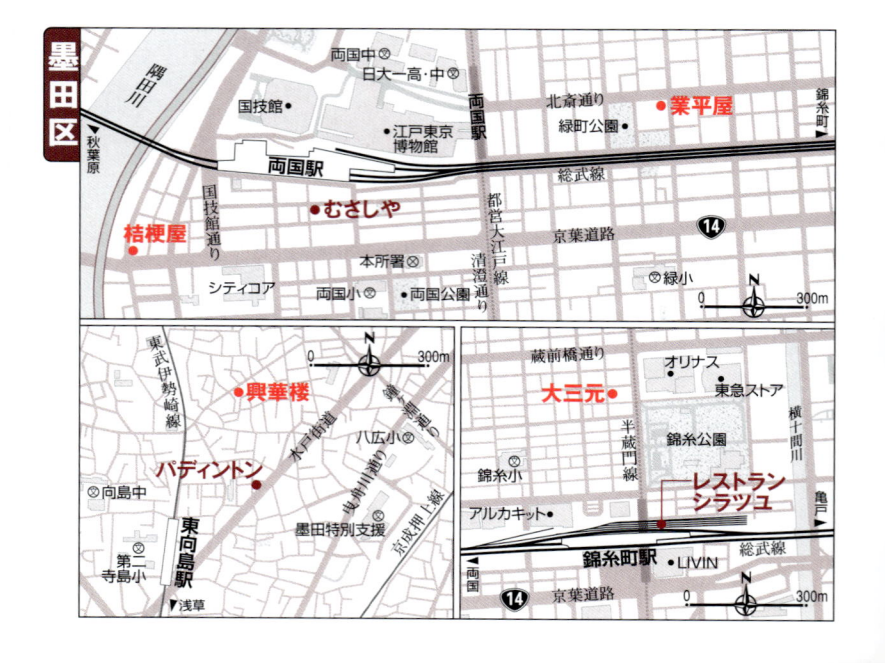

- レストランヨシイ
- とんかつ 喝
- 川千家
- 旭屋
- こいわ軒
- 蕎草舎

墨田区

- 業平屋
- 桔梗屋
- むさしや
- 興華楼
- パディントン
- 大三元
- レストランシラツユ

荒川区

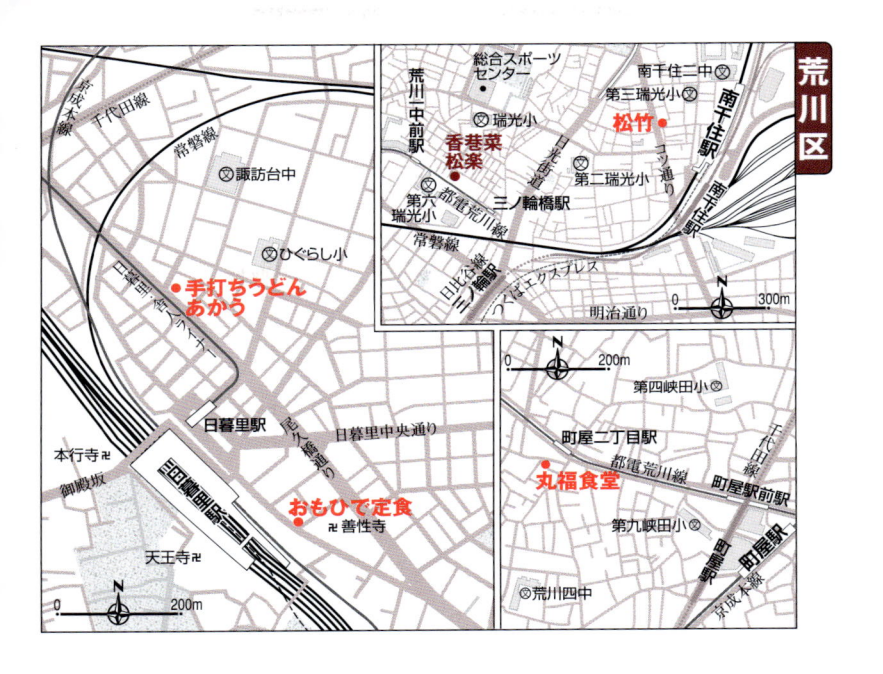

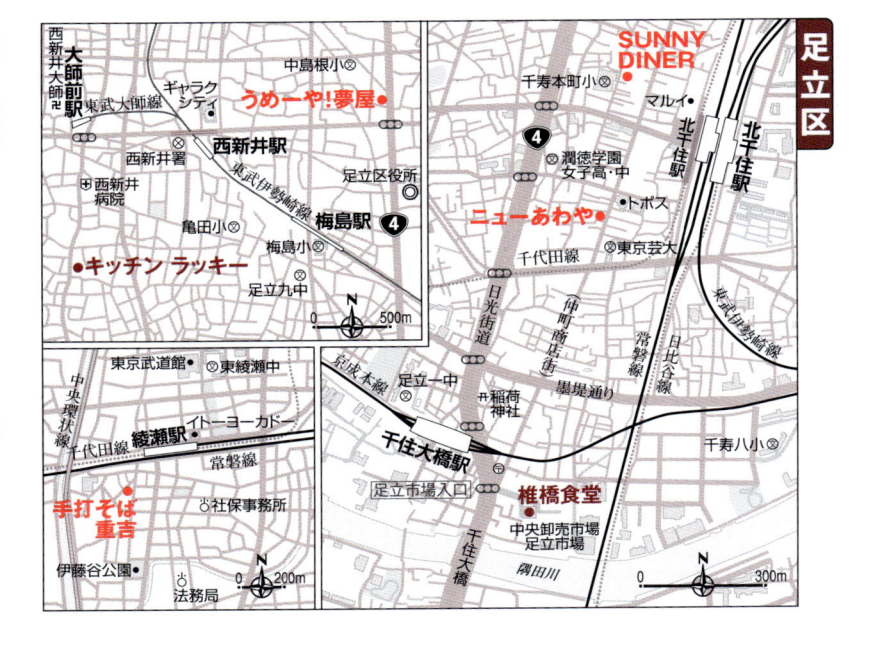

- 松竹
- 香蕐菜 松楽
- 手打ちうどん あかう
- おもひで定食
- 丸福食堂

足立区

- うめーや!夢屋
- SUNNY DINER
- ニューあわや
- キッチン ラッキー
- 手打そば 重吉
- 椎橋食堂

江戸川区

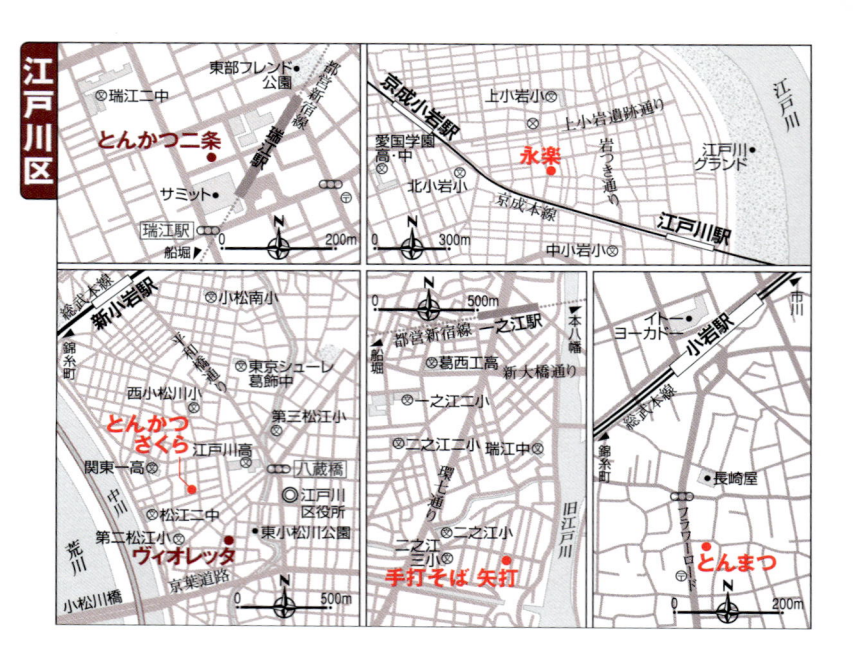

地図1（瑞江駅周辺）
- ◎瑞江二中
- 東部フレンド公園
- とんかつ二条
- 愛国学園高・中
- 北小岩小
- サミット
- 瑞江駅
- 船堀
- 200m

地図2（京成小岩駅周辺）
- 京成小岩駅
- 上小岩小
- 上小岩遺跡通り
- 岩つき通り
- 永楽
- 江戸川グランド
- 京成本線
- 中小岩小
- 江戸川駅
- 江戸川
- 300m

地図3（新小岩駅周辺）
- 新小岩駅
- 総武本線
- ◎小松南小
- 平井橋通り
- 東京シューレ葛飾中
- 錦糸町
- 西小松川小
- 第三松江小
- とんかつさくら
- 江戸川高
- 八蔵橋
- 関東一高
- ◎江戸川区役所
- 松江二中
- 第二松江小
- 東小松川公園
- ヴィオレッタ
- 荒川
- 小松川橋
- 京葉道路
- 500m

地図4（一之江駅周辺）
- 500m
- 都営新宿線 一之江駅
- 本八幡
- ◎葛西工高
- 船堀
- 新大橋通り
- 一之江二中
- 二之江小
- 瑞江中
- 曲り通り
- 二之江
- 二之江小
- 旧江戸川
- 手打そば 矢打

地図5（小岩駅周辺）
- 小岩駅
- 市川
- イトーヨーカドー
- 総武本線
- 錦糸町
- 長崎屋
- フラワーロード
- とんまつ
- 200m

江東区

地図6（亀戸駅周辺）
- 明治通り
- ●亀戸餃子
- アトレ
- 東武亀戸線
- 錦糸町
- 亀戸駅
- 総武本線
- 京葉道路
- 200m

地図7（森下駅・菊川駅周辺）
- 首都高速7号小松川線
- 都営大江戸線
- 清澄通り
- 菊川小
- 二ツ目通り
- 中和小
- 深川煉瓦亭
- 満る善
- 森下駅
- 都営新宿線
- 新大橋通り
- 菊川駅
- 新大橋
- ◎八名川小
- 芭蕉記念館
- 森下公園
- みや古
- 深川小
- 伊せ乱
- 墨田工高
- 森下文化センター
- 深川一中
- 隅田川
- 小名木川
- 白河小
- 清洲橋
- 清澄白河駅
- 七福
- 清澄通り
- 霊巌寺
- 半蔵門線
- 元加賀小
- 中村高
- 深川江戸資料館
- ことぶき本店
- 清澄公園 清澄庭園
- 天竜
- 福佐家
- 東京都現代美術館
- 深川六中
- 仙台堀川
- 木場公園
- 300m

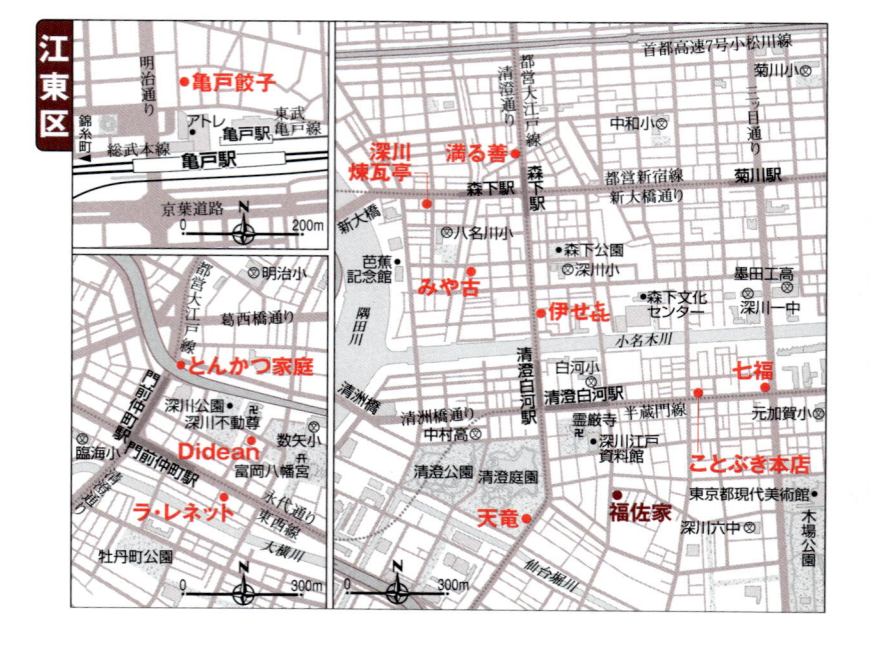

地図8（門前仲町駅周辺）
- ◎明治小
- 都営大江戸線
- 葛西橋通り
- とんかつ家庭
- 門前仲町駅
- 深川公園
- 深川不動尊
- 矢矢小
- Didean
- 富岡八幡宮
- 臨海小
- 門前仲町駅
- ラ・レネット
- 永代通り
- 東西線
- 牡丹町公園
- 大横川
- 300m

J・C・オカザワの 昼めしを食べる

✢‧‧‧✢‧‧‧✢‧‧‧ 本書の使い方 ‧‧‧✢‧‧‧✢‧‧‧✢

　本書は東京都23区内の飲食店舗で食べることのできるすぐれたランチメニューを200食選出し、「東京のベストランチ二百選」として紹介するとともに、それぞれを評価したものです。ほかに「二百選にあと一歩の優良ランチ」を50食ピックアップしました。

　選出に際しては値段の上限を2000円未満に設定してあります。各料理の値段は2008年8月現在のものです。諸物価、殊に原材料高騰の時節がら、値上げがひんぱんに行われておりますのでその旨、お含みおきください。また日替わりメニュー、殊にフレンチやイタリアンにおいては必ずしも推奨の料理が常に用意されているわけではありません。その点もご容赦ください。

※東京都23区の掲載順序

①千代田区　②中央区　　③港区　　　④台東区
⑤文京区　　⑥新宿区　　⑦渋谷区　　⑧豊島区
⑨江東区　　⑩墨田区　　⑪荒川区　　⑫中野区
⑬目黒区　　⑭品川区　　⑮大田区　　⑯世田谷区
⑰杉並区　　⑱練馬区　　⑲板橋区　　⑳北区
㉑足立区　　㉒葛飾区　　㉓江戸川区

✥ ・・・✥・・・✥・・・✥・・・✥・・・✥・・・✥・・

※記号の説明は下記の通りです。

料理のボリュームを三段階の記号で表記しました。

🍚 ………ボリュームあり
🍚 ………ボリューム標準
🍚 ………ボリューム少なめ

🍴 ………料理を賞賛
🎩 ………値段に脱帽
🌸 ………居心地が快適

(以上は料理に対する評価です)

👧 ………女性が単独で利用しやすいお店
👨 ………J.C. オカザワの気に入りの店

(以上は店舗に対する評価です)

　各店の住所、電話番号、休業日を明記しましたが、営業時間は変更されることが多いために省略してあります。

※価格の表記は基本的に内税です。

昼めしを食べる 目次

- 掲載のお店地図 …………… 9
- 本書の使い方 …………… 28
- まえがき …………… 36
- 索引（五十音順） …… 294

ベストランチ200が食べられるお店

※千代田区 …………… 40
- 静智庵 …………… 41
- そば切り源四郎 …… 42
- 丸香 …………… 43
- 宝家本店 …………… 44
- 鳥つね自然洞 …… 45
- とんかつ繁 …………… 46
- 松栄亭 …………… 47
- トプカ …………… 48
- メーヤウ神保町店 …… 49
- ほん田 …………… 50
- レバンテ …………… 51
- 赤津加 …………… 52
- 藤むら …………… 53
- トラットリア・ラ・テスタドゥーラ …… 54
- ベントルナート・マッジオ …… 55
- スクニッツォ！ …… 56
- 四川一貫 …………… 57
- 源来酒家 …………… 58
- 紅楼夢 …………… 59
- 慶楽 …………… 60

※中央区 …………… 61
- 吉野鮨本店 …………… 62
- 京すし …………… 63
- 太田鮨 …………… 64
- 利久庵 …………… 65
- 宮川本廛 …………… 66
- 竹葉亭銀座店 …… 67
- ひょうたん屋 …… 68
- 天朝 …………… 69
- 中山 …………… 70
- 栄一 …………… 71
- 古今 …………… 72
- とん㐂 …………… 73
- 煉瓦亭本店 …………… 74
- 小田保 …………… 75
- 洋食たけだ …………… 76
- 桃乳舎 …………… 77
- たいめいけん …… 78
- ウエスト・レトロカフェ …… 79
- 萬福 …………… 80
- いわしや …………… 81

福和好日 ……………82	潮夢来 ………………108
吉宗 …………………83	海南鶏飯食堂 ………109
タイガー食堂 ………84	Devi Fusion ………110
柿の木 ………………85	ミンスクの台所 ……111
ル・シズィエム・サンス・	三幸園 ………………112
ドゥ・オエノン カフェ…86	古家庵 ………………113
ダンドロ ダンドロ …87	
雪園京橋店 …………88	**※台東区** ……………114
楼蘭 …………………89	梅寿司 ………………115
きむら ………………90	上野藪そば …………116
ダルマサーガラ ……91	大三 …………………117
ダリエ ………………92	角萬 …………………118
Dobro ………………93	飯田屋 ………………119
韓国薬膳はいやく ……94	鍋茶屋 ………………120
	天扶良からくさ ……121
※港区 ………………95	土手の伊勢屋 ………122
朋樹庵 ………………96	すぎ田 ………………123
天ぷら 逢坂 …………97	ゆたか本店 …………124
天茂 …………………98	蓬莱屋 ………………125
六波羅 ………………99	豚八 …………………126
ミスター・ガーリック…100	レストラン・カミヤ……127
EDOYA ………………101	砺波 …………………128
㐂よし ………………102	らーめん なかや ……129
ふじや食堂 …………103	山海 …………………130
ビストロ・	みよし別館 …………131
ド・ラ・シテ ………104	伝丸 …………………132
Restaurant S ………105	たんぴょう亭 ………133
ナプレ ………………106	ビストロ・モンペリエ…134
六本木楼外楼飯店 ……107	KORYO ………………135

- ※文京区············136
  - 梅光············137
  - 竹や············138
  - 井泉本店············139
  - キッチンまつば············140
  - デリー上野本店············141
  - お茶とごはんや············142
  - レストラン・プルミエ···143
  - オステリア・
    ラ・ベリータ············144
  - オステリア
    ココ・ゴローゾ············145
  - 中華オトメ············146
  - ミュン············147
  - 海燕············148

- ※新宿区············149
  - すし匠············150
  - 川勇············151
  - キッチンめとろ············152
  - メルシー············153
  - 割烹 中嶋············154

- ※渋谷区············155
  - 鮒与············156
  - 福田屋············157
  - おひつ膳 田んぼ············158
  - 茶語アラン・チャン
    ティールーム············159

- コンコンブル············160
- 龍の子············161
- クンビラ············162

- ※豊島区············163
  - 加瀬政············164
  - とんかつ おさむ············165
  - とん太············166
  - とん平············167
  - シェリーハウス············168
  - ピラブカウ············169

- ※江東区············170
  - 伊せさと············171
  - 満る善············172
  - 天竜············173
  - とんかつ家庭············174
  - みや古············175
  - 深川煉瓦亭············176
  - 七福············177
  - 亀戸餃子············178
  - ことぶき本店············179
  - ラ・レネット············180
  - Didean············181

- ※墨田区············182
  - 業平屋············183
  - 桔梗家············184
  - 興華楼············185

昼めしを食べる　目次

大三元‥‥‥‥‥‥‥‥‥186

※荒川区‥‥‥‥‥‥‥‥187
手打うどん あかう‥‥‥188
松竹‥‥‥‥‥‥‥‥‥‥189
丸福食堂‥‥‥‥‥‥‥‥190
おもひで定食‥‥‥‥‥‥191

※中野区‥‥‥‥‥‥‥‥192
丸福‥‥‥‥‥‥‥‥‥‥193
住友‥‥‥‥‥‥‥‥‥‥194
陸蒸気‥‥‥‥‥‥‥‥‥195
高揚‥‥‥‥‥‥‥‥‥‥196

※目黒区‥‥‥‥‥‥‥‥197
たい樹‥‥‥‥‥‥‥‥‥198
とんかつ大宝‥‥‥‥‥‥199
目黒のさんま 菜の花‥‥200
ビストロ
　ポン・レベック‥‥‥‥201
ペティアン‥‥‥‥‥‥‥202
キャス・クルート‥‥‥‥203

※品川区‥‥‥‥‥‥‥‥204
オリガノ‥‥‥‥‥‥‥‥205
北一食堂‥‥‥‥‥‥‥‥206
ブラッスリー
　ポワソン・ルージュ‥‥207
ラクシュミー‥‥‥‥‥‥208

※大田区‥‥‥‥‥‥‥‥209
醍醐‥‥‥‥‥‥‥‥‥‥210
天味‥‥‥‥‥‥‥‥‥‥211
かつ久‥‥‥‥‥‥‥‥‥212
ホクエツ‥‥‥‥‥‥‥‥213
むらもと‥‥‥‥‥‥‥‥214
福田屋‥‥‥‥‥‥‥‥‥215
ピッツェリア バッコ‥‥216
松花江‥‥‥‥‥‥‥‥‥217

※世田谷区‥‥‥‥‥‥‥218
寿恵川経堂店‥‥‥‥‥‥219
とんかつ 椿‥‥‥‥‥‥220
とんかつ大倉‥‥‥‥‥‥221
キッチン マカベ‥‥‥‥222
リストランテ・
　ヴィコレット‥‥‥‥‥223

※杉並区‥‥‥‥‥‥‥‥224
田川‥‥‥‥‥‥‥‥‥‥225
蓬莱軒‥‥‥‥‥‥‥‥‥226
たんたん亭‥‥‥‥‥‥‥227
坂本屋‥‥‥‥‥‥‥‥‥228
しむら‥‥‥‥‥‥‥‥‥229
皇蘭‥‥‥‥‥‥‥‥‥‥230
夢飯本店‥‥‥‥‥‥‥‥231

※練馬区‥‥‥‥‥‥‥‥232
季彩 そばきり すゞ木‥233

とん陣‥‥‥‥‥‥‥‥234
辰巳軒‥‥‥‥‥‥‥‥235
新京‥‥‥‥‥‥‥‥‥236

※板橋区‥‥‥‥‥‥‥‥237
舟蕎山‥‥‥‥‥‥‥‥238
キッチン亀‥‥‥‥‥‥239
不二越‥‥‥‥‥‥‥‥240
栄児家庭料理板橋店‥‥‥241

※北区‥‥‥‥‥‥‥‥‥242
玄庵 昌‥‥‥‥‥‥‥243
とんかつ みのや‥‥‥244
キッチンK‥‥‥‥‥‥245
キッチンとん忠‥‥‥‥246
百亀楼‥‥‥‥‥‥‥‥247

※足立区‥‥‥‥‥‥‥‥248
手打そば 重吉‥‥‥‥249
ニューあわや‥‥‥‥‥250
SUNNY DINER‥‥‥‥‥251
うめーや！夢屋‥‥‥‥252

※葛飾区‥‥‥‥‥‥‥‥253
蕎草舎‥‥‥‥‥‥‥‥254
川千家‥‥‥‥‥‥‥‥255
こいわ軒‥‥‥‥‥‥‥256
レストラン ヨシイ‥‥257

※江戸川区‥‥‥‥‥‥‥258
手打そば 矢打‥‥‥‥259
とんかつ さくら‥‥‥260
とんまつ‥‥‥‥‥‥‥261
永楽‥‥‥‥‥‥‥‥‥262

ベストランチに あと一歩の優良ランチ が食べられるお店

●千代田・文京・新宿‥‥264
尾張屋‥‥‥‥‥‥‥‥264
ひとりむすめ‥‥‥‥‥265
ルー・ド・メール‥‥‥265
さぼうる２‥‥‥‥‥‥266
ランチョン‥‥‥‥‥‥266
鳥藤ミルクワンタン‥‥267
MARUAKA
　DINING 悦‥‥‥‥‥267
ラ・ステラ‥‥‥‥‥‥268
タンタ・ローバ‥‥‥‥268

昼めしを食べる　目次

●中央・港 …………………269
　鮨兆 …………………………269
　とんかつ すずき ………270
　ホーカーズ ………………270
　ジャポネ …………………271
　魚ゆ ………………………271
　たき下 ……………………272
　萬金 ………………………272
　シェ・ルネ ………………273

●渋谷・目黒・品川
　大田・世田谷 ……………274
　ソルタナ …………………274
　立会川 吉田家 …………275
　天仲 ………………………275
　丸栄 ………………………276
　とんかつ竜馬 ……………276
　入船 ………………………277
　満来 ………………………277
　カーサ ヴェッキア ……278

●豊島・中野・杉並
　練馬・板橋 ………………279
　ひびき庵 …………………279
　蛇の目 ……………………280
　吉松亭 ……………………280
　きよし ……………………281
　レストランシュベスター …281
　トマト ……………………282

　すぱいす …………………282
　ほかり食堂 ………………283

●台東・荒川・北・足立 …284
　とんかつ スエヒロ ……284
　キッチン ラッキー ……285
　笹の雪 ……………………285
　椎橋食堂 …………………286
　天将 ………………………286
　ビストロ・
　　ラ・シブレット ………287
　一寸亭 ……………………287
　香巷菜 松楽 ……………288
　同心房 ……………………288

●江東・墨田
　葛飾・江戸川 ……………289
　むさしや …………………289
　とんかつ 喝 ……………290
　とんかつ二条 ……………290
　レストラン シラツユ …291
　旭屋 ………………………291
　ヴィオレッタ ……………292
　福佐家 ……………………292
　パディントン ……………293

まえがき

「J.C. オカザワの〜を食べる」シリーズも今回が6作目。今までは名店探しを都内各エリアごとに絞って紹介してきましたが、今回初めて対象地域を東京都23区にひろげました。都心区は言うに及ばず、すべての郊外区からも二百選のうち、最低4軒はピックアップしてあります。

　選出に際してはオリンピック方式を導入しました。このまえがきをしたためているのは8月初旬ですから、翌週には北京五輪が開催されますが、どのような方式かと申しますと、例えば米国やジャマイカの得意とする陸上短距離のある種目など、一国から5人も6人も出場してしまうと彼らが上位を独占しかねない。これでは世界の国々が一同に会する意義も薄れるというものです。

　五輪同様に、都心や下町の水準が群を抜いている天ぷら・うなぎ・洋食などでは、銀座・日本橋・浅草の店々がそのジャンルを蹂躙(じゅうりん)することになりましょう。そのような事態を極力避け、地域性をひろげるためにも郊外にある店舗がなるべく入選するよう配慮したということです。2軒の店が同レベルで並んだ場合は郊外店に優先権を与えました。

　もう1つの特徴がターゲットを店から料理に転換したことです。言いかえれば名店ではなく名品にこだわりました。それも本書のタイトルが「昼めしを食べる」ですから、おのず

✢ · · · ✢ · · · ✢ · · · ✢ · · · ✢ · · · ✢ · · · ✢ · · · ✢ · · · ✢

とランチメニューに限定しています。となると、全体的な料理のバランスとラインナップに秀でていても、「この皿が魅了する」といえるほどの逸品を持たない店は、落選の憂き目を見ることになります。コストパフォーマンスや居心地の快適さにも目配りしながら、優れた一皿をひたすら探し求めました。

　週末に値段を上げることがあっても、平日に割安なランチサービスを実施する店は採用しました。平日のランチタイムは休業し、週末のみオープンする店は除外してあります。時間的制限のあるランチタイムなので長い行列のできる店も外しました。

　既刊のシリーズ本においては料理のボリュームに対し、わりと無頓着でしたが今回はそうはまいりません。昼めしともなれば、午後への活力の源泉ともなるわけでして、そのための栄養価とカロリーに留意することがとても大切です。

　東京中を飛び回る営業マン、あるいは営業ウーマンの方々のブリーフケースに本書を忍ばせていただけますれば、それに勝る喜びはありません。

2008年8月　J.C. オカザワ

昼

ベストランチ200が食べられるお店

千代田区

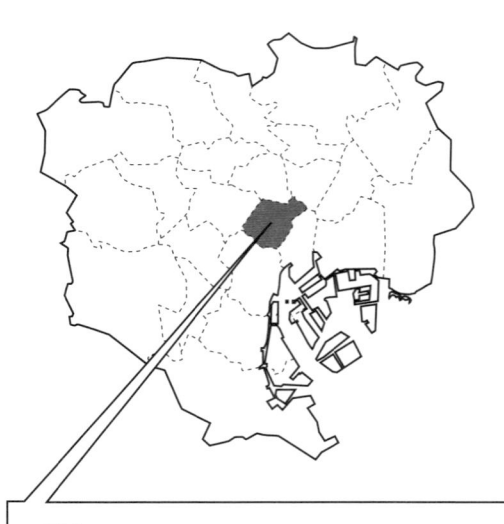

人口：45,461 人
区役所所在地：九段南 1 丁目
主な繁華街：丸の内・有楽町・神保町
区都：神田旧連雀町（J.C が勝手に定めました）

押し寿司
盛合わせ（楓）
1333円

静智庵
（せいちあん）
千代田区神田淡路町2-2 神田志乃
多゛寿司 B1　☎ 03-3255-2525　火休

　いなり寿司で有名な「神田志乃多゛寿司」の地下にあるイートインコーナー。いつの間にやら「静智庵」なる優雅な名前が付けられていた。卓上の品書きによれば押し寿司や茶巾寿司に限って「静智庵」を名乗るらしく、しのだ、いわゆるいなり寿司とのり巻きはその限りではないようだが、ややこしいから地下店舗全体をこの名で呼ぶことにする。この辺り、少々紛らわしい。

　品書きの一部を紹介しよう。
◎静智庵
　桂（鯖2・海老・鮭・太巻2）882円
　桐（海老2・鮭・小鯛・穴子・穴子巻）1228円
　楠（茶巾・鯖・鮭・穴子・穴子巻）1081円
◎しのだ・のり巻き
　6個（しのだ3・のり巻き3）535円
　茶巾詰合わせ（茶巾・しのだ・のり巻2・太巻）808円

　この店の押し寿司は他店に比して厚めの寿司種が特長。これはありがたい。酢めしもふっくらと、厳密にいえばにぎり鮨と押し寿司の中間といった感じ。口の中で瞬時にほどけて快感を呼ぶ。小食のクセにあれこれ食べたいJ.C.は、すぐにお腹がふくれる太巻や茶巾は避け、盛合わせの楓を注文している。鯖2・海老・小鯛・鮭・穴子2の内容だ。文句なしにうまい。うまいが少々甘い。これは白板昆布のせいで、鯖のバッテラには必要不可欠だが鮭や小鯛にはないほうがよい。鯖の身が厚くなる鯖棒寿司は本物の味ながら、コッテリ派をうならせてもアッサリ派にはシツッコい。楓のあとで追加したら2切れで483円のお値段だった。

そば切り&きじ汁
1200円

そば切り源四郎
（そばきりげんしろう）
千代田区神田神保町 2-10-8
☎ 03-3556-1400　土日祝休

　本家は山形県大石田町のそば街道にあり、神保町店で打つそばも故郷で収穫されたものだ。余計なことに手を出さないから、品書きの幅は極端に狭い。昼は板そばと呼ばれるそば切り（900円）に、きじ肉入りの温かいきじそば（1200円）、あとはサイドオーダーとしてのきじ汁（300円）があるだけ。ピークを過ぎる13時以降は、かいもづと呼ばれるそばがきが登場する。これは明るいうちに腹の足しにするよりも、夕暮れを待って酒の友としたほうがずっと楽しめる。夜の酒肴類の品揃えもけっして多くはない。それでも板わさ・ぬか漬け・がんもどき（各300円）・玉こんにゃく（400円）・きじ肉スモーク・芋煮（各500円）など、山形の郷土色がそこはかとなく漂って純朴だ。ビールもそば屋にありがちな「エビスビールあります」のみでなく、アサヒも置いてくれている。酒は大山・初孫と個性の異なる山形の地酒が揃って何より。

　晩酌の紹介はこのくらいにして昼めしに戻ろう。板に盛られて運ばれたやや太打ちのそばには力強いコシと粉々感が混在している。わさびよりも大根おろしがシックリくるそばに、ニセわさびは余計。つゆは塩辛さよりも甘みがジワリと押し寄せるタイプ。江戸風の辛づゆとは別種のものだ。寒い時期に温まろうというつもりでなければ、きじそばよりもそば切りときじ汁をもらい、つゆと汁を味わうに限る。どこででも食べられる鳥せいろ・鴨せいろとは異なり、都内できじせいろを食べさせるのはここだけだろう。きじは脂肪が少なく、脂肪の多い鴨よりも鳥肉に近いが肉全体に素朴なコク味が宿っている。汁に長ねぎだけでなく、ごぼうが入ることにより、風味はいよいよ羽前・山形のものとなる。

かけ
380円

丸香
(まるか)
千代田区神田小川町 3-16-1
☎ナシ　日祝休

　オープンして5年ほどになろうか。行列を見掛けることもあるから店の存在は承知していた。ところがうどんをあまり好まず、そばとどちらと問われると断固としてそば派につき、つい最近まで未踏の店だった。このシリーズの前著『古き良き東京を食べる』でも対象エリア内にもかかわらず、ハナから見落としていたことになる。日によっては19時過ぎに早仕舞いとなるため、明るい時間に限定した学生相手の商売という印象も未訪の一因。

　この店のうどんには3つのスタイルがある。冷たいのが（冷）、温かいつゆを張ったものは（温）、釜上げのように熱い汁ナシうどんが（熱）となる。一通り試して（温）がベストと断言する。うどんの太さとコシ、つゆの特徴、卓上の揚げ玉との相性、総合的に判断すると、かけうどんに行き着く。釜たま（480円）のように熱いうどんに生玉子を落とすものは見た目がきたならしい。大テーブルでの相席になるため、目の前でこれをやられると、逃げ出したくなる。冷やかけ（380円）はうどんの歯ざわり・喉越しが角ばってしまい、つゆの匂いもキツくなる。そもそも太いうどんに冷たいつゆが合うとも思えない。そうでなければそうめんや冷や麦のレゾン・デートルは完全に失われる。イタリア料理の冷製パスタも使われるのは極細打ちのカッペリーニだ。

　人気のトッピングに日替わりの丸天（150円）がある。蛸（たこ）だったり海老だったりの真っ白なさつま揚げだ。ある日、きゅうりの丸天にぶつかった。初めて口にしたものだから一瞬、虚を突かれたがこれが何ともうまい。シコシコの練りモノとポリポリのきゅうりの相性の妙。目からウロコとはまさにこのことであった。

味噌煮込み
うどん かしわ
950 円

宝家本店
（たからやほんてん）
千代田区神田淡路町 1-13
☎ 03-6410-6611　土日祝休

　元来、名古屋の食べものとは相性がよくない。味噌かつ・手羽先・天むすなど、忌み嫌いはしないが好んで食べるほどでもない。味噌汁の味噌1つとっても信州味噌で育っているから、三州岡崎の八丁味噌には慣れるまで苦労した。八丁味噌を使う名古屋名物・味噌煮込みうどんも、今までおいしく食べた記憶がない。それがつい数カ月前、神田の「宝家本店」で開眼する幸運を得るに至った。煮込みうどんだからうどんそのものに、ある程度の力強さがないとクタクタに煮崩れてしまう。中にはアゴがくたびれるほどコシの強いものがある。噛みしめるうちに味噌味が喉を通りすぎてしまい、文字通り味気ない思いをする。その点、この店のうどんはちょうどいい塩梅なのだ。鍋焼きうどんのように土鍋仕立てで供されるのだが、こいつがけっこうな暴れ馬。たぐってやると色濃いつゆがあっちこっちに飛び跳ね回る。客は鉄板焼きを食べるがごとくに、紙エプロンで防御につとめることになる。

　夜は飲み処となる当店の昼の献立は味噌煮込みうどん一本勝負。ベースの具材は玉子・油揚げ・長ねぎ。かしわ（鶏もも肉）が入ったものが一番安く950円、豚バラ入りは1000円。サラダ or ライスがサービスされるが、それでも割高感がつきまとう。気に入りは豚モツとニラ入りながら、値段が1300円に跳ね上がり、いっそう割高となる。味には太鼓判を押せるだけに気掛かりだ。

　淡路町界隈の昼めしとしては高値圏にあるためか、客の入りは今ひとつ。無条件でサラダとライスの両方を付け、小鉢と新香を添えれば適正価格となろう。それよりもハナからかしわ入り単品で800円ほどに値下げしたほうが集客につながるかもしれない。

特上モツ入り親子丼
1900円

鳥つね自然洞
(とりつねしぜんどう)
千代田区外神田 5-5-2
☎ 03-5818-3566　日祝休

　人形町の行列店「玉ひで」ほどではないが、この店の親子丼もつとに有名。客をブロイラーのごとくに扱う「玉ひで」では食べているというより、食べさせてもらっているという卑屈な気持ちになるから、親子丼が食べたくなったらここに来る。最近、秋葉原 UDX に進出したり、各種イベントに参加したりと活発な動きを見せている。食べもの屋がいろいろ手を染め出すとロクなことはないので、心配しながら様子をうかがっているところだ。

　親子丼の種類はきわめて豊富。モツが入ったり入らなかったり、胸肉が主体だったり、もも肉が取って替わったり、あるいはミンチを使ったタタキ丼があったりもする。常につゆだく状態で供される。チキンカツを使ったかつ丼（1100 円）だけはつゆの量が抑制された隠れた逸品。そもそもつゆだくなる言葉は「吉野家」の牛丼がその発祥だろう。J.C. はアンチつゆだく派につき、たまさか「吉野家」に入ったときも、つゆ少なめやつゆ完全切りを頼むことにしている。かつ丼のつゆだくは大嫌いだし、天丼やうな丼（またはうな重）にしても、ごはんにつゆを掛けないでもらうことが多い。数ある丼モノの中で、つゆだくが許容されるのは親子丼くらいのものだ。あとはマイナーながら深川丼だろうか。

　オススメの特上モツ入り親子丼はレバーが総量の半分を占めてレバー好きにはたまらない。オレンジ色の卵黄が色鮮やかにして上海蟹の内子のようだ。固めに炊かれたごはんがおいしい。これがヤワだとつゆに侵食されてしまう。鳥スープはうなぎの肝吸いのごとくにアッサリめ。きゅうりのキューちゃん風の漬物だけがおざなり千万、画龍点睛を欠いている。

ヒレかつ定食
1000 円

とんかつ繁
(とんかつしげる)
千代田区丸の内 3-6-10
☎ 03-3231-4885　土日祝休

　街で人気のとんかつ店の所在地が丸の内と知り、意外な気がした。丸の内のイメージからはかけ離れて、千代田区・番外地とでもしたほうがシックリくる。有楽町から東京駅方面に抜ける横丁の一画にある。界隈には交通会館が建つ前の、前時代的な有楽町の面影が色濃く残っており、歩いていて興味をそそられる。

　夜は比較的静かだが昼どきは行列ができるほどの繁盛ぶり。冷え込む冬場には順番を待つ客たちが石油ストーブの周りを取り囲む光景を見ることができる。定食の一番人気はロースかつ。ヒレかつ・生姜焼き（各 1000 円）・かつ丼（950 円）がそれに続く。いずれもボリューム満点。それでもなお、とんかつと心中を目論む向きは特ロース（1300 円）を注文している。健啖家の友人を伴い、2 人でロース 2 人前にヒレを 1 人前お願いしたことがあった。すると 3 カン付けのヒレかつの 1 つに包丁を入れてきたではないか。仲良く 1 個半ずつ召し上がれというご親切。些細なことだが盲点を突く心配りといえよう。スタッフは揚げ手の若い男性以外は女性ばかりが 3 人。接客のオバちゃんも懇切丁寧。相棒を指差して「この人、2 人前食べるんだヨ」とささやくと、「それじゃ午後から仕事も 2 人分してもらわなくちゃネ」と返された。

　かなりの厚みを持つロースは脂身の付きが多いものの、シツッコさはまるでない。肉質は柔らかく、はがれやすいコロモだけが玉にキズ。ヒレの柔らかさは当然ロースを上回り、感覚的にはメンチカツのそれに近い。牛ヒレでいうところの最上等部位、シャトーブリアンを連想させるほどのもの。元来、ヒレよりもロースを好むがこの店のヒレかつだけは自信を持って推奨できる。

かきフライ
&ライス
1030円

松栄亭
（しょうえいてい）
千代田区神田淡路町 2-8
☎ 03-3251-5511　日祝休

　文豪・夏目漱石も出入りした洋食の老舗は明治40年創業。以前は連雀町と呼ばれたこの界隈には、古きよき情緒を残す名店・佳店が散在しているが、そば屋以外で気軽に使えるのはこの「松栄亭」だけかもしれない。近代的に建て替えられたのが残念だ。

　漱石も食べた洋風カキアゲは現代人にはうまいものではない。しかも調理に時間が掛かり、30分近くは待たされる。実体はお好み焼きの種を俵形にまとめて揚げたようなもの。コロッケのじゃが芋、あるいはメンチカツの挽き肉の役割を、このカキアゲは小麦粉に委ねただけのことだ。それならばポークカツレツのほうが数段上。とはいっても漱石ファンには特別の意味を持つ料理であることは確かで、みすみす看過できぬものがあろう。

　気に入りはオムレツと串カツとかきフライ。殊に秋から冬に限定されるかきフライには季節要因も加味されて思い入れが深まる。1度かきフライ最後の日、3月末日に食べたが名残りの時期とは思えぬ美味に舌鼓をポンポンと打ちまくってきた。ほっそりとした縦長の粒の中身はジューシー、外側はクリスピー。これをレモンのみ、それにタルタルソース、ウスターのみと三者三様の変化をつけて楽しんだ。神田「松栄亭」、銀座「煉瓦亭」、有楽町「レバンテ」、以上を東京のかきフライの御三家と認定したい。

　サイドオーダーとしてはまず漬物（100円）。きゅうりとかぶのぬか漬けであることが多く、これは必注種目。それに野菜サラダ（550円）だ。いわゆるポテトサラダだが、昭和30年代に精肉店の店頭で売られていたポテトサラダはどの店でも野菜サラダと呼ばれていた。懐かしさこみ上げるネーミング。

印度風
マトンカリー

900 円

トプカ
千代田区神田須田町 1-11
☎ 03-3255-0707　無休

　カレーの激戦区・神保町からは若干離れているが、新しい激戦区・秋葉原にはほど近い。交通博物館が大宮に移転してから、人通りが減ったような気がしないでもない旧連雀町で、相も変わらぬ人気を保っている。並びに日本そばの「まつや」が控えているのも心強い。殊に昼めしどきはシナジー効果が生まれよう。印度風と欧風の２種類のカレーをベースに、ヴァラエティ豊かなラインナップが客を喜ばせる。レトルトカレーの販売にも注力しているようだ。湯島の「デリー」が先鞭をつけた印度カレーのレトルト版は、よほどウマ味のある商売なのだろうか。

　カレーだけでは夜の営業が成り立たないものか、日が沈むと和印折衷の居酒屋に変身を遂げ、常連を中心に客入りは上々の様子。一夜出掛けてみると、飲んだあとにカレーで締める酔客が目立った。やはりカレーはお日様の出ているうちに食べたい。本格的な印度料理店で各種タンドゥーリを堪能したあとならともかく、夕食時に一皿のカレーライスだけではわびしいからだ。もっともこの気持ち、酒を飲まない人には理解されないかもしれない。

　バターがクドい欧風カレーが苦手な J.C. はいつも迷うことなく印度風。ただし「トプカ」の欧風は神田の「ガヴィアル」や神保町の「ボンディ」より軽めの仕上がりだ。ムルギ（チキン）・キーマ（挽き肉）・ポーク（各 850 円）などが揃う印度風から一皿選ぶとなるとマトンカリー。華やかな香気を放つカルダモンと、いかにもエスニックらしい香りのクミンとが、クセのある羊肉にからんで調和の取れた風味をかもし出す。まさにトップ・クォーリティ・オブ・カリーを自称する「トプカ」の面目躍如。

カリーの
ダブルセット
980円

メーヤウ神保町店
（めーやうじんぼうちょうてん）
千代田区猿楽町 2-2-6
☎ 03-3233-0034　日祝休

　親しい友人に稀代のカレーフリークがいて、ともすればカレー談義に花を咲かせることもしばしば。ある日、この店でインドカレーを食べていて、この世のカレーをタイプ別に仕分けしようじゃないかというハナシになった。それぞれをリストアップし、互いの好みを加味した上で評価してみた。優良可を○△×で表している。×は可というよりもほとんど不可である。

	J.C.	友人
インドカレー	○	○
欧風カレー	×	×
タイカレー	○	○
洋食屋カレー	△	○
そば屋カレー	○	△
スープカレー	×	×
ホテルカレー	△	○
お家カレー	○	○

　こう見ると、カレー好きの2人がともに認めるのはインドとタイとお家のカレー。お家に関しては各家庭ごとに千差万別だから、お互いに自分のオフクロさんの味を支持していることを表す。やはり外で食べるにはインドとタイが両雄なのだ。

　各地に散在する「メーヤウ」はうまいタイカレーを食べさせる店。ポークだけはインド風も作る。スリランカ人が食べてもインド人は食べない豚肉だけれど、まっ、これはこれでいいでしょう。神保町店の系列はほかに早稲田に1軒、信州・松本に2軒ある。明治・早稲田・信州大学と、揃って大きな大学のそばに立地しているのはたんなる偶然ではあるまい。チキンとポーク、レッドとグリーンなどの変化に富んだ計5種のカレーから、2種類選べるダブルセットが推奨品。うち1種は必ずポークを組み込むことをおすすめする。

大盛りラーメン
350円

ほん田
(ほんだ)
千代田区神田錦町 1-14
☎ 03-3292-5455　日休

　ここ数年、低価格で攻勢をかけるラーメンチェーンが東京中に続々と出店している。「幸楽苑」しかり、「日高屋」またしかり。ところが何かの拍子に神田錦町の「ほん田」を知ってしまうと、チェーン店に足を運ぶ気がしなくなる。「ほん田」のような店が近所に1軒あったなら、どんなに便利でどれほど家計を助けてくれるか、その効果ははかりしれない。長いことラーメンの値段は300円ポッキリに抑えられてきた。それも立ち食いそば屋が日本そばを作る片手間に出すような中途半端な中華そばではない。二大チェーンの「幸楽苑」(304円)、「日高屋」(390円)のラーメンと比べてもずっと上をゆく。しかも大盛り無料とあっては、目と鼻の先の東京電機大生ならずとも出掛けたくなるのが人情。その証拠に開店の11時から閉店の22時まで、よくもまぁ、途切れることなく客が押し寄せて来ること、来ること。

　ところがさしもの「ほん田」も昨今の狂乱物価のあおりを受けて、とうとう値上げに踏み切った。ラーメンの新価格は350円、半チャンラーメンは500円となった。150円相当の半チャーハンはおざなりなものではなく、この値段ならば合格点。塩ラーメン(480円)・カレーラーメン(550円)・エビチリ丼・中華丼・焼肉丼(各580円)と、おおよそ30円ずつ上がっている。11時から先着180名のゆで玉子無料サービスは健在だ。

　ラーメンは少々ちぢれた平打ち太麺とコクのある醬油スープの組み合わせ。麺はツルツルとした喉越しが信条だ。心なしかスープの化調が控えめになった。具のもも肉チャーシュー・シナチク・わかめ・海苔は以前のままで同じ味を保っている。

名物かきフライの特製ランチ
1400円

レバンテ
千代田区丸の内3-5-1 東京国際フォーラム2F ☎ 03-3201-2661　無休

　秋が深まると必ず訪れる大の気に入り店。リピーターではないJ.C.がたびたび顔を出す店は東京中でも十指に満たないが、ここの生がき＆かきフライを食べないと、冬を迎える気持ちになれないのである。通常は夜の帳(とばり)が降りてから現れることにしている。まず生ビールでかきフライをやり、シャトーメルシャンの白に切り替えてから生がきを楽しむ。合わせる酒の都合でかきの順番があべこべになるのはいつものこと。そしてかき以外の料理を1〜2品つまんだあとは決まってかきピラフ。ふぐでも鱧(はも)でも同一の食材のオンパレード、いわゆるナントカづくしは好まないのに、かきと蟹だけは別物でずっと食べ続けていてもへっちゃらだ。

　酒を飲まぬ昼はめったに出掛けないが、冬場の昼めしメニューは看過できない。ドリンクバーを含むランチは大きく分けて3ジャンル。すべてにスープ・パンorライスが付く。税込み金2千円也のスペシャルランチはうっちゃっておき、まずは千円均一のサービスランチ。ハヤシライス・ビーフカレー・ヒレカツ・豚バラ生姜焼き・ミックスフライなどが並び、これはかきのオフシーズンに利用したい。お目当ては何といってもかきモノの特製ランチ。名物かきフライ（1400円）・かきピラフ（1500円）・活がきのフライ（2000円）の3点が揃う。フライはなぜか安い名物のほうが好きだ。生でもイケる活がきのフライは大ぶりのサイズが災いしてか、中身はジューシーでも油の切れがイマイチで、かきフライとしての一体感に欠けるうらみがある。有楽町駅前、交通会館のはす向かいにあった旧店舗の居心地の良さが忘れられないが、何度か通い、ようやく新店舗にもなじんできた今日この頃。

山かけ定食
800 円

赤津加
(あかつか)
千代田区外神田 1-10-2　☎ 03-3251-2585
日祝休　第 1・3 土休　土昼休

　大衆酒場の名店は大衆食堂の名店でもあった。白昼の惨劇のせいで、このほど歩行者天国が廃止された秋葉原には安い店はあってもうまい店がほとんどない。ほかにあえて挙げるとすれば、とんかつ店の「丸五」くらいだ。そんな食の不毛地帯にあって「赤津加」の昼夜を問わない大活躍は特筆に値しよう。おそらくこの店を知らない東京の居酒屋フリークはいないだろう。ここを訪れずして東京の居酒屋は語れまい。だがそのうち何人がランチタイムの営業を認識しているだろうか。よしんば知っていても実際に昼めしを食べたという人はきわめて少ないものと思われる。

　極め付きの 1 品として山かけ定食を推しはしたが、何を注文しても後悔することがない。大衆酒場、それも下町の店々はもつ煮込みや焼きトンがよくても活魚系はガクンと落ちるところが多い。下町とは呼べぬ秋葉原ながら「赤津加」は「おサカナはお任せあれ！」が最大の魅力だ。定食をズラリ紹介してみると、ある日の日替わり（700 円）はさば塩焼き＆鳥唐揚げの弁当仕立て。1 箱で 2 度おいしいのがニクい。その日の焼き魚（800 円）は塩じゃけだった。鉄板焼き（800 円）は豚肉の生姜焼き。これがジュウジュウと熱い鉄板に乗ってくる。あとは柳川鍋（850 円）、天ぷら（900 円）、刺身（1000 円）などなど。定食には気の利いた小鉢・味噌汁・新香・ごはんが付いてくる。サイドオーダーの揃えも見事。生玉子の 80 円から月見とろろの 400 円まで 10 種ほどが並ぶ。

　くだんの山かけは大きなサイコロ状のものが 4 個、とろろの中に浮き沈みしていた。ヌルヌルの山芋系にはまぐろほど相性のよいサカナはないと、あらためて実感した次第。

赤魚粕漬け焼き定食
850円

🍚 **藤むら**
（ふじむら）
千代田区神田多町2-2
☎ 03-3256-0063　土日祝休

　勤務先から徒歩圏内だったので、焼き魚が食べたくなるたびに足を運んだ。日本橋室町のオフィスからは、この「藤むら」と三越前の「利久庵」（65ページ参照）がほぼ等距離にあり、たら子を追加してぜいたくをするときはこちらに回るのである。鮭塩焼き（850円）・さば塩焼き（800円）・むつ照り焼き（900円）・さば味噌煮（800円）・豚肉生姜焼き（850円）などいろいろ食べまくった。

　イチ推しの赤魚粕漬け焼きは品書きにはあこう鯛粕漬け焼きとあるが、あこう鯛は通常、メヌケと呼ばれる深海育ちの高級魚。釣り上げられたときの気圧の変動で目玉が飛び出るのでメヌケ（目抜け）という素っ頓狂な名称をたまわったわけだ。煮付けにしてよし、鍋はもっとよしの美味なサカナはこの値段ではとても食べられない。あこう鯛を漢字で赤魚鯛などと当てるものだから混乱が生ずる原因となる。赤魚をあこう鯛と称する店はその混乱に便乗と揶揄されても弁解できない。値段は安いが赤魚だってうまい。アイスランド辺りから輸入されているが、北方のサカナは真鱈同様にホクホクでプリプリの食感が命だ。「藤むら」ではすべての定食に小鉢・味噌汁・新香・ごはんが付き、卓上には「ご自由に！」とばかり、小梅とナムルもやしが配置されている。

　冬期限定のかきモノもけっこう。かき玉鍋（850円）はいわゆるかきの玉子とじを小鍋仕立てにしたもの。山椒を振ると柳川のような風味が立ってくる。親子丼のようにごはんの上に乗っけて食べてもうまい。この店の唯一の欠点はときとしてサカナを焼きすぎてしまうこと。無残に焦げて干からびた焼き魚は箸にも棒にも掛かるものではない。

Bランチ
1365円

トラットリア・ラ・テスタドゥーラ
千代田区神田須田町 1-13-8
☎ 03-5207-5267　日祝休

　旧連雀町の面影が濃厚に残る辺り一帯に、フレンチはまったくといっていいほど見当たらない。イタリアンは皆無ではないが、それでも優良店はきわめて少ない。そんな中、この長ったらしい店名のトラットリアは1粒の真珠としてほのかに輝いている。

　最初に目を引くのが豊富なパスタの品揃え。麺類好きの日本人のためにスパゲッティに偏りがちなところを、同じ麺類でも一ひねりして自家製のキタッラやビーゴリを用意する。真ん中に穴が開いた太打ちのブカティーニ、コシが強くてリボンのように幅広のパッパルデッレ、東京ではそうやすやすとお目に掛かれぬパスタに遭遇すると、ついついそちらを注文してしまう。日本各地から取り寄せる魚介類もそれなりの取り揃え。日持ちのする肉類は多様でもアシの速いサカナは1種しか置かない（あるいは置けない）店に比べれば、これでも御の字だろう。トスカーナ風の炭火焼きをウリにしているから肉モノはそこそこ揃っている。

　夜でないと真価が判らぬと思いきや、どうしてどうして、ランチタイムもけっこうだった。土曜以外に主菜が食べられないのはネックだが、主菜込みの土曜限定Cランチは2415円で予算をオーバーするから対象外。Aランチ（1050円）は小サラダ・選べるパスタ・フォカッチャ・ドリンク。Bランチには小サラダに替わって選べる前菜が付いている。315円の差額であれば前菜付きのBにすべきだ。前菜も主菜も食べずしてパスタだけではこの店の料理を判断しにくい。前菜は魚介系、パスタはラグー系をチョイスするのがおいしくいただくコツだが、夜とは打って変わって昼のパスタの種類が少ないのがことのほか淋しい。

パスタランチ
1000 円

ベントルナート・マッジオ
千代田区神田小川町 3-24-17
☎ 03-3518-0357　日休

　オーナーシェフは西麻布の「トレ・ディ・マッジオ」をたたんで駿河台に移転してきた本格派。カウンター 11 席に 4 人掛けのテーブルが 1 卓と、バーか鮨屋向きの造作だから女性のグループ客を逃してしまうのでは？と心配になる。幸いにして入口が異なるものの、地下にテーブル席があった。

　千円ポッキリのパスタランチがお食べ得。フライドオニオンを散らしたアンチョヴィ風味のグリーンサラダにパンとフォカッチャが付く。パスタは常時 4 種類が揃う。まず 3 種類のスパゲッティはこの手のイタリアンのお約束通りに、オイル系・トマト系・クリーム系のトリオ。そしてここがこの店の偉いところでラザニアが用意されている。とある日のラザニアは、地鶏挽き肉・ポルチーニ・エリンギ・しめじをホワイトソースでまとめ、茄子の薄切りを並べて焼き上げたもの。地鶏のコク味とポルチーニの風味がよくマッチして、街のイタめし屋の水準をはるかに超えている。牛の挽き肉を使えば、トマト系のソースがよかろうとも、きのこを使った当日の食材の組合せならば断然、クリーム系だ。

　オイル系のスパゲッティも試してみた。その日はインカのめざめとアンチョヴィをからめたところにパルミジャーノをふりかけた一皿。単調な色彩をインカのめざめの黄金色が引き立てる。アンデス産のじゃが芋はさつま芋のごとくに色鮮やかだ。パスタの重量は 110g。大盛りは 300 円増しで 160g となる。ティラミスやソルベットなどの小さなドルチェが 200 円でコーヒーとエスプレッソは 150 円。2008 年 5 月の 1 カ月間は白 or 赤のグラスワインが無料でサービスされた。ありがたきかな。

帆立といんげんの
トマトリゾット

1000円

スクニッツォ！
千代田区富士見 2-3-1 信幸ビル B1
☎ 03-3263-7567　日祝休

　JR飯田橋駅をはさんで西側はご存知、神楽坂。TVドラマの影響か、ここ数年ブレイクして休日に来訪者が引きもきらない。そのせいか和食はともかく、以前から数あるフレンチ、最近増えだしたイタリアンはいささか粗製乱造気味、不満の残る店々に辟易としている。その点、駅の東側にあるこの店はなかなかの優良店。何回か夜に訪れ、手堅い料理とマカロニ・ウエスタンのような雰囲気にいつも満足している。ここのランチなら間違いあるまいと、本書のための偵察に出掛けた。原稿執筆も最後の追い込みに入り、毎日ランチを2回ずつ食べ続けている2008年7月半ばのとある日。この日も相棒と2人、まずは本駒込の「ラ・ベリータ（144ページ参照）」で前半戦を終えてきた。南北線で飯田橋に移動し、到着したのは12時半。さっそくメニューを紹介しよう。

　＊ランチセット　￥1000（サラダ・バゲット付き）
　　スパゲッティーニ……
　　　　スモークサーモン・長なす・ケッパーのトマトソース
　　　　ちりめんじゃこ＆水菜の白胡麻掛け
　　ペンネ………大山地鶏挽き肉とかぼちゃのクリームソース
　　リゾット……帆立といんげんのトマト風味

　以上4品のほかにアラカルトがあり、そこからからすみのフェデリーニの半人前（750円）、セットからリゾットをお願いする。真っ当なサラダは多彩な野菜の盛合わせ。トマトの風味さわやかなリゾットと磯の香りのフェデリーニはともに合格点。季節によってメニューは替わるが品揃え豊富につき、必ずやお気に入りが見つかるハズ。

四川風麻婆豆腐ランチ
840円

四川一貫
(しせんいっかん)
千代田区神田美土代町 11-1
☎ 03-3291-9787　日祝休　土夜休

　麻婆豆腐といえば無条件で四川料理と認識されているのに、あえて四川風麻婆豆腐を宣言する。夜に出掛けて小宴会を張ったときには確か陳麻婆豆腐と呼ばれていて、香りと辛味のアンサンブルに汗をかきながら食べたのだった。他店よりも花椒の利きは強いが、神楽坂の「芝蘭」のようにジャンジャン放り込むわけではなく、ましてや原宿の「東坡」のごとくにバカスカぶち込むようなマネは絶対にしない。要するに鼻腔を刺激しても味蕾を破壊することはないということだ。

　ランチタイムに四川風麻婆豆腐を食べてみて、味付けや辛さのグレードが夜の陳麻婆豆腐とはまったくの別物と判明した。訊けば2種類あるのだという。こちらはグッとマイルドな仕上がりで拍子抜けするが、酒を飲まない昼にはこのくらいでちょうどよい。ランチメニューは常備菜の麻婆豆腐のほかに日替わり料理が1品。こちらの値付けは780円であることが多い。ともにスープ・ザーサイ・ライス付き。あとは麺類・飯類の提供となる。ある日の日替わりは回鍋肉。豚バラ肉・キャベツ・ピーマンの味噌炒めは油の量が半端でなく少々胃にもたれた。白髪ねぎを浮かべた清湯スープによい出汁が出ていてこれは特筆。また別の日の日替わりは四川風ピーマン鶏肉味噌炒め。どうも味噌炒めが得意のようだが、使われるのは四川味噌のはずだ。

　陳麻婆豆腐には根強いファンがいて、昼どきでも所望する客がいるらしい。1品料理として割高の注文になるが、2〜3人で出掛けた折はシェアするのも一案。中華料理というものは、たとえランチタイムでも仲間と分け合うのがおいしく食べるコツなのだ。

醤油ラーメン
セット
980 円

源来酒家
(げんらいしゅか)
千代田区神田神保町 3-3
☎ 03-3263-0331　無休

　餃子・春巻・小籠包子にとどまらず、焼き饅頭や鉄板たこ焼きなどの多彩な点心類が魅力いっぱいの寧波家郷料理店。本来ならランチタイムに点心を推奨したいのだが、飲茶料理店ではないから昼の立て込む時間帯には少々無理がある。ここが本場・香港とは違うところだ。彼の地ならば点心は昼めしどきにたっぷりの中国茶とともに味わうもの、東京のチャイナタウンともいえる神保町もさすがにそこまでオーセンティックではない。

　年中無休で中休みもとらない通し営業は使い勝手がよい。週末や祝日の昼にも定食類や麺類＆炒飯のセットメニューをいただけるのもありがたい。情報が口コミで伝わったものか、週末のピークを過ぎた時間にドヤドヤと大勢の客が押し寄せたりもする。

　半チャーハンの付くセットはなぜかラーメンも担々麺も 980 円と同値段。はて、面妖な！　どの店でも 200〜300 円ほどの差はあろう。ここでお得感のある担々麺にツラレないのが J.C. のエライところだ、といいたいところだがチャーハンにはラーメン用のスープ、いわゆる清湯が不可欠だからという単純な理由による。もっとも前回は担々麺を選んだのだけれど。

　運ばれたラーメンを飾り立てていたのは、分厚い肩ロースのチャーシューを筆頭に、シナチク・煮玉子・ほうれん草の面々。別皿にもみ海苔まで付いてきた。この豪華版を見て初めて同値に合点がいったのである。リッチなラーメンはなかなかのお味。加えて賞賛したいのが海老まで入って丁寧に炒められたチャーハン。ラーメン・餃子・チャーハンと三拍子揃っていながら、大衆価格をキープする中国料理店はそうそうあるものではございませんぞ！

華ランチ
1500円

紅楼夢
(こうろうむ)
千代田区神田錦町3-28 学士会館1F
☎ 03-3292-0880　日休

　東大OBでもなければあまり縁のない学士会館かもしれない。いざ訪れてみると、そんなにアカデミックな空気が流れているでもなし、ときが止まっているような気配が感じられて心が安らぐ。年配者の来訪が顕著なので会館全体が優しく対応できるように配慮がなされている。北玄関前に設置された短いエスカレーターの巡航速度は都内で一番ゆっくりしているものと思われる。

　館内には中国料理店「紅楼夢」、カフェ＆パブの「ザ・セブンス・ハウス」、総合和食店「二色(にしき)」、フランス料理の「ラタン」と4つのレストランが完備されてグランドホテル並み。首をかしげたのはホームページの「ラタン」のコピー。洗練されたフランス田舎料理を供するとのことだが、洗練と田舎料理は相反する表現で、あまり洗練されたコピーとはいえない。

　総合力ではこの中国料理店がベスト。シンガポールやホーチミンシティ（旧サイゴン）のコロニアル・ホテルを偲ばせる内装が快適な空間を生み出している。お昼の献立は2種類の週替わりランチがメイン。それぞれに主菜と小皿が2種ずつ用意されており、そこから一皿ずつ選択するシステム。華（1500円）と夢（2000円）と銘打ったものだが、予算の都合でハナからユメはあきらめよう。

　ある日の華の主菜は①肉団子と椎茸と竹の子の煮込み ②芝海老と雪菜の炒め、小皿がA 五目の辛味煮 B 棒々鶏であった。中国料理のランチタイムにはままあることだが、1品料理・スープ・漬物・ごはんだと、最初から最後まで味の変化に乏しいから、途中で飽きることが多々ある。小皿が絶好の箸休めになってくれ、好印象に直結する役割を果たす。

焼豚飯
1000 円

慶楽
(けいらく)
千代田区有楽町 1-2-8
☎ 03-3580-1948　日休

　昭和25年開業の広東料理店をしょっちゅう利用させてもらったのは30年以上も前のことで出前のほうが多かった。若い頃、有楽町の雀荘に顔を出していて、夕飯をここから取り寄せていたのである。後日、久しぶりに訪れて40年も勤めているという店員さんと言葉を交わすと、出前は開店以来、1度もしたことがないという。どうやら雀荘のスタッフがテイクアウトしていたようだ。中でも一番お世話になったのは焼豚飯。われわれはチャーシューライスと呼んでいた。チャーシューメンに対してのチャーシューライスで、麺より飯が人気だったのはプレイ中に食べやすいからだ。

　焼豚飯は今食べても昔と変わらぬ姿に変わらぬ味。皿に盛られた白飯の上に紅麹の縁取りの焼き豚、いわゆる叉焼が8枚ほど整列している。脇にゆでたほうれん草が添えられるのみ。あとは塩味のスープが付いてくる。あまりのシンプルさに期待を裏切られた客がクレームをつけるのか、注文すると「叉焼と青菜だけですが、いいですか？」──必ずおネエさんに念を押され、「そこがいいんじゃないの」──とこう応える。

　青春の思い出の詰まった焼豚飯を半ば強引に推薦料理に仕立て上げてしまったが、ほかにもまだまだあります。牛バラ肉の煮込みを掛けた牛腩飯（1150円）、豚もつ入りあんかけ焼きそばの五目炒麺（1000円）、そして極め付きはガッツリ食べたい人にうってつけの炒飯ランチ（1200円）。炒飯の隣りに日替わり料理がズドンと2品に、デザートの胡麻団子までワンプレートに盛り込まれている。炒飯が白飯に替わると単なるランチ（1100円）と呼ばれ、味も素っ気もないネーミングにシラケてしまう。

中央区

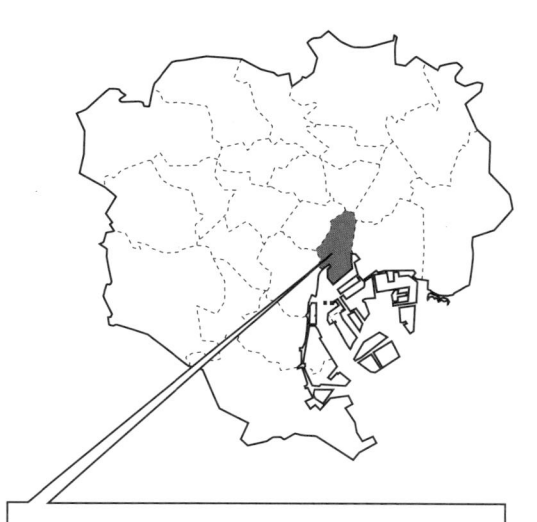

人口：105,230 人

区役所所在地：築地1丁目

主な繁華街：銀座・日本橋・人形町

区都：銀座旧尾張町（J.C. が勝手に定めました）

ちらし
1575 円

吉野鮨本店
(よしのずしほんてん)
中央区日本橋 3-8-11
☎ 03-3274-3001　日祝休

　大好きな鮨店である。鮨種の上等さや多彩さではこの店を上回る鮨屋はいくらでもあろう。だがキチンと江戸前シゴトの施された鮨を下町情緒の残る快適な空間で提供し、しかも財布にやさしい良心的な価格設定ときては、どこを差し置いても好きにならずにいられない。1 人アタマ 3 万円を超える高額店が少なくない今日この頃、そういう場所は別世界と割り切り、身の丈に合った真っ当な鮨を求めてこの店の敷居をまたごう。

「吉野鮨本店」の真価を知るにはつけ台に陣取って、お好みでにぎってもらうのが何よりだ。左党であれば白身や貝類を少しずつ切ってもらい、一合瓶の櫻正宗を手酌でやるのがこたえられない。鮨種は奇をてらわぬオーソドックスなものばかり。珍しい煮あさりだって、元をただせば昔のシゴトだ。

　庶民に支えられた名店は昼めしどきにも本領を発揮する。にぎりもちらしも鉄火重も（並）は 1575 円で（上）は 2100 円。予算を超えないよう、ここは必然的に（並）を選択し、すべてを食べ比べてみた。いっぺんに 2 つは食べられないから、立て続けに 3 回、暖簾をくぐったことになる。

　にぎりは 7 カン付けに巻きもの 3 種が 1 個ずつ。鉄火重は即席の赤身づけにもみ海苔が散っている。どちらも満足度は高い。オススメのちらしをつぶさに観察してその内容をメモった。赤身 2 枚・中とろ・かんぱち・小肌・たこ・いか・煮帆立・いくら・海老・玉子。ほかに蓮根・しいたけ・にんじん・絹さや。酢めしにはかんぴょうがまぶされ、その上におぼろが敷かれている。丸いお重を左手に持ち、一気呵成に平らげる。

鉄火丼
1260 円

京すし
（きょうすし）
中央区京橋 2-2-2
☎ 03-3281-5575　土日祝休

　昭和の香りを今に残す江戸前鮨の佳店。暖簾をくぐれば小津安二郎の世界が拡がっている。それほど立て込む店ではないが、たとえ昼のいっとき混み合っても椅子の間隔、テーブル配置、ともにゆったりとしているから落ち着ける。夜につけ台に陣を取って白身やひかりモノをつまみながら、ゆるりと飲むのも味がある。

　昼はにぎりもちらしも 1050 円より。人それぞれに好みがあろうが、どちらかといえば、生ザカナ主体の大ぶりなにぎりよりもちらしがオススメ。にぎりでは見当たらなかった小肌が入るし、煮ふくめたしいたけや酢を利かせた蓮根が恰好の箸休めとなってくれるからだ。加えて白地に濃紺の模様も粋な陶器のどんぶりが食欲をそそりにそそる。ちらしのほか、どんぶりモノはまぐろ赤身の鉄火丼を始め、さば丼・あじ丼・いなだ丼が打ち揃い、2種類半々のミックス丼の要望にまで応えてくれるのがありがたい。そのせいか、にぎりよりもどんぶりの人気が断然高いのが昼の「京すし」の特色だ。

　いろいろと試した結果、イチ推しは鉄火丼。内容の充実ぶりもさることながらその姿が美しい。インパクトの強い酢めしにきざんだ漬け生姜が敷かれ、2〜3センチ四方の薄めに切られた赤身が 14〜15 片もあったろうか。その上にきざみ海苔とおろし立ての本わさび。破格の安値を考慮に入れたら都内随一の鉄火丼と断言してはばからない。

　ある日、通りがかって店先の貼り紙に瞠目。何と「金曜スペシャル」と銘打って「鉄火丼 1260 円→ 1000 円」とあった。しじみ味噌椀付きでこの値段は価格破壊もいいところである。

おまかせ
にぎり
1800円

太田鮨
（おおたずし）
中央区日本橋人形町 1-5-2
☎ 03-3666-6415　土日祝休

　きわめて家族的な経営の古き良き江戸前鮨店。情緒を残す仕舞屋風の店内は下町愛好家には快適な空間ながら、昼どきは立て込むために9席のつけ台、2卓の小上がり、どちらに座っても肩身の狭い思いをするので、あえて快適マークは見送った。

　昼は金1800円也のおまかせにぎりコース一本やり。齢八十にならんとする先代とその息子の当代がにぎり鮨をにぎりまくる。ともに八面六臂の活躍といってよい。女将というイメージからはお2人ともほど遠いが、接客担当が若女将で大女将は裏方に徹している。夜に訪れたときに先代親方の姿が見えなかったので、お昼限定でつけ場に立っているようだ。実にすばらしい表情の持ち主だから、ぜひご尊顔を拝しに出掛けていただきたい。

　コースは3枚の皿で構成され、その内容はかくのごとし。
　1の皿──まぐろ中とろ2カン・かんぱち・平目・小肌・
　　　　　いか・いくら
　2の皿──蛍いか・煮ほたて・玉子太巻き
　3の皿──梅しそ巻き・かんぴょう巻き

　定かではないが中とろは、ばちまぐろの背とろだろうか。舌の上でまったりと溶ける。いかは歯応えからして真いかだと思われる。旬を迎えていた蛍いかは3匹付けの軍艦巻きで供された。

　夜の本わさびが昼は粉わさびになるのが残念。この値段でこの質と量では致し方あるまいか。第一、にぎりに追われてわさびをおろすヒマもないくらいの忙しさだもの。ただ1つお願いしたいのは割り箸だけは出してほしい。指先に残る鮨種の移り香が気になって仕方がなかった。

にしん
塩焼き定食
1100円

🍚 🍴
利久庵
（りきゅうあん）
中央区日本橋室町 1-12-16
☎ 03-3241-4006　日祝休

　日本橋三越本店から徒歩1分。本業はそば屋なのに充実の定食類が好評を得ている。以前は銀座にも店主の弟さんが営む同名店があったが惜しくも閉店。1階と地階がそば専門、2階と3階で定食を出す。この店ではそばよりも定食を推したい。店名を冠した利久定食（1100円）は牛鍋定食。値段から霜降り和牛は無理で、使われるのは赤身肉の切り落とし。もちや豆腐や春菊に、ねぎや玉ねぎまで入ってすき焼き同様、生玉子にくぐらせる。

　定食は1500円の天ぷらを除き、一律1100円。利久定食の上をゆくのが豚の味噌焼きだ。酒の肴には味付けが濃いが飯のおかずには最適で、ごはんのお替り必至の佳品。そしてそのまた上をゆくのが焼き魚ということになる。鮭・赤魚・さば・さんまに加えてにしんまで揃う。ときとして焼き上がりや魚本体の質にムラがあるものの、ツボにハマるとホームランをかっ飛ばす。サイズの一番大きいのがにしんで、これをヘビー級とすると、さばやさんまはウェルターかライト、鮭と赤魚はフェザーかバンタムにランクされよう。いつぞやは腹にはちきれんばかりの数の子を詰めたにしんが登場し、味覚人飛行物体の小泉教授よろしく、あまりのうれしさに気絶しそうになった。日ごろの善行の賜物というほかはない。

　ごくまれに待てど暮らせど焼き魚が出てこないことがある。逐一、火を入れねばならぬ手間ヒマのせいか、注文の通し忘れかは判断がつかないが、そうたびたびあるわけでもなく、ご愛嬌の1つとあきらめよう。何はともあれ、光り輝くごはんと風味豊かな味噌汁が「利久庵」の昼めしの原点であることだけは確かだ。

柳川ごはん
+肝吸い
1827円

宮川本廛
（みやがわほんてん）
中央区築地 1-4-6
☎ 03- 3541-1292　土休

　うな重のみならず、客の好みに応じてうな丼も仕立ててくれる稀有な店。うなぎはどんぶりに限る。五代目柳家小さんは行きつけのうなぎ屋にマイ・ドンブリを置いていたくらい。人間国宝たるもの、うなぎをうまく食おうとする料簡からして凡人とは違う。

　しばらくご無沙汰していたので、久しぶりにうな丼が食べたくなり、本書のために料理の価格を綿密に調べようという魂胆もあって築地に足を運んだ。土用の丑の日に1週間先んじる暑い日のこと。品書きを見てのけぞった。あまりの衝撃に言葉を失う。何と、うな丼の値段が高騰しているではないか！　うなぎだけにうなぎ上りとはこのことだ。順にイ・ロ・ハ・ニ・中入れ丼と並び、一番安いイでも2100円。本書の上限価格は2000円未満だから、ここでは昼めしが食えないじゃないか！　品書きとにらめっこしつつ沈思黙考。ほどなくピンとひらめき、やっと笑みがこぼれた。選んだ料理は柳川（1365円）・肝吸い（252円）・ごはん（210円）。以上3品、締めて金1827円也。やったぜ、ベイビー！

　うなぎの陰に隠れちゃいるが、この店の柳川は出しの利いた薄味仕上げでなかなかのもの。酒を飲むときにはうなぎの前に必ず注文するほどだ。うなぎ屋に来てうなぎを食えないのは悲しいけれど、何とか肝吸いだけはいただける。これと似たシチュエーションが深川は高橋（たかばし）の老舗どぜう屋「伊せ喜」（171ページ参照）。あそこでは高いどぜうに手が出せず、うなぎの白焼き丼に迂回して味噌汁だけはどぜう汁とした。どぜう屋で鍋が食えずにどぜう汁、うなぎ屋でお丼が食えずに肝吸いと、とかくこの世はままならぬ。それでもこの2軒ははずしちゃならないめし処（どころ）。

鯛茶漬け
1890円

竹葉亭銀座店
（ちくようていぎんざてん）
中央区銀座 5-8-3
☎ 03-3571-0677　無休

　銀座8丁目の料亭然とした本店はお座敷主体。お情け程度に設えられた椅子席の部屋はすぐに満席となるし、価格設定も高めだから、断然この銀座店を推奨する。「竹葉亭」という価値ある名跡がつちかってきたもてなしの心は銀座店にこそ残されている。
　うなぎ屋で鯛茶漬けでもないだろう、そう思われる方も少なくあるまい。しかるにこの店を高く評価するのは、うなぎよりも鯛を買ってのことだ。昼めしどきには縁がないが、夕暮れ以降に必ず注文する品が真鯛のかぶと。それもかぶと焼き、かぶと煮（各945円）と両方頼んでしまう。これがきわめて廉価にして美味。いくら養殖モノでもなぜこんなに安いのかというと、昼夜を問わず、鯛茶漬けが飛ぶように売れるから。刺身のあとに残ったアタマを捨てるわけにはまいりません。
　さて鯛茶漬け。胡麻醤油をまとった鯛刺しをいきなり茶漬けにはしない。ごはんは軽く3膳いただくとして、まず刺身だけで1膳。2膳目は海苔をまぶした刺身2切れほどと新香で。3膳目で初めてごはんに鯛を並べ、熱いほうじ茶を注いでサラサラとやる。茶碗をトンと膳に置いたときの満足感は筆舌につくしがたい。
　鯛茶と同値のうなぎ丼A（1890円）も他の一流うなぎ店と比して遜色のあるものではない。だが、むしろ鯛茶と首位の座を争ったのはまぐろ茶漬け（1575円）。これが実に捨てがたい。しかも本店にはない銀座店だけのもの。試す価値大いにありなのだ。ただし、添えられるのが本店は本わさびなのに銀座店ではニセわさび。これだけは何とか改めてほしい。本店に対して支店はあくまでも支店であって、けっしてニセ店なんかじゃないのだから。

うな重の並
1400円

ひょうたん屋
(ひょうたんや)

中央区銀座 1-13-9　☎ 03-3561-5615
日祝休　第 2・4 土休

　以前は同じ 1 丁目でもずっと西側の並木通り沿いにあった。お稲荷さんの隣りで煙りがモウモウと上がり、♪さあ〜ぞやお稲荷さん　煙たぁ〜かろ　サのヨイヨイ♪　ってな状態だった。脇の路地には居酒屋「卯波」やおでん「よしひろ」が軒を連ねていたが、すべて立ち退いた。この店もその 1 軒で、人気の失せた店先の貼り紙に「移転先を物色中、連絡先は 6 丁目店」とあったが、はたしてすぐに物件が見つかるものかと心配したものだ。

　ようやく再開した新店舗に一夜出掛けてみると、見覚えのある面構えの店主は相変わらずの愛想ナシ。おまけに焼き台の真ん前に座ったものだから、パタパタ、オヤジが団扇を使うたびに灰が空中に舞い上がり、J.C. のビールグラスに舞い降りる。ツレが来るまでのつまみに頼んだ新香の鉢を左手で防御しながら手酌でやるビールはせわしないことこの上ない。1 人 1 本限りの肝焼きも一足先に焼いてもらった。シンプルな品書きには、こうあった。

　鰻重（新香・吸い物付）

　並 1400 円　中 1700 円　上 2000 円　特上 2500 円

　相方が到着して、うな重の（並）と（上）を注文すると、「（並）は昼だけ！」——いきなり叱られちゃった。いわれてみれば、前からそうだった。判りましたヨ、ご免なさいネ、とばかり、（中）にランクアップ。いつの頃からか定かではないが、前回の記憶より一律 200 円上がったようだ。蒲焼きは蒸しを入れない直火焼き。プリプリ感は健在なれど、心なしか移転前のほうがよかった気がする。これはオヤジの無愛想とは関係ない。それよりも文字通りうなぎの寝床となった狭い店内の居心地が問題だ。

天丼
1600 円

天朝
(てんあさ)
中央区銀座 1-27-8
☎ 03-3564-2833　日祝休

　銀座のはずれの家庭的な天ぷら店。店の横手の陸橋を東に渡れば新富町。おそらくご夫婦だろう、店主が揚げてお内儀が配膳。加えて裏方の女性がもう 1 人。仕事ぶりを見ていると、淡々と日々の商いを営む様子が伝わって、すがすがしい気持ちになる。慇懃な商売っ気とは無縁にして、あざとさのかけらもない。折り目正しい店主は黙々と食材をさばき、真摯に鍋と向かい合う。

　昼の献立は天丼のほか、梅（1890 円）・竹（2450 円）・松（3150 円）の定食が 3 種類。予算の関係で天丼か梅定食でいくしかない。ここはケレンのない丼つゆの天丼をお試しあられたし。2008 年の春先から、諸物価値上がりのあおりを受けて飲食店でも値上げの断行が目に付くようになった。「天朝」の天丼も 100 円上がったが、可能な限り小幅なアップにとどまった。

　天丼の内容は変わらず、海老 2 尾・きす 1 尾・穴子半尾に、季節の野菜が 3 種類。6 月半ばの晴れた日はオクラ・小茄子・小玉ねぎだった。盛り付けの際にごはんの量を訊いてくれるのは親切。定食のようにお替わりができない盛り切りの天丼には必要なことだろう。しじみの赤だしはもはや定番。新香はきゅうり・大根とその葉・新生姜の酢漬け。中ぶりの海老の尻っぽが鮮やかな朱鷺（とき）色。鮮度の高さにポリポリと食べてしまった。形が整った大ぶりのきすはしっとりと揚げられて身がふっくら。下半身で来た穴子はきすよりも熱の通しが深く、カリリと揚げ切られている。

　カウンターの背後に大きくとられた窓から見える緑がさわやか。垣根の向こうには桜の木が枝葉を伸ばしている。花の季節にはさぞや美しいことだろう。その頃に再訪してみたい。

日替わり定食
900円

中山
（なかやま）
中央区日本橋人形町 1-10-8
☎ 03-3661-4538　土日祝休

　ごく少数の例外を除き、天ぷら屋で刺身を所望していい思いをしたためしがない。銀座・日本橋の高級店でさえもその不文律は崩れない。天種は鮨種のようにシゴトを施す余地がなく、天ぷら屋は鮨屋以上に食材の鮮度に注意を払わなければならない。一流店が劣悪な生モノを出すことはないが、天ぷらと重複するサカナが刺身として現れるのには鼻白む。あとで揚げるものを一足先に生で出すだけだから顔ぶれはいつも一緒。才巻きにしろ、巻きにせよ、まずは主役の車海老。そして季節の移ろいに伴ってすみいか、もしくはあおりいか。あとは帆立の貝柱が定番で、生海胆なんぞがチョコンと添えられるくらい。ときどきまぐろにお目に掛かっても、真鯛や平目にお目もじがかなうことはない。

　前置きが長くなったが「中山」にはブッタマゲた。天ぷら屋なのに刺身が抜群なのだ。それも酒のおかげで客単価の上がる夜ではない、昼めしのことである。失礼ながら、うらぶれ感漂う庶民的な店先の雰囲気からはこれほどの名店だとは想像もつかなかった。存在を認識後、10年を経て初めて入店し、さして期待もせずに天ぷら定食（1000円）をいただくと、予想以上のおいしさにほほもゆるんだ。そのときたまたまのぞき見た隣の客の日替わり定食。刺身と天ぷらのコンビだったが、まぐろの赤身がやけにうまそう。さっそくウラを返し、その日の刺身のめじまぐろに瞠目。しかも添えられたのはおろし立ての本わさび。以来再訪を重ねている。コロモのサックリ感が独特の天ぷらもごはんの友にピッタンコ。そしてうれしいことに夜もそのまま定食類がいただける。せひ、遠方からも訪れるべし。

焼き鳥どんぶり

1050円

栄一
（えいいち）
中央区京橋1-5-1
☎ 03-3281-6578　土日祝休

　60年前の創業当時から「街の焼き鳥どんぶり屋さん」として地元の人々の愛顧を受けてきた。そのよすがをランチタイムに残しながら歴史をきざみ続けている。昼は焼き鳥どんぶりと親子どんぶり（840円）の二本立て。2度訪れる機会があったら両方食べてみるのが一番だ。ボリューム的に焼き鳥よりも親子のほうが少なめだから、その日の食欲や体調に従うのも得策だ。

　親子どんぶりは人形町・甘酒横丁の行列のできる人気店のような江戸風の甘辛味の対極にあるもの。京都の市中で食べるそれに近い。いわゆるつゆだくでありながらも甘さ控えめだからサラサラいけてしまう。どんぶりを手に取り、真ん中の卵黄を崩しながらパクッとやれば、おだやかな旨みが口中にひろがり、海苔と三つ葉としいたけの風味が一体となって立ち上がる。

　串を抜かれてガツンと5本分が勢揃いする焼き鳥どんぶりは迫力満点。もも・砂肝・つくね・ハツ付きレバ・うずら玉子の陣容だ。レバが苦手の相方がレバ抜きをお願いすると、替わりに皮が来た。ももを焼き鳥のキングとすれば、レバは焼き鳥のクイーンではないか！　「レバを外すとは愚かなヤツよのう」──と口には出さず、心の中でつぶやく。多士済々の顔ぶれに舌も胃袋も喜び勇んで、おのずと箸を上げ下げするピッチが上がる。さらりとからんだタレが飽きのこないアッサリ味。ごはんの炊き上がりも上々だ。鳥スープがよい合いの手となり、キャベツもみは恰好の箸休め。すぐ近くに焼き鳥丼と焼き鳥定食が人気の「伊勢廣」がある。値段や居心地を考慮しながら比べると、互いの特長が異なることが歴然とする。

三重弁当（並）

1100 円

古今
（ここん）

中央区日本橋馬喰町 1-4-11
☎ 03-5642-7575　土日祝休　昼のみ営業

　以前は浮いた浮いたの浜町河岸からほど近い薬研堀不動院参道に暖簾を掲げていた。もともとは仕出し弁当と焼き鳥の二足のわらじを履いていたが、時の移ろいとともに、いつしかランチタイムの三重弁当が主力商品に育ち、夜は予約制になった。ためしに夜に出向いても、焼き鳥に傑出したところなく、この店では昼めしを食べるに限るとの結論に達する。

　移転先の新店は前の場所から徒歩数分の馬喰町。日本酒党には名の知れた「岡永倶楽部」のはす向かいにある。ここでは昼の営業のみに注力して夜は開けなくなった。品書きにはつくね重やかつ重も顔を見せるが、いざ注文に及ぶと「少々、お時間が掛かります……」ということになる。ここは並と上（1500円）の2種類が揃う三重弁当にターゲットを絞るのが賢明。並の内容をつまびらかにしよう。

　　上段――野菜うま煮（竹の子・しいたけ・ふき・蓮根）
　　　　　　かまぼこ　結びわらび　新香（大根味噌漬け・野沢菜）
　　中段――もも肉焼き鳥3片　海老フライ　鳥胸肉のフライ
　　　　　　玉子焼き
　　下段――白飯
　　鳥胸肉とえのき茸入り鳥スープが付く。

　上になると、姫さざえの煮ものやつくね焼きが加わるが、通常の昼めしならば、質・量ともに並でじゅうぶん。上弁当はあくまでも大切なランチ用に温存しておこう。さすれば意中の女性を誘うときの切り札にもなりうる。ハートのエースを安売りすると、トンだババをつかまされることになりかねない。

かつ丼定食
900円

とん㐂
(とんき)
中央区銀座 6-5-15 銀座能楽堂ビル B1
☎ 03-3572-0702　無休

　昼めしにどんぶりモノの果たす役割はきわめて大きい。どこの店でも迅速に出てくるし、食べ終えるのにそれほど時間がかからない。目の飛び出るような高額商品と正面衝突する突発事故もないから勘定の心配をしなくても済む。速さと安さが約束されて、あとはうまい店を探し出せばよい。

　個人的見解で恐縮ながら、日本の五大どんぶりを決めてしまった。天丼・かつ丼・親子丼・うな丼・鉄火丼がそれに当たる。牛丼はいまだファーストフードの域を出ない。かき揚げ丼はあくまでも天丼の亜流で、玉子丼は親子丼の、うな玉丼はうな丼のそれに当てはまる。下町の深川丼や舞子丼、そば屋のカレー丼と木の葉丼、はたまた中華料理屋の中華丼・麻婆丼・天津丼、いずれも五大どんぶりの存在感にはまだまだ及ばない。

　この店は本来とんかつ店。それがどうしたものか、かつ丼が突出して秀でている。ほかがダメではないけれど、どんぐりの背比べの中に1つだけ丹波の甘栗が入り混じったがごとくだ。揚げ立てのとんかつは肉質が良好でサイズもちょうどいい。玉ねぎの火の通し、溶き玉子のとじ具合、割下の味付けと分量、すべてが完璧なのである。固めのごはんがどんぶり全体をビシッと締め、仕上げの針海苔がささやかに風味を整える。ときとして割下が多いと感じることもあるが、それとて許容の範囲内。かつ丼に豚汁と新香のセットを食べ終え、千円札で支払って百円玉のおつりをもらうと、銀座のど真ん中にいることをしばし忘れてしまう。

　西荻の人気店「坂本屋」、建て替え中の「吾妻橋やぶそば」、そこに銀座「とん㐂」を加え、東京の「かつ丼御三家」の揃い踏みだ。

ポークカツレツ
&ライス
1500 円

煉瓦亭本店
（れんがていほんてん）
中央区銀座 3-5-16
☎ 03-3561-7258　日休

　古き良き銀座の真心(まごころ)が今も息づいている。ライバルの「資生堂パーラー」がモダンに建て替わってしまい、明治・大正の面影を残すのはこの店だけとなった。創業は明治28年。日清戦争が終結した年には、のちに名作『坊ちゃん』を世に送り出す夏目漱石が松山に赴任している。松山市のシンボル・道後温泉本館はその前年に完成したばかり。道後温泉と「煉瓦亭」は年子(としご)ということだ。

　長い歴史の中には数々のエピソードも育んできた。いずれもここが発祥の地といわれるポークカツレツ・かきフライ・千切りキャベツ。現在、これらの品目が日本中にあふれているのを目の当たりにすると、日本の洋食界における貢献度は非常に大きい。気に入りベストスリーはかきフライ（1500円）・カレーライス（1300円）・ポークカツレツ（1300円）。かきフライは丸の内の「レバンテ」と東京の双璧。この2軒のかきフライを食べて初めて、秋の深まりを肌ではなく舌で感じることができる。豚の角切りがたっぷり入ったカレーライスはプロの味なのに、どこかホッとさせる懐かしさ。極め付きの1品には、ポークカツレツを選ぶことになろうか。ライス（200円）と合わせて1500円、専門店のとんかつ定食より安いくらいで、まさにパイオニアの面目躍如。

　やや狭い1階はレジ周りの客の交錯が落ち着かない。ゆったりとした地階は少々暗く、居心地は2階がベストだ。会計は1階のレジだが40年以上も働き続けて、いまだ現役のスウェーデン製レジスターには目を奪われる。東京五輪の直後に輸入されたものだが当時は銀座のあちこちで使われていたという。SWEDAなるメーカー名がスウェーデンそのものだ。

カキフライ＆カキバター定食

1300円

小田保（おだやす）
中央区築地 5-2-1 6号館
☎ 03-3541-9819　日祝休
水不定休　4～13時の営業

　築地市場には場内・場外を問わず一般市民が気軽に食事を取れる飲食店が軒を連ねている。場内の場合は気軽ではあるがけっして気楽ではなく、タッタッタッタと所構わず（あちらからみればこちらが所構わずだが）走りまくるターレ（正式名称はターレット）が危ないのなんのって！　浅草で気に入りの鮨屋のオヤジがこれに轢かれて足を骨折したくらいの危険物体だ。プロレスラーみたいなアメリカ人の観光客のオッサンが首からカメラをぶら下げて、くわばらくわばらとばかりに逃げ惑う姿がユーモラス。あれはきっと神風特攻隊をイメージさせるのではないかしら……。

　その魚河岸。常々 J.C. は築地で鮨は食べないと豪語している。良店もあるにはあるが大方の店は酢めしの上に刺身を乗っけているだけだ。築地ではむしろ食堂の焼き魚や煮魚がうまい。あとは洋食屋だ。その点この「小田保」は両方こなす。暖簾には「とんかつ」の文字が染め抜かれていても、その実態はオールラウンド・プレイヤーなのだ。

　秋が深まると品書きに載るカキフライ＆カキバター定食がイチ推し。かきのシーズンが到来すると真っ先に食べたくなるのがカキフライ。最初のうちは1人前6～7個を苦もなく完食するも、だんだん飽きて年末あたりになると、持てあます。これがフライとバター焼きで3個ずつというのは拍手を送りたいほどの妙案だ。コロモをまとっていると見えないかきの姿がバター焼きだとプックリ太っているのが丸見え。脇にはタップリのタルタルソース。レモンを搾るのももどかしく、急いでそのままパクッとやったらアッチッチ。冬だというのにこうして熱い季節が始まるのです。

中央区　ベストランチ200が食べられるお店

ポークソテー定食
760 円

洋食たけだ
(ようしょくたけだ)
中央区築地 5-2-1 ８号館　☎ 03-3543-0855
日祝休　水不定休　3:00-13:30 営業

　前ページの「小田保」よりも、洋食色の強いのがここ。築地市場ではもっとも洋食店らしい洋食屋といえる。そして鮨屋以上にメディアにひんぱんに登場している。その理由は一にも二にもまぐろを使ったメニューだ。まぐろのトロや尾肉やほほ肉のステーキの定食がそれぞれ 1100 円で食べられる。まぐろに弱い日本人にとって、このインパクトの強さがいかにもＴＶ向き。番組を作るほうも組みやすいだろう。ＴＶを見てから魚河岸に乗り込んでくる若いカップルは右へならえのまぐろ三昧となること必定。

　そんな若い衆には申し訳ないが「洋食たけだ」の真骨頂はまぐろにあるのではない。河岸に出入りするプロがこの店でまぐろに手を出すことはない。ミシュラン東京で三つ星に輝いた、とある鮨屋の親方など、スモールポーションのオムライスでビールの小瓶をやっていた。ここでは何といってもポークソテー。ごはん・味噌汁付きの定食が金 760 円也。これは文句なしのお食べ得。豚ロース肉もさることながら、下世話なくらいに気取りを捨てたデミグラソースに必殺のパンチ力が備わっている。生姜味やガーリック味の選択肢もあるが、ここは迷わずにデミグラ。ガーリックは焼肉屋に行けばいいし、生姜ならカミさんに焼いてもらえばよろしい。

　めかじきのバター焼き（定食で 760 円）などバター焼きも秀逸。逆に揚げ物はあまり得意としない。他店の人気商品を連想させるものも品書きに認められ、かつ丼のアタマとごはんを別盛りにしたアタマライスは同じ場内の「豊ちゃん」の一番人気だし、薄切り牛肉とトマトを炒め煮にしたビーフトマトは四谷の洋食店「エリーゼ」においてオムライスと並ぶ二枚看板だ。

ハムエッグライス
のポテト付き
530円

桃乳舎
(とうにゅうしゃ)
中央区日本橋小網町 13-13
☎ 03-3666-3645　土日祝休

　星の数ほどある東京のレストラン。その中の最優秀レトロ大賞は「桃乳舎」でキマリ。こんな店はもうほかにない。下町のガストロノミストを自負する J.C. だが、つい 2 年ほど前までこの店の存在を見落としていた。遅まきながら情報を得て一も二もなく馳せ参じ、店先にたたずんだときの感慨は今も忘れることができない。スゴい！　スゴすぎる。しばし息を飲み、わが目を疑った。2007 年、最大の発見は明治 22 年創業のここだ。

　見過ごしてしまった理由はただ 1 つ。新店の探訪行脚は原則として土日祝日に決行するのが習わし。店の前を通っていながら、見過ごしたのは休業日だったからに相違ない。店内の雰囲気も実によい。ニュアンスを伝えるため、必ず登場願うのはパリで客死した夭折の画家・佐伯祐三（1898 － 1928）。彼の油絵をソフトタッチにした感じといえば伝わるだろうか。レジを預かるお婆ちゃんの存在がそんな空気に拍車をかける。朱鷺色のチェアと焦げ茶色のソファがえもいわれずにレトロ。

　ときを止めた洋食屋は料理の値段も止めちゃった。日替わりランチはたったの 480 円。キスフライ＆コロッケの日もあれば、肉団子の野菜あんかけの日もある。常連さんはみなポテト付きと注文し、フライドポテトかと思ったらポテトサラダで、これが 50 円と泣かせる。気に入りはハムエッグライス（480 円）ポテト付き。これを早めのランチで食べるのが好きだ。営業は早朝 8 時から夕方 17 時まで。カレーやハヤシ（各 450 円）は早朝から食べられる。つい先日は午後のヒマな時間に独り訪れ、ハムサンド（230 円）とソーダ水（220 円）で古き良き昭和を偲んできた。

ロースカツライス
+ボルシチ
1000円

たいめいけん
中央区日本橋 1-12-10
☎ 03-3271-2465　無休

　昼のピーク時には行列ができるが回転が速く、そんなには待たされない。新入社員の給料でも安心して食べられる良心的な洋食店。最近の原材料高にもかかわらず、ロースカツライス（950円）にボルシチ（50円）を追加して千円ポッキリなら御の字だ。一億総グルメの飽食の時代を経て、格差社会に生きるわれわれ庶民の間でも、それほどのご馳走ではなくなった日本の洋食だが「たいめいけん」で食べると、古き良きあの頃の懐かしい味がよみがえる。千円札1枚のランチに心が弾む。

　昭和6年創業の老舗は名物のオンパレード。それぞれ50円にすぎないコールスローとボルシチはどちらも主役はキャベツで一時期は固い芯ばかりのこともあった。洋食屋ならキャベツを大量に消費するわけで、これは食材のリサイクルを通り越し、廃物利用だと憤激したものだ。ところが1年ほど前から見違えるように真っ当なものが供されるようになり、これには素直に喜び、かつ敬服している。故伊丹十三監督の「タンポポ」にヒントを得て作成したタンポポオムライス（1850円）もヒット商品となった。

　入口真裏の路地にラーメンスタンドを兼備している。急ぐ人はここでサッと済ませるが、店内でも食べることができる。これもまた名物の1つに数えられるラーメンは650円。20年ほど前に比べてスープに甘みが増したように感じるが、ときどき食べたくなるラーメンではある。いろいろ食べまくってどれか1品となると、冒頭で紹介したロースカツライスにつきる。ほどよく脂身の付いたカツは二重丸。割安感もきわだっており、コールスローが添えられるので、追加するのはボルシチだけでOK。

ハムサンド セット
1680円

ウエスト・レトロカフェ
中央区日本橋室町 1-4-1 三越新館 3F
☎ 03-3243-1881　三越の休みに準ずる

　敗戦後間もない1947年に銀座の外堀通りで開業した喫茶店「ウエスト」の直営店。打ち合わせでもない限り、めったに喫茶店を利用しないのにサンドイッチが食べたくなるとここに来る。日本橋三越本店内では「カフェウィーン」と並ぶ気に入りスポットだが、最近あちらのフードメニューはガクンとオチた。「レトロカフェ」という店名は少々的外れの感否めず。雰囲気はむしろモダンで、レトロな感じはまったくない。「古き良き」をアピールするのであれば、クラシカル・エレガンスとでも表現すればよかった。

　イチャモンはこれくらいにしてサンドイッチ。飲みものとのセットでハム・玉子・野菜・ミックスなどから選べる。良質のハムを使ったハムサンドが断トツにうまい。玉子はともかく野菜は若い女性向きの中身が多くてオジさんにはついていけない。ある日はトマトとブロッコリーとマヨネーズであった。やはり昔のサンドイッチになれた舌には、きゅうり・トマト・オニオン・レタスが野菜サンド本来のネタなのだ。ほかにはキッシュ（1050円）やトースト（1155円）のセットも用意されている。

　コーヒーやカフェオレはお替わり自由。ポットで運ばれるミルクティーやハーブティーはカップに2杯以上あった。紅茶にクリームではなくミルクを添えてくるのは良店の証し。コーヒー用のクリームでは紅茶の香りをいちじるしく損なうからだ。サンドイッチはしっかりしたものだし、飲みものもたっぷり。それでもせっかく「ウエスト」に来たのだからケーキも、という欲ばり者は苺のショートケーキ（315円）をどうぞ。これでトータル1995円。何とかギリギリ予算内に収まった。

冷やし中華
（醤油ダレ）
980円

萬福
（まんぷく）
中央区銀座 2-13-13
☎ 03-3541-7210　日祝休

　建て替え前のノスタルジックな店舗が好きだった。すぐ隣りの瓦葺きの居酒屋「秩父錦」と相まって、相乗効果を発揮していた。ちょうど吉原大門前の大正建築、天丼の「土手の伊勢屋」と桜鍋の「中江」のごとくに並び建っていたものだ。元気だった先代が中華鍋を操っていた頃のこと。おそらくあの時代に銀座の「中華そば御三家」は場外馬券売り場脇の「共楽」、歌舞伎座裏の今は無き「味助」、そしてこの「萬福」ではなかったか。

　シンプルな中華そば（650円）は昔と変わらぬ味。三角形の薄焼き玉子がこの店の中華そばのシンボルマークだ。チャーハンとチキンライスの中間みたいな味付けのポークライス（830円）は東京広しといえどもここだけの味で、一食の価値大いにあり。肉野菜炒め（830円）はもともと浅い火の通しがより浅くなって半生状態。好みに合わない客からは文句の１つも出そうな仕上がり。

　ポークライスと迷った末に白羽の矢を立てたのは、あえて季節限定の冷やし中華。したがって夏場をはずしたときの推奨ランチはポークライスになる。冷やし中華はオーソドックスな甘酸っぱい醤油ダレとコクのある胡麻ダレの二本立て。前者が和風で後者が中国風と言えるかもしれない。ここは食べ手の好みに委ねてしかるべきだが、棒々鶏やしゃぶしゃぶでも胡麻ダレを好まぬ J.C. は醤油ダレ一辺倒。第一、子どもの頃に食べた冷やしはその味しかなかった。「萬福」ではタレに合わせて具材の主役も別仕立て。醤油は焼き豚で胡麻は蒸し鶏と使い分ける。「中華そば御三家」のもう１軒の生き残り、「共楽」の冷やし中華も花マルながら、ボリューム感は値が張るぶんだけこちらが勝る。

いわし刺身定食
1400円

いわしや
中央区銀座 7-2-12
☎ 03-3571-3000　日祝休

　キリのよい電話番号の3000番は、昭和14年創業の70年近い歴史の賜物だろうか。雨の日も風の日も、不漁の年も大漁の年もいわし一筋で商売を貫いてきた。もし、いわしという生き物が地球上から消滅する日が来るとしたら、この店とともに日本人の食生活もかなりの打撃を受けるだろう。

　いわし料理の昼ごはんということになると、新宿3丁目の「割烹 中嶋」が思い浮かぶが、あちらはもともと総合和食の店、専門店と張り合うには多少のムリがある。東京で「いわしや」以上のサーディンランチが食べられるスポットはほかにない。

　唐揚げだったり煮付けだったりする日替わり定食（1100円）を始め、塩焼き（1300円）・生姜煮・南蛮漬け（各1400円）が並ぶ中、まずは抑えておきたいのが刺身定食。これは本わさびとポン酢でいただく。安易に生姜醤油でこないところがさすがといえばさすがだ。刺身でも天ぷらでも煮魚でも臭み消しこそが本来のおろし生姜に与えられた責務だ。鮮度抜群の素材に臭みはないから臭み消しも無用の長物となる。加えてひかりモノと酢の相性はこれ以上ないほどによろしい。酢あじ・〆さば・小肌酢洗いの例を挙げるまでもないこと。そして酢〆にはわさびが必要不可欠。「いわしや」のそれはおろし立ての本わさびで、まさに老舗の矜持であろう。他店はこぞって見習ってほしい。

　単品は定食の600円引き。大きなスプレッドはお椀が上等なつみれ椀だから仕方がない。刺身定食に塩焼きを追加すると2200円になり、本書のキャップ（上限）を超えてしまう。こんなときには替わりにウルメ丸干し（400円）で我慢しよう。

豚角煮御膳
1050 円

🍚
福和好日
（ふくわこうじつ）
中央区銀座 5-5-11 塚本不動産ビル 5F ☎ 03-3572-5290　不定休

　内装がくたびれはてた旧店舗から移転して、接待にも使えるほどの品格を備えたと思っていたら、またまた様子がおかしくなり始めた。オーナーかスタッフ、あるいはその両方ともメインテナンスが苦手らしい。みゆき通りを臨むダイニングは明るい陽射しも射し込んで居心地が悪くはないが、陽のあたらないテーブル席は辛気くさい。入り口近くのキャッシャーから続く通路の整理整頓にも乱れが生じている。本来、隠されてしかるべき舞台裏がモロにさらけ出されているのは感心しない。トイレも2つあるなら男女に分けるべきだろう。もはやこれは品性の問題である。

　のっけからずいぶんと苦言を呈したが、名物料理の豚角煮のおいしさは健在だ。この店の豚角煮は中華料理の東坡肉（トンポーロー）とはまったく異なるタイプ。したがってその影響を受けた沖縄料理や長崎の卓袱（しっぽく）料理にみられる角煮とは似ても似つかない。1度油で揚げてからスープ煮にしたもので、揚げびたし風とでも形容するにふさわしい。昼夜を問わずにこの名物料理が品書きの主役をつとめている。昼の御膳にも夜のコース料理にも必ず組み込まれ、避けては通れぬ料理といってよい。

　シンプルにして安価な豚角煮御膳の内容はほかに、たこ＆きゅうり酢の物・揚げ茄子味噌和え・豆腐味噌椀・小サラダ・新香・ごはん。小鉢類は少量ずつだが気が利いている。ただし肝心の角煮には春雨を入れすぎだ。替わりに何か季節の野菜を盛り込んだらよい方向に一変する。若い女性たちの接客は不慣れなりに丁寧で好感がもてる。願わくば、紙製でもよいからおしぼりの用意があるとありがたい。

皿うどんの
Bセット
1070円

吉宗
(よっそう)
中央区銀座 8-9-16 長崎センタービル B1 ☎ 03-3572-7686　無休

　屋号は暴れん坊将軍の徳川吉宗に由来するのではない。幕末に長崎で開業したときの主(あるじ)が吉田宗吉だったので「よっそう」を名乗った。長崎というと真っ先に思い浮かぶのはちゃんぽんと皿うどん。そして卓袱料理だ。卓袱というのはテーブルクロスのことだが、クロスを掛けた丸いテーブルで和洋折衷の大皿料理を取り分け合うのが卓袱料理のようだ。南国土佐の皿鉢(さわち)が胡坐(あぐら)をかいて食する日本の男の料理なら、異国に開かれた長崎では異人との会食を想定し、テーブルを囲む料理が必然的に生まれたのだろう。和食と中華とオランダ料理のごちゃ混ぜだから、「よう、わからん（和華蘭）料理」と揶揄されることもあるそうな。

　銀座の長崎センタービル地下に支店を開いたのは1970年。ビルの1階には芥川龍之介・与謝野晶子・菊池寛たちが通った「カフェーパウリスタ」がある。ずっと営業を停止していた有名カフェが復活を遂げたのも1970年のこと。ともにビルの落成と同時に入居したものと推測される。

　「吉宗」は長崎料理屋だが卓袱料理屋ではないので、あまり気取った料理は出さない。卓袱の名残りは豚の三枚肉の角煮の東坡肉(トンポーロー)と、海老のすり身を使ったハトシくらいのもの。ご当地では大のごちそうのマボロシの魚・アラが入荷することもある。主力メニューは鯨料理。そして長崎名物のちゃんぽんと皿うどんの2品。加えて蒸し寿司と茶碗蒸しをペアにした夫婦蒸し（1500円）。昼どきの推奨品のBセットは皿うどんと梅じゃこごはんの取り合わせで、これは月・火・木曜の限定ランチ。水・金曜はちゃんぽんが皿うどんの替わりに登場してこれもオススメ。

今日の
ランチ
680 円

タイガー食堂
(たいがーしょくどう)
中央区銀座 1-15-12
☎ 03-3561-1871　土日祝休

　海の向こうの全米オープンゴルフではプレーオフのそのまたプレーオフの末、タイガー・ウッズが覇者となった。この人の強運と勝負強さはどこからくるのだろう。そこで思った。アメリカにタイガーがいるなら、銀座には「タイガー食堂」があるぞ！
「あら、こんなところにこんな食堂が！」──この店の存在にたまたま気付いた人は誰もが思うことである。銀座のイメージとかけ離れたたたずまいを見せて裏道にポツリとある。ガラス戸に閉ざされた店内をガラス戸越しにのぞいてみると、男性ばかりが昼めしをもりもり食べる姿が見てとれる。銀座でもっとも庶民的な大衆食堂がここ。

　前著『J.C.オカザワの銀座を食べる』では「こんなときにはこの一軒」にカテゴライズしたが、評価し直してみると「銀座の名店二百選」入りは確実。あの時点ではこの店の真価を見極める眼力がなかった。今はただ、おのれの不明を恥じ入るばかり。

　注文品は大きく分けて2種類。晩夏から初冬にかけては、さんまかさばの塩焼き定食（750円）、その季節を外すと今日のランチだ。今日のランチはいわゆる盛合わせ定食。ある日の内容は、カレーシチュー・イカフライ・ハムカツ・豚汁。カレーシチューはカレーライスのルウのことで、これと豚汁は必ず組み込まれる不動のレギュラー選手。クルクル替わるのは揚げ物のほうで、アジフライやコロッケも登場する。食べ進むうちに何だか楽しくなってくる優れたランチだ。調理はハーフでイケメンの旦那さん。接客は昔の美人で今は可愛い奥さん。眉目秀麗の二人三脚は見ていて実にほほえましい。

日替わり定食
1000円

柿の木
(かきのき)
中央区京橋 2-5-15 両銀東京ビル B1
☎ 03-3535-5585　土日祝休

　当店の前の鍛冶橋通りを南に渡り、首都高速の高架をくぐれば、そこは銀座1丁目。ところが昼休みの短いOL・サラリーマン諸氏は大通りを渡るのが億劫なのである。そのくせ近所には鮨・天ぷら・洋食・焼き鳥、はたまたタイやクロアチア料理の店まで揃っていながら、手頃で真っ当な和食店が極端に少ないのが現実。

　その現状を打破する救世主がこの店である。料理は家庭的でありながら庶民的ではない。町の定食屋の昼めしとは一線を画する品の良さを感じる。味噌汁にタケヤ味噌を使っているわけでもなかろうが、一味違うのである。昼は日替わり定食のみだが、これをお仕着せと言うなかれ。品数が豊富で飽きずに食べられる。むしろ品書きを絞り込むことで集中力が増し、好結果につながっている。壁と差し向かいのカウンター席だけが玉にキズだが、これがかえって独りOLの救いの神となるらしい。世の中は何が幸いするか判らない。直近に2回訪れたときの献立をそれぞれ記す。

　2005年6月
　金目鯛煮付け・冷奴　にんにくの茎と油揚げの炒め煮・自家製海苔の佃煮・しめじとえのきの味噌汁・大根新香
　2008年6月
　真あじの塩焼き・蒸し鳥のもやし和え・こしあぶらのきんぴら・新じゃが田舎煮・わかめ味噌汁・大根新香
　やや火が通りすぎた金目よりも、小ぶりながらも旨みの詰まった真あじに軍配。冷奴の豆腐は固めの木綿ごし。ごはんもかなり固めに炊かれることが多く、ここの店主はずいぶんお堅い方とお見受けした。

本日の
コースメニュー
1500円

ル・シズィエム・サンス・ドゥ・オエノンカフェ
中央区銀座 6-2-10
☎ 03-3575-2767 　日祝休

　燦然と輝くフルマークをご覧いただきたい。ミシュランガイド東京で一つ星を獲得したレストランに隣接するカフェは銀座の一等地にありながら低価格で水準の高い料理を提供している。1500円はけして安くはないが納得がいくことだろう。皿出しもスムースでよどみがない。銀座で働くオシャレな女性にはうってつけ。

　唯一の難点は選択肢がないこと。前菜・主菜・デセール・カフェからなるコースは料理の組み替えが利かない。だからこそ価格の抑制と迅速なサービスが可能になるものとみられ、品揃えを拡げて価格や接客にしわが寄るなら、今のままで続けてほしい。何を食べても一つ星の名に恥じない料理は信頼感指数も高い。ある3日間の前菜と主菜をみてみよう。

前菜①新玉ねぎのクリームスープ
　　②春キャベツと川鱒のサラダ仕立て
　　③サーモンとほうれん草のブルターニュ風ガレット
主菜①おご鯛のポワレ・ドフィノワポテト添え
　　②舌平目のムニエル・白バターソース
　　③鶏もも肉のレモン煮・バターライス添え

　7月中旬の蒸し暑い日はスパイシーチキンのサラダで始まった。クミンの香りの鶏胸肉が柔らかい。若い葉野菜を集めたサラダも実に丁寧に作られている。驚いたのはメインに赤むつ（のどぐろ）のポワレが登場したこと。儲けを考えたら絶対にこの値段では出せないサカナだ。デセールはマンゴーのソルベとホワイトチョコのガトー。非の打ち所なく、近所の帝国ホテルで財布を痛めるのがバカバカしくなってくる。

パスタランチ
1000円

ダンドロ ダンドロ
中央区日本橋本町 4-3-14
☎ 03-5942-4790　日祝休　土昼休

　東京の街々にイタめしブームが到来したのは1990年前後であったように思う。今では日本全国津々浦々にトリコロール（イタリア国旗）がはためく。パスタやピッツァは日本人に身近なものとなったがイタリアの郷土料理を提供する店が極端に少ない。日本同様に南北に細長く伸びる国土を持つイタリアには郷土色豊かにして個性的な地方料理が数多い。にもかかわらず、東京ですらその専門店がほとんどないのが実状。一億総グルメ大国の首都はいまだにイタリア食文化の真髄にふれていない。

　そんな暗闇にひとすじの光が射し込んだ。東京で2軒目のヴェネツィア料理店が日本橋に誕生した。神楽坂の「ステフォノ」がヴェネト州中心の料理で健闘していても食材に難があり、2007年6月オープンの「ダンドロ ダンドロ」が一枚も二枚も上手。店名は『海の都の物語』で千年のヴェネツィア史を紐解いた塩野七生さんの小説に由来する。『緋色のヴェネツィア』を始めとしたルネサンス歴史絵巻三部作に登場するヴェネツィア貴族の主人公、マルコ・ダンドロにちなんで付けられた。

　ランチメニューは3ジャンル。3種類のパスタから選ぶパスタランチのほか、煮込み料理&リゾットを盛合わせたダンドロランチ（1200円）、パスタ&主菜をピアット・ウニコ（一皿盛り）にしたヴェネチアーナランチ（1350円）だ。パスタはお約束のオイル系・トマト系・クリーム系の三本柱。週替わりなので当たるも八卦、当たらぬも八卦ながら、桜海老と新ごぼう・アマトリチアーナ・カルボナーラが、それぞれの気に入りメニュー。前菜とサラダが付いて食べ得感に満ちている。

たらば蟹入り
海鮮五目焼きそば
1300円

雪園京橋店
(せつえんきょうばしてん)
中央区京橋 3-6-8
☎ 03-3535-5931　日休

　東京には珍しい湖南料理店。本店は新宿3丁目。湖南省出身の毛沢東が終生愛した料理としても知られる。本場では四川料理同様に唐辛子を多用するが「雪園」の味付けはグッとマイルド。花椒の乱用とも無縁で舌がしびれることもない。最近「辛いことはいいことだ」の風潮が蔓延しているが、あれでは本当の味が判らない。

　湖南を代表する料理として挙げられるのはまず富貴鶏。丸1羽の鶏の腹に詰め物をして蓮の葉で包み、粘土で固めて蒸し焼きにしたものだ。富を招くと信じられており、祝いの席の定番料理となっている。竹筒入りの蒸し排骨スープも湖南ならではの典型的な郷土料理だ。ほかにも自家製ハム蜂蜜漬けの蜜汁火腿が美味。これをつまみにやるビールと紹興酒のうまさは格別なものとなる。辛さで圧倒してくる四川料理に対して、甘味・酸味を兼ね備えるのが湖南料理の特徴といえる。

　昼の人気料理はともに1500円のフカヒレそばとフカヒレあんかけ炒飯。どうも日本人はフカヒレに弱い。麺類・飯類はおおむね1200円。海老や帆立にあわびまで入る海鮮湯麺と、たらば蟹を気前よく使った五目焼きそばとで迷いに迷ったが、ここはノビやすい湯麺よりも、歯ざわりが快適な炒麺に軍配を挙げることにした。最初はそのまま食べ、途中から練り辛子や酢を駆使してアクセントを付けてゆく。上品な仕上がりは町場の中華屋さんのコッテリした焼きそばとは別物で、男性よりも女性向き。スープとザーサイのほか、デザートのタピオカが付くのも女性にはうれしいことだろう。蛇足ながら土曜・祝日のコース料理の半額セールが破格。6300円のコースが3150円でいただけてしまう。

五目そば
1617円

楼蘭
(ろうらん)
中央区銀座 5-8-20 銀座コア 10F
☎ 03-3575-0787　無休

　池波正太郎翁ご用達の広東料理店。映画好きにして中華料理好きの翁が試写会のあとに立ち寄った店だ。明るいうちの晩酌を愛した人にとって、中休みをとらない営業方針がどれほど心強かったことだろう。目撃したことはないけれど、この店を訪れると片隅のテーブルでビールを飲みながら、シューマイと焼きそばを楽しむ翁の姿がまぶたに浮かぶような気がする。「瞼の父」はあの世でも食いしん坊ぶりをいかんなく発揮していることだろう。

　ブックファースト以外はあまり立ち寄る先のないギンザコア。かなりの数のレストランが入居している。階下の店はそうでもないが、階上は高額店ばかりが大箱を構えている。品川のホテルパシフィック館内に本拠を置く「楼蘭」も大衆店にはほど遠い高級店だ。お昼だからとタカをくくって能天気にコース料理をお願いすると、予期せぬ散財につながるので要注意。

　そこで庶民には困ったときの麺・飯類頼み。これなら大した支払い額にはならない。とりわけ昼どきはヌードル＆ライスの安全地帯に逃げ込みやすい。単品オーダーは夜ともなると慇懃無礼な接客係のさげすんだ視線にさらされるから、まさにお昼サマサマなのである。しかもうれしいことに単品の食事メニューは逸品揃い。中でも五目そばが必食アイテムだ。レシートには五目入りつゆそばとあったその五目そばは清湯ベースの醤油スープに、高級中国料理店の定番の細打ちストレート麺。そこに加えてチャーシュー・鳥肉・鳥レバー・小海老・金針菜・白菜・小松菜・しいたけ・竹の子と色とりどりの具材が大集合。見た目も味もすばらしく、銀座一の五目そばはこれだ。

きむら膳
1500円

きむら
中央区京橋 3-6-2
☎ 03-3561-0912　土日祝休

　店名を冠したきむら膳は少々値が張るものの、ぜひ食べておきたいこの店の自信作。メインの料理が二皿登場すると、テーブルの華やぎが格段に違ってくる。給料日前には敬遠してもフトコロが温かくなったら、ささやかなゼイタクを楽しむにはうってつけの逸品といえよう。その内容は蟹クリームコロッケ・ビーフシチュー・ポテトサラダ・しじみ味噌椀・新香・ごはん。1膳で2度おいしい優れモノにはまったく穴がない。

　トマト系のソースをあしらったクリームコロッケは町場の洋食店より繊細な味。銀座の「資生堂パーラー」や「みかわや」のスタイルに近い。コロモはサクサクとして、中身はねっとりとコクがあり、そのコントラストが舌に心地よい。シチューも以前はタンだったと記憶するが、最近はすね肉を煮込んだものが供される。デミグラソースにはマデイラ酒を加えているのか、奥行きにひろがりを感じる。付け合せのにんじんのグラッセと一房のクレソンがありがたい。となるとコロッケにパセリだけではさびしく、千切りキャベツがほしいところだ。そこをカバーするのがポテトサラダということなのだろう。ごはんと味噌椀のレベルも高い。新香だけがべったらや赤かぶ漬けなどの既製品が使われているが、それとて真っ当なものを選んでいるのがよく判る。

　一番人気のとんかつ定食（950円）はコーン油100％で揚げられており、軽快な中にもジワリとした旨みを感じさせる。2階のお座敷ではゆったりとコース料理を味わえる。和洋折衷の妙味を楽しむことができて小宴会にもうってつけ。京橋の片隅にひっそりと暖簾を掲げ、古き良き時代の趣きを今に残す佳店である。

ランチ
ミールス

1200 円

ダルマサーガラ
中央区銀座 4-14-6 ギンザエイトビル 2F ☎ 03-3545-5588　無休

　ここ数年、都内ではインド・パキスタン・バングラディッシュなど、本場の料理人によるレストランが続々と生まれている。10数年前、中国人による低価格の中国料理店が雨後の竹の子のごとくに増殖したが、それを日本上陸第一波とすれば、今回は上陸第二波の様相を呈している。本場の料理人が作るのなら、料理にうまい、まずいの差はありこそすれ、ニセモノを食べさせられるリスクだけは回避できる。これは喜ぶべきことだ。

　ハナシはちょいと脇にそれるがトルコ料理のケバーブ・ショップも町中に見られるようになった。ただ、使用されているのがチキンとビーフばかりで、本国で常用されるラムにはまずありつくことができないのは残念。これは悲しむべきことだ。

　この店のシェフは南インドのバンガロールからやって来た。南インドでも高地なので快適な気候に恵まれている。ハイテク産業で繁栄した高原都市はインドのシリコンバレーの異名を取るほどだ。もともとインド料理店の少ない銀座だが、カレー中心の料理の水準は高く、界隈随一のお墨付きを与えたい。ランチタイムはひたすらカレーに没頭できるカレーライスランチ（1000円）と、2種類選べるカレーに加えて多彩な副菜が並ぶミールスセットの二者択一。近隣勤めでたびたび利用できる方は前者、たまにしか行けない向きは後者にするとよい。この割安セットは平日限定。とある日の日替わりカレーのチキンコルマは特筆の出来映えだった。

　ともに広くはないがダイニングホールが2つあり、窓のある部屋は快適。正面に築地本願寺を臨む眺望がなかなかで、夜の予約の際には必ず指定すべし。もしも昼に座れたらラッキーだ。

ミティティ
のランチ
950 円

ダリエ
中央区銀座 7-8-5 植松ビル B1
☎ 03-3573-3630　日休

　そこはかとない温かみが感じられる東欧・中欧の料理は好きだ。フランスから招いた料理人の作るご馳走を貴族だけが食べ、貧しい民衆の口にはボルシチやカーシャ（そばの実）くらいしか入らなかったロシアよりも民度の高い料理ではなかろうか。

　日本唯一のルーマニア料理店は創業 35 年。地階とはいえ、銀座通りにあるから家賃も安くはあるまい。近頃のエスニックブームは東南アジア系ばかりが幅を利かせて、旧共産圏の料理は蚊帳の外。それだけにこの店の生き残りは立派だ。行く末永くと祈りたい。しかもこの物価高にも関わらず、値段を上げぬどころか下げたのだから恐れ入る。記憶と記録が確かならば、2003 年 1 月にランチを食べた際の支払いは 980 円。3 種あるうちからムツのムニエルを選ぶと、スープ・パン・コーヒーが付いてきた。

　今回は 950 円でやはり 3 種類用意され、内容は白身魚ときのこのムニエル、ルーマニア名物のミティティ、若鶏のルーマニア風煮込み。どれを取ってもハズレはない。リピーターであれば、一通り順番に食すのが得策ながら、最初にして最後となる可能性があるなら、まずはミティティを試していただきたい。肉団子とソーセージの中間といった風で、インド料理のケバブにそっくり。ルーマニアに限らず、バルカン半島ではどこでも似たような羊の挽き肉料理が食べられている。ただし「ダリエ」のミティティは牛肉製。それでも温製オードブルのスモールミティティは羊肉使用と聞いた。本国人が来店した場合にビーフミティティでは納得しないのだろう。珍しいなまずや虹鱒の料理もランチタイムに食べられるが、残念なことに予算をオーバーしてしまう。

今週の
ハーフ＆ハーフ

900円より

Dobro
（どぶろ）
中央区京橋 2-6-14
☎ 03-5250-2055　日祝休

　日本でただ1軒のクロアチア料理店。以前は宝石店だったのでミニ円形劇場のような店内は違いの判るカップルにはうってつけのデート空間だ。ワインも手頃なものが揃い、目先を変えたアタック戦術に活用できる。そのためにもランチに赴き、ピッチの状態の下調べが肝要。盛り合わせのハーフ＆ハーフがよい。

　クロアチアの首都ザグレブに行ったことはない。アドリア海の真珠と称される城壁に囲まれた港町ドブロブニクは訪れた。もっともふた昔も前のことで、まだクロアチアがユーゴスラヴィアの一員だった時代。旧共産圏諸国の中では初代大統領チトーの功績から、ソ連のくびきが比較的ゆるやかな国だった。ところが食糧事情はさすがに西欧諸国の後塵を拝し、国民的料理のチャバプチッチ（仔羊のハンバーグ）など肉系はよかったものの、港町のドブロブニクでさえ、魚介類は鮮度に問題があった。昨年、やはり旧ユーゴにして隣国のスロヴェニアを旅したが料理水準がとても高かった。クロアチアも劇的な変貌を遂げていることだろう。

　アドリア海を挟んでイタリアに相対しているせいか、昼のメニューはパスタやリゾットが中心。ある日の献立はこんな具合。

①アーモンドとベーコンのクリームリゾット　　　1080円
②アスパラとオリーブのトマトリゾット　　　　　 900円
③鶏肉とキャベツのクリームペンネ　　　　　　　 980円
④帆立とほうれん草のトマトペンネ　　　　　　　 980円

　一見、種類が多そうでいて味付けはクリームとトマトの2種類だけだから、もうちょっと選択肢がほしいところではある。1日限定20食のビーフストロガノフ（980円）が残っていたら儲けもの。

薬膳ランチ
一汁九菜
1800円

韓国薬膳はいやく
（かんこくやくぜん はいやく）
中央区銀座 4-10-10 銀座山王ビル B1
☎ 03-3547-3526　日休

　うなぎの養殖で有名な静岡県榛原郡の「はいやく」と、ビビンパ発祥の地として名高い韓国は全州の「古宮」とのコラボ。ホームページによれば、「陰陽、五味五色のバランス食を召し上がっていただくことで、身体の五臓六腑に栄養を行渡らせ、病気になりにくい身体作りに役立てていただきたい」のだそうだ。夜にはごはんを少なめにしたバランス食として痩身コース（5千円）なる若い女性が喜びそうなメニューもある。痩せるための食事に5千円の支出は、男には抵抗感があるところだ。

　夜はともかく、ランチタイムは男性にも出掛けていただきたい。4千円もするひな鳥の参鶏湯（サンゲタン）が手放しでおいしいが、2人でシェアしても予算を超える。手頃なランチは平日限定ながら、プルコギ・チゲ（各1000円）・冷麺（1200円）・石焼きビビンパ（1500円）といったところ。夏には冷麺、冬にはチゲがオススメだ。

　全州名物ビビンパを1度は食べておきたいが、平日・土曜・祝日を問わずにいつでもいただける薬膳ランチ一汁九菜がイチ推し。1800円はちょいと痛いという向きもたまにはゼイタクしてみてはいかがだろう。2人で出掛けてプルコギと一緒に頼んで分け合えば、お1人様1400円で済む。一汁はチゲやカムジャタンなどの鍋物がその役割を果たし、九菜にはナムル・キムチ・チャプチェ・チヂミなどの伝統的韓国料理が必ず含まれ、サラダを始めとして野菜がふんだんに使われている。それらをおかずにいかにも身体によさそうな十二穀飯をモリモリ食べると、本当に明日から健康になれそうな気がしてくる。病は気からというけれど、健康もまた気から、ではなかろうか。

港区

人口：195,066 人
区役所所在地：芝公園1丁目
主な繁華街：青山・赤坂・六本木
区都：高輪泉岳寺（J.C. が勝手に定めました）

鳥なんばん もりそば
1200円

朋樹庵
(ほうじゅあん)
港区六本木 5-18-20 六本木ファイブビル 2F ☎ 03-3568-2220　無休

　隣り街の麻布十番では日曜・祝日にも営業する店舗が多いのに比べ、六本木はその真逆の街だから昼めし処を探すのに一苦労。年中無休のヒルズやミッドタウンのような即物的な場所で、人混みにまみれてモノを食べる気には到底なれない。そんなときに重宝するのがこの店。天の恵みと言い切ってもよい。しかも麻布十番に君臨する名ばかりの老舗などより、ずっとレベルの高い真っ当なそばを食べさせるのだから、もう言うことなしである。

　若き店主は「赤坂砂場」の出身。その証しとして基本のそばは修業先同様にもりとざるを打ち分ける。まったくもって甲乙つけがたいがあえて食べ分けるとすれば、小豆色のもりは昼めしどき、大豆色のざるは晩酌のあとで、こんな風に楽しんでいる。

　酒のつまみの玉子焼き・煮あさり・焼き鳥も赤坂および室町の「砂場」とほぼ同じもの。店主は覚えたシゴトに実に忠実だ。とりわけ気に入っているのはプリプリ感が信条の焼き鳥。日本酒との相性も格別なものがあり、ついつい酒盃を重ねることとなる。休日の明るいうちからそば屋で飲むのは、生きながらにして極楽浄土で遊び戯れるようなもの。呑ん兵衛にとってはまさに至福の時間で「酒は昼から飲むべかりけり」なのである。

　いけない、いけない、酒ではなく昼めしであった。ここで登場するのがその鳥肉をたっぷり使った鳥なんばんもりそばである。他店で呼ぶところのかしわせいろだ。寒い時期なら温製の鳥なんばんそばもイケるが、やはりこの店のもりそばの醍醐味を味わうことのできる冷製にこだわっていたい。温かいそばを好む人には月見そば（700円）を推す。

穴子天丼
1600円

天ぷら 逢坂
(てんぷらおうさか)
港区西新橋 2-13-16
☎ 03-3504-1555　日祝休　第3土休

　夜のみ営業が多い鮨屋に比べ、天ぷら屋は昼も営業する店が少なくない。これが非常にありがたい。レベルの高い天丼や天ぷら定食が手頃な値段で楽しめるからだ。

　初回は土曜の昼下がり。お好みで揚げてもらい、酒は飲まずに飯を食べた。海老・きす・めごちとすべてよく、殊にめそっ子と呼ばれる若い穴子がすばらしかった。外側の皮目よりも内側の身肉に時間を掛けて揚げている。この1人時間差ならぬ1匹時間差がさらなる旨みを引き出している。

　昼の天丼と天ぷら定食はともに1300円。ごはんが盛り切りの天丼よりもお替わりができる上に1品ずつ目の前で揚げてくれる定食が人気。ある日の内容は海老2尾・きす・穴子半身・さつま芋・しし唐・かき揚げ。半身ながらしっかり穴子が入っている。ごはん・新香・味噌椀はアベレージ。理解に苦しむのが小鉢のそうめん。最近は見かけぬが、以前は日本の航空会社の国際便を利用すると、必ず機内食に登場した一かたまりの茶そばよろしく、箸でつまむとまとめてごっそり持ち上がってしまうヤツ。あれにそっくりなのだ。

　穴子が特筆の「天ぷら 逢坂」。あと300円だけ奮発して穴子天丼を試してほしい。この店のスペシャリテは一も二もなく穴子でキマリ。適度のコロモにキレのある丼つゆがサラリとからむ。1鉢で2度おいしく食べる方法は、一気呵成に3分の2ほど食べ進んだあと、ほうじ茶のお替わりを所望して残りの天丼にぶっかけ、穴子天茶漬けとしてサラサラやること。香り高いほうじ茶のおかげでとんでもない美味が味わえる。でもちょっと不作法。

かき揚げ丼＋赤出し
1400円

天茂
（てんしげ）
港区赤坂3-6-10 第3セイコービル2F
☎ 03-3584-3746　土日祝休

　英語教師だった娘さんが亡父の跡を継いでもう10年ほどになろうか。お母さんと思しき方と二人三脚で調理にいそしみ、接客のオバさんと合わせ、女性3人だけの切り盛り。こんな顔ぶれで江戸前天ぷらをウリにする店をほかに知らない。看板娘が料理長を勤めているわけで、失礼を承知で推察させていただくと、三十路も後半に差しかかったところか。丁寧な立ち居振る舞いの中に風格が漂うようになった。鍋の前ではあわてず急がず、ゆっくりと揚げてゆく。どんぶりを食べ終えた客が席を立つと、「ありがとうございました」の一言を怠ることはない。

　夜のコースも満足できるものだが「天茂」の醍醐味はやはり昼どき。品書きには天丼（1300円）とかき揚げ丼、あとは赤出し（100円）とビールがあるだけだ。カウンターとテーブルが2卓。12時40分に2人連れ立って訪れたときは幸いにも階段に行列はなく、カウンターの最後の2席にすんなりと座れた。

　名代のかき揚げ丼は小海老と小柱のみ。揚げ立てを丼つゆにジュッとくぐらせ、ごはんに乗せてくる。胡麻油の香りが立ち上り、1片の柚子皮が効果的なアクセント。サクサクのかき揚げとつややかなごはんの中を甘じょっぱい丼つゆが取り持っている。ごはんにつゆは掛かっていない。逆に天丼にはどんぶりの底、ごはんの下に少々つゆを忍ばせる。天丼の陣容は穴子丸1尾・きす・なす・ししとう。海老を使わないことが功を奏しており、とりわけ穴子好きにはたまらない。丼つゆは濃いめでしじみ赤出しの味噌も濃い。おまけにつぼ漬けたくあんまでしょっぱいときて、あとで喉が渇くのだが不思議と足の向く店である。

串揚げランチ
1000円

六波羅
(ろくはら)
港区赤坂 4-2-2 赤坂鳳月堂ビル B1
☎ 03-3584-0698　日祝休　土昼休

　土曜のお昼は休むのでご用心。平日の昼どきは上を下への大盛況だ。この店の特長は客層が年代と性別をまったく問わないこと。といってもランドセルを背負った子や杖をついたお年寄りはさすがに見かけない。若いOLさんも管理職のオジさまも楽しく、そしてあわただしく串揚げを食べている。席を追い立てられることはないが、客それぞれの滞在時間はきわめて短い。逆にいうと回転率がすばらしくよいわけで、利益率がよさそうだ。

　お昼は金千円也の串揚げランチ一本勝負。したがってオススメもへったくれもないわけだ。テーブル席もあるにはあるがカウンターが主体。天ぷら同様に、こういう食べものはカウンターに陣を取り、目の前で揚げられるそばから次々にやっつけていくのが何より。着席するとまずお膳と紙おしぼりが運ばれる。油の付いた串を指でつまむから、おしぼりはとても大事。粗忽者が食事中にメールを打つと、携帯がギトギトになってしまう。サラダ（きゅうり＆レタス）・小鉢（春雨＆わかめ酢）・新香（野沢菜＆たくあん）・＊味噌汁（油揚げ＆わかめ）・＊ごはんが並べられて、いざ串揚げのスタート。小柱・＊きす・豚ヒレ・うずら玉子・＊玉ねぎ・海老・かぼちゃ・＊豚バラの計8本を塩と中濃ソースでいただく。＊ジルシがJ.C.の気に入り品だ。蓮根やオクラの串も見えたから、串揚げの内容は全員一律ではない。軽やかな揚げ切りは胸焼け、胃もたれとは無縁。ごはんと味噌汁のレベルも高く、申し分のない昼食となる。それにしても揚げ立てを1本ずつ8種類、手際よく客の前に並べる職人さんが使う神経は生半可なものではない。心よりご苦労さまとねぎらいたい。

ハンバーグセット
1200円

ミスター・ガーリック
港区麻布十番 1-8-5 パステル麻布 B1
☎ 03-3583-6769　日祝休

　日本橋の名店「たいめいけん」出身の個性的なオヤジさんが個性的な洋食を食べさせる。いかにも頑固者といった風貌だが人懐っこいところもあって、客が少なめの夜など話を聴くのが楽しい。昼の12時近くに出掛けると先客はナシ。オヤジさんが一番奥のテーブルで週刊誌を読んでいたが、視力が衰えたのか大きな虫眼鏡を使っている。チラリと見えたグルメコラムのグラビア写真はおそらく週刊ポストだろう。どうやら昼は接客に徹しているようだ。厨房には1人、若い男性の姿が見えた。

　ランチタイムは定食仕立てのコロッケかハンバーグのセットだけで選択肢が限られる。甲乙つけがたいというか、どっちもどっちでハンバーグを推す理由はディナータイムの名物がハンバーグだからだ。牛のフィレ肉をたたいて作る高級版は2500円もするから、ランチのそれとはまったくの別物となる。入門編としてまず廉価版を食べておき、夜に再訪というのは悪くない。

　壁に掛かる何枚もの花の写真をながめながらハンバーグを口に運ぶ。ソースはデミグラではなく、醤油を利かせた和風味。付け合せはマカロニの替わりにフジッリを使った玉子サラダと酢油キャベツで、ともにまずまずだった。化調いっぱいの豆腐と油揚げの味噌汁はダメ。きゅうりのぬか漬けとたくあんはそれなり。小さめの茶碗に山盛りのごはんがつややかに輝いて、これには二重丸を付けたい。卓上には塩・胡椒のほかに七味・醤油2種・ウスター・粉チーズなどが所狭しだ。12時半に店を出たがその時点で来客はたったの3人のみ。最近、料理の出来映えにかげりが見え始めたのが心配。

ポークソテー
&ライス

1995円

EDOYA
（えどや）
港区麻布十番 2-12-8
☎ 03-3452-2922　火休、第3水休

　麻布十番には肌色の違った洋食店が3軒ある。まずは前ページの「ミスター・ガーリック」。そして内部の詳しい事情は存ぜぬが東京中に羽ばたいて成功を収めているように見える「グリル満天星」。しんがりに控えしがこの「EDOYA」で、地元の人たちに愛され続ける正統派という印象が深い。

　それにしてもイチ推しのポークソテー（1680円）にライス（315円）を付け、どうにか2千円未満に収まり切った1995円。まさに首の皮1枚が残った。ホンの5円の値上げでお陀仏というのは推薦するほうもヒヤヒヤもの。各馬第4コーナーを回り、直線に入って早くも残り1ハロン、馬群の先頭に意中の2頭が並んだときの心境に似ている。馬券をにぎりしめ、「そのまま！　そのまま！」——拝み、祈り、しまいにゃ絶叫。

　角地のわりに小体な店だから常に立て込んでいる。ただし長居を決め込む無粋な客は皆無。おかげで客足がうまい具合にハケてゆき、多少は待っても長蛇の列という事態に陥ることは少ない。狭いので居心地はよくないのに、麻布の住人はみなおとなしいのか、苦言を呈することもない。もっとも客の半数近くは名声を聞きつけてやって来たヨソからの遠征組と推察される。

　じゅうぶんな厚みを持ったポークソテーが存在感にあふれている。デミグラと生姜焼きを選べるが、甲乙付けがたいというよりは好きずきだろう。ビールにはデミ、ライスには生姜がよいと思う。値上げを想定して保険を掛けておこう。その際の一番手はメンチカツライス（1680円）、二番手がオムライス（1575円）だ。これなら上限まで余裕があるから、多少の値上げに耐えられるだろう。

塩鮭定食＋たらこ
1700 円

㐂よし
（きよし）
港区虎ノ門 1-5-13
☎ 03-3501-5853　土日祝休

　シンプル・イズ・ザ・ベスト。この言葉を実感させてくれるのがこの店の定食。ときとして話題に上る最後の晩餐。「人生の最後に何を食べるか？」というヤツだ。J.C. は愛する人と１つ屋根の下で暮らしているならば、迷わず彼女の手料理を選択する。本心にせよ、義理にしろ、それが残される人間に対する礼節であり、自分に対するけじめだろう。そういう相手に恵まれなかったらどうか？　おそらく割烹でもフレンチでもなく、どこか気に入りの鮨屋のつけ台に腰を据えることになりそうだ。

　ヨソ様の話を伺うと、白いごはんにお漬物、お味噌汁に好物のおかず１品、こんなパターンが多いように思う。J.C. は夕食に茶碗のごはんとお椀の味噌汁をいただく習慣がないから、選ぶに当たってその線はまず消える。飯より酒のほうがいいというか、酒を伴う食事がしたい。それでも炊き立てのごはんは大好きで、明日命果つることになるのならば、その前に必ず食べておきたい。わがままながら最後の晩餐の１つ手前の食事、最後の午餐はそれでキマリ。

　その午餐として理想的な食事がこの店の定食だ。夜も同じものが同じ値段で食べられ、ごはん好きには最後の晩餐にもなってくれる。３種類の定食は、鮭の塩焼き・鰆の西京焼き・たら子。鰆だけが 1400 円であとは 1200 円。単品はそれぞれ 700 円と 500 円になり、ぜひ１品追加したい。三升まとめてガス釜で炊かれたごはんに２種類のおかずを選ぶとお替わり必至となり、満腹でオフィスに戻ることになる。このあとバリバリ仕事をこなすか、居眠りするかは貴方の心がけ次第だ。

あじフライ定食
700円

ふじや食堂
（ふじやしょくどう）
港区麻布十番 3-7-1
☎ 03-3451-1063　日祝休　土昼休

　東京メトロ南北線と都営大江戸線が乗り入れる前、六本木ヒルズですらまだ工事中だった頃、麻生十番はのどかな町だった。「街」という感じがまったくしない「町」だった。平日に出掛けていっても週末のごとくにのんびりしていたものだ。

　春の夜、近所の「あべちゃん」で、焼きとんをつまみにビールを飲んだあと、近場でもう1軒とこの食堂の暖簾をくぐった。食堂で飲み直しというのもヘンだが、昼の大衆食堂は夜には大衆酒場に変身するから、あながち突飛なハナシではない。事実、独りで酒を飲むオジさんもいれば、子連れのママさんグループがプチ宴会を催してもいた。このときは燗酒で初がつおのたたきとあじフライ。どちらも花マルでこれなら昼めしもイケると確信。

　ときを置かずにウラを返した昼めしどき。焼き魚・煮魚・揚げものが15種類ほど揃って700円均一。ズラリ揃った役者の数と、彼らのギャラの低さに驚きつつも大喜び。塩焼きがさば・さんま・にしん。開きはあじ・さんま・ホッケ。照り焼きがまぐろ・ぶり。煮魚はさば味噌煮・かれい煮付け。揚げ物はあじ・いか・しゃけにポテトコロッケだ。加えて小鉢的の1品料理が切干し大根・ひじき（各150円）・おひたし・しらすおろし・かぼちゃ煮・玉子焼き（各250円）・納豆・焼き海苔（各100円）と揃い、追加の単品焼き魚は450円、フライ・コロッケ類が1個250円。

　初対面で印象のよかったあじフライがお気に入り。小ぶりながらもプックリ肉厚なのが2尾付けでくる。これにしらすおろしが定番だ。土日の昼も開けてくれれば、客が押し掛けること請け合いだが、それではスタッフの身体のほうが持たないか。

1500円の
ランチ

1500円

ビストロ・ド・ラ・シテ
港区西麻布 4-2-10
☎ 03-3406-5475　月休

　昭和48年創業の老舗フレンチはランチタイム12食限定のシテ丼（1000円）で有名。ちょっと見はクスクスのようだが、実体はずいぶん異なる。挽き割り小麦の替わりにインディカ米が少々盛られた皿にラタトゥイユ風の煮込みがたっぷり。大根・にんじんなどの根菜主体に鶏肉と玉ねぎの姿もちらほらと。これにバゲット・リエット・小菓子・カフェが付いてこの値段。

　難を言えば、12食限定の但し書きと脇役に甘んじる微量のライス。「限定」には客寄せパンダのイメージがつきまとうし、こういった煮込み料理は米だろうが麦だろうが、ドッサリの穀物と一緒にガッツリと食べたいものだ。バゲットを削ってでもそうしてほしいがバゲットなしではこの店のひそかな名物・リエットを楽しめないから。とかくこの世はままならない。

　そこでもう少し財布の紐をゆるめると1500円のランチが充実の内容を誇っている。料理にはローテーションがあるので「この1品を！」と推奨してもその日にうまくミートするとは限らない。もっとも極端に変わることはないし、受け手が捕球不能となるワイルドピッチの懸念にも及ばない。おおよそ前菜がハム・ソーセージなどの肉系に、豆・いも・きのこ・野菜をバランスよく盛合わせたプレート。主菜はチキンのロティやポークのカトレットといったところだ。小さなマドレーヌとカフェで締めるがここに500円をプラスすると、泣く娘も黙る真っ当なデセールが登場する。店主のモットーは自家製の2皿でお腹いっぱいになってもらうこと。厨房を預かるシェフは数えて五代目、まだ30歳そこそこの若さで頑張っている。

ランチ A
1800 円

Restaurant S
(れすとらん えす)
港区西新橋 3-15-12
☎ 03-5733-3212　日休

　サラダ・メインディッシュ・プティフール・カフェからなるランチ A がボリューム的にもちょうどよいデジュネ（昼食）。ほかにはこれにスープが加わる B（2400 円）、野菜の前菜・温かい前菜・メイン・デセール・カフェの C（3800 円）がある。ランチ C はディネ（夕食）ならともかく、昼には相当に重たい。B もよほどのスープ好きでない限り、付加価値は低い。それよりも A でなければ、本著のキャップ（上限）を超えてしまうほうが問題だ。

　季節の野菜たっぷりサラダと銘打たれた A の前菜は確かに量がたっぷり。ただし、ほとんどがレタス系の野菜ばかりで、お情け程度のハムと玉子が垣間見えるだけ。ハム・玉子がなくてもよいから、トマト・きゅうり・にんじんをガツンと食べたい。

　メインディッシュは牛ハラミステーキ＆牛スネ肉煮込みの盛合わせ。スネ肉がちょっとパサついて美味しさ半減。ハラミがよかっただけに残念だ。ローズマリー風味のソースも香りおだやかで、このあたりいかにもフレンチ。イタリアンのように香草を前面に押し出してはこない。目鯛・尾長鯛・さわらが揃ったサカナから選べばよかったと悔んでみてもあとの祭り。

　しばらく間を空けてリベンジに再訪。その日は前の晩からメインを魚介類に決めていた。何種類かの中から珍しい笛吹鯛のソテーを選択。図鑑で見ると口笛でも吹くように口先をすぼめた表情がトボけている。サフラン香るブイヤベースソースでいただいた白身魚の味は真鯛よりもすずきに似ていてシットリ。「Restaurant S」における夕食は赤ワインと肉料理が正解だろうが、昼食はサカナに限ると確信する。

Pranzo B
(ピッツァランチ)
1400円

ナプレ
港区南青山 5-6-24
☎ 03-3797-3790　無休

　東京ミッドタウンにも進出したピッツェリア。店名の「ナプレ」はカンパーニャ州の方言でナポリのこと。したがって焼かれるのは純ナポリピッツァだ。

　ローマあたりのピッツェリアは夜の9時頃にオープンする店が多いが、もっぱらJ.C.が食べたのはランチ。10年も住んだニューヨークでニューヨーカーと昼めしを食う機会が多かったからだ。イタリア系もユダヤ系もアイルランド系もアフリカ系も、とにかくニューヨークの住人はランチによくピッツァを食べる。直径50センチはあろうかと思われる大きなヤツをみんなでシェアするのが常。1枚10ドルで1切れ1ドル。普通の日本人なら1切れでじゅうぶんで、普通のアメリカ人は2切れ、大食漢は3切れが標準。砕いたチリペッパーを振りかけてかぶりつく。ナポリのピッツァといえば、真っ先にマルゲリータ。フォカッチャから進化したピッツァはイタリアにトマトが伝わり、マリナーラが生まれる。19世紀も末になり、ナポリのピッツァ職人・エスポジートがナポリに行幸したサヴォイア王女・マルゲリータに献上して生まれたのがピッツァ・マルゲリータというのが通説。トマトの赤、モッツァレッラの白、バジリコの緑がイタリア国旗のトリコロール（三色旗）を表している。

　「ナプレ」での昼めしはパスタのPranzo A (1000円)とピッツァのPranzo Bの2種類。ただし、この廉価版は平日限定。常連ならばいざ知らず、遠征組はBを食べなきゃ意味がない。かなりのサイズのマルゲリータだが、コルニチョーネ（耳）を残したりしたら草葉の陰で王女が泣くので完食を。

蟹肉チャーハン

1200円

六本木樓外樓飯店
（ろっぽんぎろうがいろうはんてん）
港区六本木 3-16-33 青葉六本木ビル B1
☎ 03-3582-3757　無休

　赤坂の「樓外樓飯店」から枝分かれして四半世紀にもなろうか。まったくの別経営だが最寄り駅は六本木1丁目と溜池山王で南北線の隣り同士。比較するとチャーハンと焼きそばは六本木、麻婆豆腐は赤坂、杏仁豆腐は互角といったところか。

　お昼のメニューを開く。まず定食がA（1200円）とB（3150円）に分かれ、それぞれ主菜が5品あるうちから1品選ぶシステム。一般的なOL・サラリーマンはAに頼るほかはなく、部長や執行役員クラスでも自分の財布でBは食べないだろう。ある日のAは、①芝海老入り玉子炒め ②回鍋肉 ③蟹肉入り白菜の鶏油炊き ④いかとセロリの唐辛子炒め ⑤麻婆豆腐。これに干し貝柱と冬瓜のスープ・ザーサイ・大根醤油漬け・杏仁豆腐が付く。漬物とデザートはここ10年、寸分の狂いもなくまったく同じもの。高嶺の花と知りつつもB定食をのぞいてみると、車海老のチリソース、生貝柱とアスパラ炒め、蟹の中華味噌炒めなど、高級食材が並んでいる。スープだって蟹肉入りふかひれスープにグレードアップし、春巻まで付いているのだ。

　炒飯・会飯（あんかけごはん）・湯麺・炒麺の1品モノにも魅力がある。それぞれにボリュームじゅうぶんでチャーハンは他店の1.5倍はあるだろう。したがって、独りで食べ続けると飽きてくる。サジならぬレンゲを投げ出したくなるのだ。箸休めの漬物・スープも気休めにしかならない。この店はソロでは駄目で分け合うために必ずデュエットで出掛けたい。その際は蟹肉チャーハンと海老焼きそば（1200円）が鉄壁のコンビ。分けにくい湯麺よりも炒麺。蟹＆海老のハーモニーがリッチな気分にさせてくれる。

港区　ベストランチ200が食べられるお店

週替わり ランチ

1050円

潮夢来
(ちゃおめんらい)
港区東新橋1-6-1 日本テレビタワー1F ☎ 03-5568-1818　無休

　店名は「チョウムライ」ではなく、正しくは「チャオメンライ」と発音する。都内各所に展開する「中国飯店」グループの中では東麻布の「富麗華」がもっとも好きだが、あちらで昼めしとなると麺類のセットでも2千円からでリミットをオーバーしてしまう。その点、汐留のこの店はグループ内でも低めのプライスレンジを保っており、使い勝手は悪くない。ランチタイムは混み合うが場所が場所だけに仕方あるまい。それでも席数が多いのと11時からの営業が何かと寄与してくれる。

　中華料理にコッテリとガッツリのイメージを抱く人には不向きの店である。おいしいものを適量食べたい人にはおすすめできる。胃袋で食べる人よサヨウナラ、舌で食べる人よコンニチハ、なのである。特に肉体疲労時の栄養補給をもくろむ方は新橋駅前ビル方面に向かったほうが報われそうだ。

　週替わりのランチは常時5種類ほど揃っている。ごはんはもとより、スープ・ザーサイ・デザートが付く。鶏・鴨・豚・牛などの肉類と野菜を組み合わせた炒めモノがほとんどだ。ごはんのお替わりをしようにも、大箱であるがために接客係がつかまらない事態が発生する。もっとも主菜のポーションが小さいから、パンチのある麻婆豆腐以外はお替りをしたところで、結局おかずが足りなくなってしまう。ザーサイと中国茶でお茶漬けというわけにもいくまい。周りから冷たい視線を浴びそうだ。内容が充実したランチA・B（各1890円）も用意されているが、ここは軽め安めで仕上げておくのが得策。夜にご馳走が待っていて、サクッと食べておきたいときにどうぞ。

海南鶏飯
900 円

🍚 🍴
海南鶏飯食堂
(はいなんじーふぁんしょくどう)
港区六本木 6-11-16
☎ 03-5474-3200　第 3 月休

　南シナ海に浮かぶ海南島出身の人々がシンガポールに渡って全土に広め、今やシンガポールの国民的料理となった海南鶏飯。ハイナンジーファンと発音するが、公用語が英語の彼の地ではハイナネーズ・チキンライスと呼ぶほうが通りがよい。蒸し鶏こと白油鶏とチキンストックで炊いたジャスミンライスの絶妙なコンビネーション。これにチキンスープが加わって鉄壁のトリオとなる。たまり醤油風ダークソース・チリソース・生姜汁を薬味とし、パクチー（香菜）を散らして 1 度口にしたら忘れられない個性と完成度を誇る。一流ホテルのコーヒーショップでも置かないところがないほどで、それほど国民に浸透している。

　シンガポール名物がいろいろと楽しめ、国民にもっとも親しまれているホッケンミー（福建焼きそば）、チャークエティヤオと呼ばれる米粉のきしめん、ロティプラタ（薄焼きナン）で食べるマレー風のカレーなど、本場の味付けに忠実でおいしい。朝食の定番の肉骨茶（バクテー）だけはいただけなかった。強烈な獣臭に上野動物園の猿山を連想したほどで、これは大いに改良の余地あり。

　ランチタイムにはメニューがかなり制限される。名代の海南鶏飯のほかには日替わりのカレー（900 円）があるくらいで、あとは土日祝日限定の豆苗のオイスターソース＆ライス（892 円）のみ。都内のチキンライスとしては西荻の「夢飯」と肩を並べる水準にある。夜に訪れても割高感はほとんどなく、海南鶏飯は 945 円と消費税分が加算されるだけ。そういった意味では仲間と夜に押しかけて様々な料理を楽しむという使い方もできる。現地産のタイガービールを飲みながら……。

ランチ
Bセット
1050円

Devi Fusion
(でゔぃふゅーじょん)
港区六本木 3-3-15
☎ 03-5570-4335　日休

　インドに住んだことはないが、インド人の多いシンガポールに駐在したので、ずいぶんとインド料理を食べてきた。ヴェトナムやタイの料理はニョクマムやナンプラーが苦手なことも影響してあまり好まないのに、インド料理が大好きなのはクミンやカルダモンの香りのおかげ。東京ではすぐれたインド料理店にめぐり会えず、日頃から欲求不満がつのっていた。たまたまこの店に遭遇して大いに溜飲を下げることができた。残念だったのはライスで本格的なインド料理にはインディカ米を使用してほしい。

　昼に再訪し、ランチのAセット（950円）とBセットで迷う。Aは5種類のカレーから1つ、Bは2つ選ぶことができる。欲ばりのJ.C.はBを選択するところだが、その日はお腹が空いていなかった。結局は欲望を抑えられずにBに決めましたけどね。5種類のカレーの内訳は、チキン・マトン・フィッシュ・野菜・日替わり。フィッシュにはめかじきが使われ、当日の日替わりはキーマであった。この品揃えがすばらしい。本格インド料理店はこうあるべきだ。インド人が口にしないビーフやポークがメニューに載っていると強い違和感を覚えてしまう。

　その日はチキンとマトンをお願いした。ライスorナンのチョイスは前述の通り、ライスが不デキのためナンにする。ドリンクはラッシーだ。間もなく登場したナンのデカさに度肝を抜かれ、ハナから完食をあきらめた。カレーは夜と変わらぬおいしさ。それにしても隣りのテーブルの加賀まり子に似た美人。可愛い顔して、いけしゃあしゃあとナンを平らげるではないか。女性にとってのナンはデザート同様、別腹らしい。恐ろしや。

ジャルコエ
&カーシャ
1050円

ミンスクの台所
（みんすくのだいどころ）
港区麻布台1-4-2
☎ 03-3586-6600　無休　土日祝昼休

　出し抜けにジャルコエ&カーシャといわれても、なんのこっちゃい？　とチンプンカンプンなのはごもっとも。ジャルコエは旧ソヴィエト連邦の構成国の1つ、ベラルーシの郷土料理で豚肉とパプリカのトマト煮。東欧・中欧ではパプリカがよく食べられており、ハンガリーほどではないにせよベラルーシの人々もまた、パプリカ大好き人間だらけなのである。

　それではカーシャとはなんぞや？　これはズバリ、そばの実のこと。日本人にとって、そばの実→そば粉→そば切りの三段活用は必要欠くべからざるプロセスだが、ベラルーシやウクライナやロシアは違う。そのまま炊いたり、お粥にして食べることがほとんど。キャヴィアの添え物のブリニはそば粉で作る薄く小さなパンケーキ。広大なやせた国土を持つロシアではそんな土地でも育つそばは重要な穀物で、帝政時代から農奴たちの主食だった。驚くなかれ、現在でも世界のそばの最大消費国はロシアなのである。日本中のお父さんが昼夜を問わず食べてもロシアにはかなわない。

　ロシアではなく、ベラルーシであった。店名にもあるミンスクはベラルーシの首都。この店は彼の国から来日した姉妹が切り盛りしている。料理のスタイルは研ぎすまされた洗練とは対極の家庭的な温かみにあふれたもの。初回は夜に出向いて大いに満足した。ランチタイムは表題のジャルコエのほかにロールキャベツ・チキンソテー・ハンバーグなどメインから1品、カーシャやポテトなどの付け合せから1品選び、さらにスープ・サラダ・デザート・ドリンクが付く、いたれりつくせりセット。異国情緒と割安感が混在する幸福のスパイラルがここにある。

ユッケジャンクッパ
950円

三幸園
(さんこうえん)
港区麻布十番 1-8-7
☎ 03-3585-6306　水休

　赤坂・麻布は焼肉店の多い土地柄だが「三幸園」は老舗中の老舗。初訪問は四半世紀前のことだ。何を注文しても真っ当なものがキチンと運ばれてくる。客単価の上がるディナータイムと深夜に精力を注入する焼肉店が多いなか、ランチタイムの営業は焼肉ファンにとって、ありがたみもひとしおだろう。

　カルビ定食・ロース定食（各2000円）があるにはあるが、あまり頼む客とてない。午後からの仕事が待つ身に、肉をジュウジュウ焼くのは気乗りのする行為ではないようだ。客の9割以上が注文するのは焼肉丼（1000円）。いや、とある日の11時半から12時過ぎにかけては焼肉丼以外の客は1人もいなかった。これが注文してからアッという間に運ばれる。韓国のプルコギのようにかなり甘めの味付けながら、若いサラリーマンには大盛り焼肉丼（1100円）が人気だ。脇役のキムチ・もやし・玉子スープもたっぷりあるからおかずがあまってしまうことにもなりかねず、お腹に余裕のある方には大盛りをすすめたい。

　ほかにビビンパ（850円）やコムタン（950円）があるが、この店ではユッケジャンクッパを推す。どんぶりの表面は真っ赤っかだが激辛というわけではない。具材は牛もも肉・ぜんまい・豆もやし・白菜・ほうれん草にライス。なみなみと張られたスープに豆もやし入りなので添えられるのはキムチのみ。このあたり、焼肉丼にお得感が生まれるゆえんだ。赤いクッパを食べ進むうち、道半ばにして玉のような汗が噴き出してくる。冬場は体が温まるし、夏場でもこの汗は爽快。二日酔いの昼めしにはうってつけのカンフル剤といえよう。

野菜ビビンパ
500円

古家庵
(こかあん)
港区赤坂 3-20-8 臨水ビル B1
☎ 03-5570-2228　日休　土祝昼休

　浅草や東上野の焼肉街は比較的コンパクトな一画に集中している。新大久保から東新宿一帯にかけてはエリア自体が広くなるものの、あたり一面コリアンフードといった態をなしているから把握しやすい。その点、ここ赤坂はどうだろう。焼肉系や家庭料理系がせめぎ合いながらも一大繁華街全体に散らばっており、取り止めがつかないが相当数のコリアンレストランが共存している。よくもまぁ、共倒れしないものだと、おかしな感心をしてしまうほどだ。

　「古家庵」はそんな赤坂にあって家庭料理系を代表する店。ビルの地下に降りてゆくと、1人1卓の小さな卓袱台が並ぶというより、敷き詰められた入れ込みの座敷に上がることになる。慣れれば問題ないのだろうが、初回は少なからず面食らう。いざ座ってみても隣席との間隔がヤケに狭く、混雑時には隣人が他人とは思えなくなってくるほどだ。

　1階入口のメニューボードには、野菜ビビンパ（500円）・冷麺（800円）・ビビン冷麺（850円）の3品の表示しかなく、これはかえって逆効果じゃなかろうか。実際の品揃えは石焼きビビンパップ・キムチチャーハン（各850円）・韓国風チャンポンうどん（950円）・テンジャンチゲ定食（1200円）と豊富だ。数に限りがあるようだが、イチ推しはサービス品の野菜ビビンパ。ぜんまい・大根・白瓜・寒天・韓国海苔・錦糸玉子に肉そぼろも入って計12品目。豆もやしのスープまで付いて500円なのに、注文する人がほとんどいないのはなぜ？　赤坂のOL＆リーマンはリッチなのか、見栄っ張りなのか、皆目見当がつかないでいる。

台東区

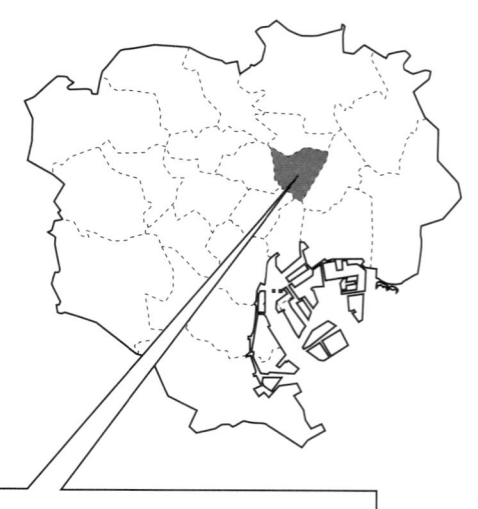

人口：162,744 人
区役所所在地：東上野 4 丁目
主な繁華街：上野・浅草・谷中
区都：柳橋（J.C. が勝手に定めました）

上ちらし
1890円

梅寿司
（うめずし）
台東区柳橋 2-4-1
☎ 03-3851-1682　水休

　下町の鮨屋は水曜日に休むところが少なくない。築地の魚河岸が月に2度ほど水曜に閉めるので、日祝以外に休業日を設定するには水曜が最適なのだ。したがって水曜に休む鮨屋はキチンと河岸に出向いてサカナを仕入れていることになる。

　往時は瓦葺きの堂々たる日本建築。まだにぎやかだった頃の花街・柳橋で名声をほしいままにしたと伝え聞く。今はマンションに建て替えられたが、立派な店構え、小粋な玄関先、落ち着きのある店内、そこかしこに昔を偲ぶよすがを残している。

　自社ビルのために家賃の心配が要らないから、そのぶん価格に貢献できるのが何よりの強みだ。しかも包丁と鮨をにぎるのは親方独りきりで、ビールや酒を運ぶのも彼の母親にして先代の女将さんだけだから、給料の発生する従業員がいない。そのおかげで夜に酒を飲み、ちょこちょこっとつまんだあとににぎりを5〜6カンやっても6千円でオツリがくる。もう少々、鮨種の取り揃えに変化と目新しさがほしいが、良心的な値段であることは確かだ。

　ちらしは並（1260円）・中上（1470円）・上（1890円）・特上（2300円）の4段階。下町の江戸前鮨店らしく、煮モノが充実を見せる。生モノ好きの客の要望から生まれたのか、甘抜きちらし（1785円）というのがある。煮いかや穴子など、甘い煮ツメをつける種を抜いたものだ。こんな品書きはほかで見たことがない。

　推奨する上ちらしの陣容は、赤身・すずき・かんぱち・小肌・穴子・赤貝とそのひも・煮いか・海老・しいたけ・かんぴょう・おぼろ・海苔・漬け生姜。小さな麦いかだろうか、固い煮いかのほかは申し分なく、たっぷり添えられた本わさびに最敬礼！

カレー南蛮
945 円

上野藪そば
(うえのやぶそば)
台東区上野 6-9-16
☎ 03-3831-4728　水休

　東京の藪御三家は「かんだやぶそば」、「並木藪蕎麦」、「池の端藪蕎麦」。ほかにも浜町・吾妻橋・二天門・駕篭町と藪そばを名乗る店は枚挙にいとまがない。面白いのはほとんどの店が藪のアタマに地番や通り、歴史的建造物を冠していること。逆に店主の名前など地名以外のものを合わせると「やぶ久」・「やぶ忠」・「やぶ音」のように「やぶ」の名が先んずる。

　藪そばの始まりは江戸末期に団子坂にあった「藪蔦」にさかのぼるらしいが、近世ではその神田支店を譲り受けた「神田藪蕎麦（現かんだやぶそば）」が祖とされる。ときに明治 13 年。その後大正の初めに暖簾分けで雷門に「並木」が開業し、昭和 29 年にはそのまた分家の「池の端」が誕生する。「池の端」はもとより、「並木」よりも古い「神田」の暖簾分け第 1 号店「上野藪そば」（明治 25 年開業）がなぜ御三家からもれたのか不思議だ。店内に情緒はないがそばはいい。

　そんなことより昼めし昼めし。この店は 1 階も 2 階も狭苦しくてゆっくり酒を酌み交わすムードではない。サッと食べてスッと帰るにふさわしい。基本のせいろう（683 円）のキリッとしたたずまいが美しい。そばは北海道・江丹別産。薬味は本わさびとさらしねぎ。つゆはほどよい甘みをたたえて奥行きも深い。まったく申し分ないのだがここはあえてカレー南蛮。鴨肉を使用し、スパイスの香るカレーは町のそば屋のものとは一線を画している。そばでもうどんでもお好み次第だがノビやすいそばより、殊に猫舌の人はうどんにすべし。中をとって名古屋名物のきしめんでお願いする裏技もありだ。

天ざる
1400円

大三
（だいさん）
台東区浅草 5-30-8
☎ 03-3873-1437　水休

　味・価格・居心地と三拍子揃ったフルマークの名店。紹介するのが昼めしに特化した本書でよかった。何せ営業時間が正午から16時頃と極端に短い。おまけにそば屋なのにつまみがない。それもそのはず、アルコール類をいっさい出さないのだから当り前。場外馬券売り場近辺ならともかく、吉原の近くで昼日なかから酒をかっくらっているヤツはロクなモンじゃないだろう。

　まずは出された冷たい麦茶を飲みながら、ホッと一息つく。切り盛りするのは年配のオバちゃんが3人。揃って下町気質の持ち主で、浅草三姉妹と呼びたいところだが、あいにくと実際は三婆（失礼！）でいらっしゃる。大佛次郎ではなく、有吉佐和子の主人公たちですな。役割は完全な分業制。調理場・揚げ場・接客と分かれ、ほかに誰もいないと思っていたら、ある日調理場の奥から男性の声が聞こえた。もっとも従業員ではなく、御用聞きだったのかもしれない。

　色白のそばは更科風だがそんなに細打ちでもない。もり（470円）には七色、海苔の掛かったざる（570円）には粉わさびを添える。舌ざわり・喉越しともに上々のうまいそばである。猪口になみなみと注がれたつゆは濃いめで、こんなに入れてくれなくともよい。オススメの天ざるには中ぶりの海老としし唐の天ぷらが2本ずつ。プリッとくる揚げ立ての海老天に思わずほほがゆるむ。ざるにはあった海苔がなぜか天ざるにはない。「大三」に来たらそばはもとより、天ぷらもぜひ味わってほしい。冷やモノでも温モノでも天丼でもいい。そうすることによって初めて、三婆すべてのシゴトに接することができるのだ。

冷やし肉南蛮の大
900円

🍚 **角萬**
（かどまん）
台東区竜泉 3-13-6
☎ 03-3872-5249　不定休

　世にも不思議なおそば屋さん。うどんのような極太平打ちややちぢれのそばを食べさせるが、客の9割方は「冷や大」を注文する。冷や大といっても冷えた生ビールの大ジョッキではない。冷やし肉南蛮の大盛りのことだ。冷や肉と呼ばれる並盛りは50円違いの850円だから、大盛のほうがトクした気分になれる。ただし、女性やお年寄りが周りの空気にのまれて、右へならえとばかりに冷や大をお願いすると、必ずや持て余すこととなる。

　お酉様でおなじみの鷲神社（おおとりじんじゃ）から、国際通りを三ノ輪に向かってしばらく歩くと右側にある。昼めしどきには老若を問わず、男ばかりがやたらに出入りする様子がうかがえよう。樋口一葉ゆかりの竜泉には彼女の記念館、あるいはその名前からスチュワーデスがこぞって参拝する飛不動があるが、遠方からあまり人々が参集する町ではないし、食べもの屋の数も少ない。

　店内には下町特有の空気が濃厚だ。1階はカウンター3席に2人掛けと6人掛けのテーブルが2卓ずつ、そして小上がりが6席。そばの太さを思うと温モノのほうがおいしく食べられそうな気がするのだが、訪れる季節がたまたま夏場にかたよるせいか、周りを見ると冷やモノばかりが人気を集めている。

　運ばれた冷や大を見た瞬間に後悔の念に襲われる。ところが意外にすんなりと胃に収まった。脂身のついた豚肉と青い部分が目立つ長ねぎがそばの上に盛られている。脇には薬味のねぎの小皿。七色をバンバン振り掛けるのが正しい食べ方らしい。6〜7人のグループがドヤドヤと入店してきて2階に上がって行った。リーダー格の男が「冷や大、6丁！」の大声を残しながら……。

舞子丼
1600 円

飯田屋
（いいだや）

台東区西浅草 3-3-2 ☎ 03-3843-0881
水休　祝日の場合は営業

　めっきりその数を減らしている東京のどぜう屋も、もうこれ以上減るまいというところまできた。その証拠に専門店に限れば、昭和30年代から大きな減少は見られない。うなぎの片手間に柳川鍋を出す店は別として、もともと店舗数が少なかったのである。江戸庶民に愛された愛嬌物も、近年は人気を落としたものとみえる。うなぎのように1尾で1人前はまかなえないので、さばくのに手間が掛かりすぎるのも一因だろう。それよりも肝心の天然どぜうが農薬のせいで壊滅的な打撃を受けてしまった。

　絶滅の危機に瀕しているどぜう料理の伝統を引き継いでいるのは、深川の「伊せ喜」、駒形の「駒形どぜう」、そしてこの「飯田屋」。この3軒を東京のどぜう御三家と称する。誰が決めたものでもないが、誰も決めないから J.C. が決めた。

　どぜうとくれば、まずは鍋。丸鍋・ぬき鍋・柳川鍋が黄金のトリオだがどこでも食べられる柳川は外して丸とぬきに絞り込むべし。酒の友のどぜうは飯の相方にもなってくれる。それでも昼から独りで鍋は淋しいぜ、という人には舞子丼がうってつけ。どんぶりによそったごはんの上に柳川を乗っけたもので、鍋のままなら丸・ぬきがよくとも、どんぶりめしとなると舞子丼がよい。なぜなら玉子が仲を取り持って、どぜうと飯が握手をするからだ。かつ丼や親子丼を食べつけている日本人に舞子丼は違和感のないご馳走、目先が変わるのもまた楽しい。給料前の昼めしに1600円は痛いな、という向きには親子丼（730円）や玉子丼（630円）という救済案が浮上する。この値段で下町情緒を満喫できるのは儲けモノで、お味のほうもうまい割り下のおかげでお墨付き。

うな重
1900 円

鍋茶屋
(なべぢゃや)
台東区西浅草 3-16-3
☎ 03-3844-3337　木休

　店名からはおよそうなぎ屋とは想像もつかない。以前はうなぎよりも鍋ものに軸足を置いた商いをしていたものと思われる。その名残りか、現在でも木枯らしが吹き始めると寄せ鍋とかき鍋が品書きに加わる。さすがに昔とった杵柄、うなぎモノに負けず劣らずの逸品となっている。そのせいか普段、うなぎ屋には昼めしどきに現れる J.C. が「鍋茶屋」だけはほとんど、夜の訪問になってしまう。ここでは飯を食うより酒が飲みたいのである。

　とは言ってみても「昼めしを食べる」のだから、直球ど真ん中でズバッとうな重だ。もちろんうな重に不満はないのだけれど、実は絶対の推奨品がうなちらし。これは熱いごはんがぬるい酢めしに取って替わる珍しいもの。酢めしには錦糸玉子が敷き詰められ、その上にうなぎの蒲焼が鎮座ましましている。ヨソでは見られぬアイデア商品なのだ。だまされたと思って 1 度試していただきたいが、通常のうな重に 200 円アップの 2100 円となるのであきらめた次第。ついでに言うと、肝焼き（200 円）が絶品なのだが、うな重に追加するとこれまた 2100 円になってしまう。ここは脇目もふらずに重箱と格闘するしか手立てがない。

　うな重は 1900 円の 1 種類のみ。これが何とも潔くてすがすがしい。しかも浅草で一、二を争う出来映えだ。ほとんどの店が松・竹・梅、あるいは特上・上・並と取り揃えるところを変化球ナシの直球勝負。これなら相棒にご馳走しようが、先方から接待されようが、余計な気を使わずに済む。フトコロが寒く、梅でいいのについ竹を頼んでしまう見栄っ張りには強い味方となろう。もっともピンチのときにうなぎを食う愚か者はいないか。

くさ天
1575 円

天扶良 からくさ
(てんぷら からくさ)
台東区下谷 2-9-7
☎ 03-3872-3788　月休

　最寄り駅は日比谷線・入谷だが日光街道の西側の地番は下谷。根岸3丁目の交差点に続く商店街にある。隣りには魚屋さん直営の「割烹 さいとう」があり、昼どきはそちらが大人気、常に7〜8人の行列ができている。魚屋だけにサカナは売るほどあるわけで、激盛りの海鮮丼が目玉商品なのだが、舌の肥えた向きには無縁の店だ。値段が値段だけに文句を言う筋合いのものではなく、質には目をつぶってでも刺身をガツンと食べたい人を止めるつもりはない。

　浅草から歩いても10分少々の距離なのに、この店の天ぷらには下町らしい下世話なところがまるでない。あっさり好みの方にはオススメだ。お昼の品書きは3種類。安い順に、から天（1260円）、くさ天（1575円）、雅（2100円）となる。本書にとって雅は予算オーバー、お好みともどもハナから忘れていただきたい。お好みならば、軽めに食べても5千円に収まるまい。から天の内容は、海老2・魚・野菜3・ごはん・味噌椀・新香。くさ天となると魚が2つになり、それにかき揚げとサラダが加わる。

　海の幸が海老2本と魚1つではあまりにわびしく、ここはくさ天をお願いするのが賢明。ある日の魚は稚鮎と小いかで、野菜は茄子・天豆・蓮根。かき揚げは小海老であった。当然のことながら海老に巻き海老を望むべくもなく、ブラックタイガーの冷凍品だろうが上手に揚げられてじゅうぶんに楽しめた。小サラダはそれなりで、新香のべったら漬けとしば漬けはまずまず。それよりも大粒のしじみを使った赤だしがありがたい。ごはんを茶碗に半分お替わりして、ちょうどよい腹具合と相成った。

天丼「ロ」
1900 円

土手の伊勢屋
（どてのいせや）
台東区日本堤 1-9-2 ☎ 03-3872-4886
水休　祝日の場合は翌日休

　戦前からと言っても日露戦争どころか日清戦争の前に、すでに創業していた東京でもっとも古い天ぷら屋の1軒。現在の建物は昭和の初めのものだ。お隣りの桜鍋の「中江」ともども、この空間に身を置いて食事を楽しめるシアワセをかみしめたい。週末ともなれば雨でも降らない限り、行列覚悟の心構えで出掛けよう。

　天丼が東京市民のご馳走だった頃の味を今にそのまま伝えている。高温の胡麻油でカリッと揚げられた天ぷらと下町風の濃いめの丼つゆが息の合ったバッテリー。天丼は「イ」・「ロ」・「ハ」とあって3種類。かなりのボリュームだから、お年寄りや女性には海老・きす・いかかき揚げ・しし唐からなる「イ」（1400 円）でじゅうぶんだろう。以前は「イ」が売れ筋だったが、景気が上向かないわりにフトコロの温かい向きが増えたとみえて、一番人気は「ロ」にシフトした。内容は大海老1尾・穴子丸1本・いかのかき揚げ・しし唐。本来はかき揚げが小海老と小柱に替わる「ハ」（2300 円）を奮発したいところながら、またしても予算制限にはばまれる。ここは素直に「ロ」で我慢いたしましょう。穴子のサイズが半端じゃないので小食の方は完食不可能かもしれない。かく言う J.C. も本当は気心の知れた女性と訪れ、穴子とかき揚げを半分ずつおすそ分けにあずかり、ゆるり酒を飲みたいのが偽らざる気持ち。でも2人で1つというわけにもいくまいしね。

　店舗の様子がまったく異なるものの、「土手の伊勢屋」には暖簾分けが2軒ある。ともに「いせや」を名乗り、千束店は次男、蔵前店は三男が営んでいる。もちろん「伊勢屋」の主人が惣領の長男坊だが、まさに天丼三兄弟の揃い踏み。

オムレツ
&ライス
1500円

すぎ田
(すぎた)
台東区寿 3-8-3
☎ 03-3844-5529　木休

　都心から北北東に進路を取って浅草に向かうと、玄関口にあるのが蔵前。両国の国技館が再建されるまで、代役を務めた蔵前国技館があった場所だ。とんかつというと発祥の地・上野が思い浮かぶが、浅草は上野に匹敵するとんかつの名所。その浅草のお膝元、蔵前の「すぎ田」も界隈一の評判を取る名店である。

　下町のとんかつ屋は押しなべて店内に和風の空気が流れているものだが、この店には珍しくも和洋折衷風というか、洋食屋チックな雰囲気が漂う。品書きにオムレツがあるのがその証左か。それぞれヒレとロースの揃うとんかつとポークソテー、それに重さによって値段が時価の大海老フライ、あとはくだんのオムレツとコンビネーションサラダが全メニューだ。

　とんかつは実にうまい。ポークソテーも近隣では断トツだろう。それではなぜに豚肉メニューを推奨せんのか！　ってか？　推したい気持ちはやまやまなれど、かつやソテーを食っちゃうと、予算オーバーになるんざんす。

　そこで登場するのがオムレツ（1200円）だ。このオムレツはとんかつの代替品として仕方なく選んだものではない。実力で二百選に選出されうる逸品なのである。どうすればこんなに美しく焼き上がるのだろう？　目の前に輝き横たわる黄色い味覚品飛行物体はそのまま U.F.O と呼んでもいいし、ツェッペリンの飛行船のようでもあり、はたまたビートルズのイエロー・サブマリンに見えないこともない。玉子の持つおだやかな風味となめらかな舌ざわりを具現化している。これにライス（300円）をもらって1500円。もう一声で豚汁（200円）を奮発しても1700円也。

ロースカツ定食

1890 円

ゆたか本店
(ゆたかほんてん)
台東区浅草 1-15-9
☎ 03-3841-7433　木休

　浅草の裏路地にひっそりとたたずむとんかつの名店。浅草一のとんかつ屋はここだ。とんかつは上野がつとに有名で、ついそちらに目が行くが実力的には浅草が上。逆に天ぷらの街と思われがちな浅草の天ぷらのレベルは高いものではない。

　界隈のとんかつ店では前ページで紹介した蔵前の「すぎ田」と双璧だが、ともに木曜が休業日。遠方から来る方は心していただきたい。メニューを絞りに絞った「すぎ田」とは好対照で、扱う品目は多岐に渡る。ロースとヒレのとんかつ・チキンカツ・海老フライ・帆立フライ・豚肉生姜焼き・ポークソテーに加えて冬場のかきフライ。そのすべてを試してみたが結局、行き着いたのは最初に食べたロースカツ。

　皿の上で6切れに包丁を入れられたロースカツが黄金色に輝いている。縦・横・厚さのバランスにすぐれ、身肉と脂身の比率も申し分なく、揚げ切りも上々だから、噛みしめたときに精妙な熱の通りを実感できる。あふれる肉汁とともに溶け出すラードがコクのある味わいを生み出し、箸はキャベツをつまむヒマもあればこそ、横にすべって左手のごはん茶碗に直行することとなる。夜にうかがい、ビールの友に食してみたが、やはり昼にごはんと一緒に食べてこそ真価にふれることができる。

　ロースに一歩譲るものの、実はヒレカツもすばらしい。薄紅の芯が見るからにジューシーで、食べる前からその美味を確信させる。コロコロッとしたのが3個付けで登場し、それぞれが一刀両断されている。もしもこのヒレカツがコロモの付きの少ない棒状であったなら、ロースの王座を揺るがしていたに違いない。

串かつ定食

1900円

蓬莱屋
(ほうらいや)
台東区上野 3-28-5
☎ 03-3831-5783　水休

　銀幕の巨匠・小津安二郎が愛した古き良き名店。遺作となった「秋刀魚の味」ではこの店のとんかつを先輩の佐田啓二が後輩の吉田輝雄におごっている。とんかつを前にして佐田の妹である岩下志麻の縁談にまつわる話をするのだが、ときのいたずらによるボタンの掛け違いで不調に終わる。このとき残念がった吉田が佐田におねだりして、とんかつのお替わりをするのが観る者の意表を突く。このときのシーンはスタジオのセットでも、とんかつそのものは撮影の当日に「蓬莱屋」から運ばせたというから、微に入り細に入る小津の面目躍如だ。

「ぽん多本家」・「双葉」と並んで上野のとんかつ御三家の仲間入り。「ぽん多」が高級志向に疾っていろいろ手掛ける洋食店となり、「双葉」は逆にロースカツ一本に絞り込んだが営業時間まで絞り込んだ今、安心してとんかつを味わうことができるのは「蓬莱屋」だけになってしまった。

　扱うとんかつはヒレカツのみ。棒状のかつれつ定食と一口かつ定食があるがともに 2900 円と、大きく予算を超えてしまう。せっかくのとんかつが食べられない。小津がこよなく愛し、吉田輝雄がお替わりまでしたあのとんかつが食べられない。どうしよう。

　ところが世の中、まんざら捨てたものではございませんな。捨てる神あらば拾う神ありで、絶望の淵から救ってくれたのは正義の味方の串かつ定食。これがどうにか予算内に収まった。昔はなかった比較的新しい商品は豚ヒレの小片と長ねぎが、ねぎま状に揚げられて 2 本付け。小食の女性や年配者にはむしろありがたいくらいのニューフェイスに拍手喝采。

スパゲッティ・ナポリタン

840 円

豚八
（とんぱち）
台東区西浅草 2-27-10
☎ 03-3842-1018　無休　24 時間営業

　言問通りを北に渡った観音裏ならいざ知らず、夜の浅い浅草の街にあって驚くなかれの24時間営業。おまけに盆と正月に加えてクリスマスまで1年365日の年中無休。「豚八」恐るべし。

　この店にはラッシュアワーというものが存在しない。昼めしどきも夕めしどきも真夜中さえも、満遍なくのんべんだらりと客が入ってくる。朝から酒を飲む客がいるかと思うと、夜中にステーキを食う客もいる。カウンターとテーブルと小上がりで構成される庶民的な空間に、大衆の都・浅草の縮図が見て取れる。

　今までに何度足を運んだことか。昼に訪れたのはホンの数回にすぎない。夕食の時間帯はもっと少なく、ほぼ皆無に近い。ここへは深夜、あるいは夜中に仲間たちと現れる。毎回飲み疲れ、たまには歌い疲れて、やっとこさたどり着く。そしておのおのビールやサワーを飲みながら店の二枚看板、オムライス（1050円）とナポリタンを注文し、みんなでつつき回すのである。つまみなんだか夜食なんだか、食べてる本人たちにもよく判らない。

　昼めしの推奨品としてまず思い浮かんだのはその名も上ランチ（1890円）。ライス・味噌汁付きのワンプレートには海老フライ・ポークソテー・ハンバーグが盛り込まれ、付け合せはポテトサラダと千切りキャベツ。豪勢なだけに値段が張るのがネックとなり、ここは見送ることにした。結局、行き着くところは二枚看板で大いに悩むところだ。しかし冷静になってよ〜く考えてみれば、オムライスが東京屈指であるのに対して、ナポリタンは東京随一。ナポリに栄冠が輝くのは自明の理であった。定番の具材に加えてプリッとした小海老が入っているのもうれしい限り。

盛合わせC＆ライス+小ジョッキ
1550円

レストラン・カミヤ
台東区浅草 1-1-1 神谷バー 2F
☎ 03-3841-5400　火休

　とてもおトクな平日限定の日替わりランチ（650円）はポークが主役となることが多い。カツレツだったりソテーだったり生姜焼きであったり。これに魚フライなんぞが盛合わされたりもする。あまりうれしくはないけれど、小っちゃなグラスの赤玉ハニーワインまでサービスされる。ボリューム的にもしっかりしたものだが、土日祝日に食べられないのと、定休日が火曜では最大限週4日の提供でしかなく、オススメとするには抵抗がある。

　ここで浮上するのがA・B（各870円）・C（850円）と3種揃った盛合わせプレート。Aは海老フライ＆蟹コロッケ、Bが海老フライ＆ハンバーグ、Cは蟹コロッケ＆ハンバーグといった内容で割高感は否めぬものの、日替わりがあまりに破格と割り切るしかない。選択にあたり揚げもの2品を重複させるより、どちらか片方とハンバーグの組み合わせがよく、小ぶりな海老フライよりもそこそこサイズの蟹コロッケを評価したわけだ。これにライスかパン（各220円）を取るのだが、せっかく浅草の酒飲みの聖地にして生ビールとデンキブランのメッカの「神谷バー」を訪れたのだから飲まぬ手はないだろう。この店のランチにはビールを付けたい。と言っても無難な小ジョッキ（480円）にとどめるべきで、大ジョッキやデンキブランはやり過ぎだ。

　ほかにはメンチカツ（680円）・ポークヒレカツ（770円）・牛肉と野菜の鉄板焼き（820円）あたりが売れスジ。カレーライス（610円）とチキンライス（650円）も浅草らしい懐かしさを喚起させるもの。変化球では海老マカロニグラタン（710円）とパンの取り合わせが面白く、生ビールとの相性も抜群である。

野菜そば
550 円

砺波
(となみ)
台東区谷中 2-18-6
☎ 03-3821-7768　水休

　他店ではタンメンと呼ばれる中華そばをこの店では野菜そばという。おそらくスープが塩味ではなく醬油味だからだろう。この野菜そばが美しい。藍色の模様の入ったどんぶりの場合はそうでもないが、純白のどんぶりで来たときには思わずハッとするほど可愛いのである。コンパクトな器につつましく収まって、その可憐な姿に心が和む。食べるものの注文はできても、容れものにまで注文をつけるのははばかられ、白いどんぶりで現れたらシアワセと思し召せ。もっともお運びのオバちゃんはとても親切な方だから、特別に頼んでみてもイヤな顔をされる心配はない。ここは思い切ってお願いしちゃおう。中細のちぢれ麺にはささやかなコシが残って快適な歯ざわり。スープには若干の化調を感じるものの許容範囲だ。丁寧にきざまれ、炒められた野菜がどんぶりをおおっている。働き盛りの若者にはポーションがやや小さいので餃子を追加するか、半ライスを付けてもらう手がある。

　いかにも町の中華屋さん風のラーメン（500 円）が素朴なおいしさながら、蟹爪フライ入りラーメン（700 円）はおすすめしない。蟹カマみたいな練り製品が 3 本にシナチクが乗るが、味のバランスがけっしてよくないからだ。むしろかつ丼などのどんぶりモノやあじフライなどの定食がよい。いずれも 700〜800 円のプライスレンジ内に収まっている。「砺波」という珍しい屋号に、おそらく店主の出身地が富山県・砺波市であろうと勝手に想像していた。それがこのたび証明されたのは壁に掛かる調理師免許証のおかげ。昭和 38 年に富山県で取得されていた。近隣の人たちに愛されているのがよく伝わってくる佳店である。応援したい。

塩らーめん
530 円

らーめん なかや
台東区根岸 5-13-18
☎ 03-3873-6066　無休

　正岡子規と林家三平ゆかりの土地として知られる根岸の里も、この辺りは道行く人の影もまばらでわびしさを誘う。最寄り駅ももはや入谷ではなく三ノ輪だ。いっそ荒川線のチンチン電車に飛び乗って町屋か王子にでも行きたくなる心境。そんな町外れのラーメン店は時代遅れの看板に「味自慢 らーめん なかや」と掲げている。外見からはとても入ろうという気にはなれない。昭和 20 ～ 30 年代に思い入れがある人だけが、懐旧の思いにつまずきながら足を踏み入れる空間がここだ。ラーメンフリークの若者など、鼻もひっかけないしょぼくれた店（失礼！）なのである。

　ある夜、道灌山の鮨屋で外してしまい、早々に切り上げてのお勘定。どこで飲み直そうかと算段しながら、谷中・東日暮里を通過して店の前に差し掛かった。建物に漂う寂れ感は嫌いじゃないから、深く考えもせずに入店。さっそく三色おつまみ（バラ肉チャーシュー・味付け玉子・シナチク）というのをもらってビールを飲んだ。飲み干してビールのお替わりをするでもなく、日本酒や焼酎に切り替えるでもなく、何気なくオーダーしたのが塩らーめん。するとこのらーめんが大当たり。薄い黄色の平打ち麺はこれでもかというくらいに激しくちぢれ上がっている。アッサリしているようで深いコクを内包するスープからは煮干しの風味が立った。博多ラーメンの麺が持つような粉々感を好む人には向かず、ツルツル感を楽しむ人には喜ばれよう。その後試した半ちゃんらーめん（690 円）の炒飯だけはいただけなかった。化調と胡麻油が強すぎて飯粒自体もベッチャベチャ。あちらを立てればこちらが立たず、とかくこの世はままならぬ。

鯨竜田揚げ定食
1000円

山海（さんかい）
台東区橋場 1-30-10
☎ 03-3873-4731　月休

　山谷地区に隣接する橋場にある「山海」は界隈随一の和食の名店。週末の夜ともなれば近隣の常連さんで席がすべて埋めつくされる。冬場のふぐは殊更に評判がよく、初夏の毛蟹もミソがミッシリ詰まった逸品。日本全国から集まるある日の魚介は平目・青森、あわび・三陸、はまぐり・房総、小肌・江戸前、青柳・愛知、穴子・九州といった塩梅だ。

　夜の品書きの幅広さは他店の追随を許さず、昼の品揃えも目を見張るほど。平日限定のランチメニューを紹介してみよう。

　◎定食
　　刺身・天ぷら（各1250円）
　　豚の角煮・さつま揚げ・かれい唐揚げ・焼き魚（各1000円）
　◎どんぶり
　　穴子丼・穴子天丼・鉄火丼・フカヒレ丼（各1000円）
　　天丼（1250円）　鰻重（1750円）
　◎釜めし
　　五目・鳥ごぼう・鮭・竹の子（各1000円）
　　蟹・小柱・鰻（各1350円）　鳥そぼろ（1000円）

ほかに人気なのがにぎり5カンとたぬきうどんのにぎり寿司セット（1000円）、刺身・天ぷらと小ぶりの鰻重が一堂に会する山海弁当（1300円）。目移りするラインナップの中、イチ推しは鯨竜田揚げ定食。ミンク鯨の赤身肉が香ばしく柔らかく揚げられている。渋谷の鯨料理専門店など足元にも及ばず、値段を考慮すれば現在東京で食べられる最良の鯨肉定食と断言できる。小学校の給食にこれが出たら、現代っ子も大好きになることだろう。

和定食
1260 円

みよし別館
(みよしべっかん)
台東区西浅草 2-27-12
☎ 03-3847-6955　無休

　さすがにワニやオットセイや人魚はいないが水中を泳ぐ生き物なら、ふぐ・うなぎ・どぜう・すっぽん・毛蟹と、ほぼ何でも揃う。中でもこの店がいち早く手がけ、好評を博しているのが活いかのおどりだ。夏場は真いか（するめいか）、冬にはやりいか、水槽には 1 年中いかがスーイスーイと気持ちよさそうに泳いでいる。ピクピク動いている透明のいか刺しのうまさは例えようがない。先だっては昼間から独りカウンターに陣を取って生ビールを飲みながら、真いかを丸 1 匹平らげた常連を見掛けた。

　良質の魚介類を取り揃えるわりに、価格的には中級和食店の域に収まる。もちろん毛蟹・あわび・伊勢海老ばかりを食べていては勘定がかさむのも当たり前。あじ・さざえ・どぜうといった、庶民が親しみやすい魚介とも上手につき合うことをすすめたい。夜を主戦場とする活魚料理店ながら、ランチのレベルも高い。ふぐ一式が豪華に登場するふぐ定食（2940 円）は別格として、刺身定食・天ぷら定食（各 990 円）・天丼・まぐろ丼（各 1260 円）はそれぞれに満足がいく。天ぷら定食より天丼が高いのは海老 1 本・サカナ・野菜の定食に対し、天丼は海老が 3 本付くため。

　この店の昼めしはヴァラエティに富む和定食につきる。独りでいかを 1 匹やっつけたオジさんのすぐ隣りで、こちらも独りで食べたその内容を記すと、刺身（あじ・すずき・めじまぐろ）・天ぷら（海老・野菜 4 種）・茶碗蒸し（海老・蟹・鳥肉・しいたけ）・ハムともやしのナムル・赤だし・新香・ごはん・フルーツ（さくらんぼ）。どうです、この充実ぶりは。しかも諸物価値上がりのご時勢に値段はここ数年、ずっと据え置かれたままだ。

煮魚定食
950円

伝丸
(でんまる)
台東区柳橋 1-6-3 ☎ 03-3851-3432
日祝休　土曜昼のみ営業

　滅びゆく美学を具現化した旧花街・柳橋。花のお江戸随一の花柳界も明治に入ってからは薩長の田舎政治家が新橋をひいきにしたために衰退の一途をたどることになる。戦後復興を遂げたものの、今度は隅田川の汚染が進んでしまっては息の根を止められたも同然、川と心中する結果となった。現在残っている料亭は柳橋のたもとにある「亀清楼」ただ1軒。しかして横綱審議会が開かれるこの大店(おおだな)でさえもマンションに建て替えられ、料理屋の売り上げよりも家賃収入のほうが多いものと推測される。

　そんな過去の街にあって「伝丸」は今も変わらず、料亭風のたたずまい。粋な黒塀には見越しの松の代わりに見越しの柳が風にそよいでいる。すぐ目の前は篠塚稲荷だ。暖簾をくぐると古きよき昭和の世界が拡がっている。こんな空間ならば、何を口にしてもまずいはずがない。壁に「銚子港 傳丸」と記した大漁旗が飾られていて、何かゆかりの漁船なのかもしれない。

　昼の定食は天ぷら・煮魚・まぐろブツ・銀鱈西京焼き（各950円）・さば塩焼き（800円）の計5種類。一番人気の天ぷら定食は海老2尾・きす・いか・野菜2品。食堂や定食屋の天ぷらとは一線を画し、上品に揚げられてボリュームも適量。胃にもたれることがないから、年配者や女性にも喜ばれている。推奨の煮魚は関東風の濃い煮汁で煮付けられ、以前はかれいであることが多かったが最近は金目鯛がレギュラーの座を奪った。塩焼き・西京焼きには青背でも、煮魚には努めて白身を使う。ありがたいのは小鉢の冷奴とおひたしでこれが格好の箸休め。味噌汁用に揚げ玉をサービスしてくれるから、なおさら天ぷらよりも煮魚を選びたくなる。

刺身定食
1100 円

たんぴょう亭
（たんぴょうてい）
台東区谷中 7-18-21
☎ 03-3821-5039　水休

　日暮里駅北口を谷中方面に出る。ゆるい坂を上り始めて50メートルほど、セブンイレブンの角を左折して道なりに進むと小ぎれいな和食店に到着する。数軒先には昼間見ると何だか間の抜けたラブホテル。「たんぴょう亭」のある谷中7丁目は谷中霊園と同じ地番。いろいろ事情はあろうが、何もお墓の隣でああいう行為に耽ることもないように思われる。
　丸2年ぶりの再訪時。驚いたことに品書きに寸分の狂いもない。よほど献立に自信があるのか、律儀なのか、あるいはマンネリズムにも頓着しないのか。まずはご覧いただきたい。
　昼の献立
　　定食……お刺身定食　　鮪竜田揚げ定食　　鯵塩焼き定食
　　　　　＊ごはんのお替わり無料（1回）
　　丼………鮪づけ丼　　穴子丼　　いくら丼
　　　　　＊大盛り（250円増し）　　　　　　各1100円
　こんな塩梅だ。おまけに刺身の内容を訊くと、真鯛・鮪・鯵とこれまた2年前とまったく同じではないか！　もっとも値段だけは50円上がっていた。相変わらず秀逸な潮汁は健在だ。これは素直においしい。すべてを試したわけではないが、この店では刺身定食がよい。まぜわさびながら、よく利くわさびを添えてくる。逆にイケナいのが鮪づけ丼。およそ本まぐろとはほど遠いスジっぽいのをあぶって提供し、ごはんも酢めしではない。入れ込みの座敷はすべて掘りごたつ式。そのせいか、かなりのお歳のお婆ちゃんたちの姿が目立つ。先日など自分でついて来た杖を忘れていった方がいてビックリ。

デジュネ
A1350
1350 円

ビストロ・モンペリエ
台東区蔵前 3-16-7
☎ 03-3864-1611　日祝休

　お昼は前菜・主菜・デセール・カフェのデジュネ A とそれにスープが加わるデジュネ B（1850 円）の二本立て。2008 年 4 月に値上げを断行するまでは、それぞれ 1300 円と 1700 円だった。パンやパスタを平気で 2 〜 3 割も上げるメーカーに比べれば、かなり良心的な大人の対応ではないか。

　2 人で出掛けたある月曜日の献立を記すと、前菜は 1 種類だけで、自家製パテとマッシュドポテトの重ね焼き、いわゆるムサカ仕立てだ。ガルニテュール替わりにゆで玉子とトマトのサイの目を散らしたグリーンサラダ。双方合わせるとけっこうなボリュームになる。パテはよく見かける通常のものとは趣きを異にして、レバー入りのハンバーグといった味わいがある。

　主菜は魚料理と肉料理が用意され、両方取ってシェアする。南仏風魚の煮込みには真鱈とさわらが使われ、トマトとクルジェットもたっぷりと、まさしくプロヴァンス風だ。淡白な白身の真鱈と魚っぽいクセを持つさわらがそれほど個性を主張せず、むしろお互いの足りない点を補足し合う。ローストポークにはディジョンマスタードが添えられた。しっとりと丁寧に焼き上げられていて、この 1 品も値段を考慮すれば合格点が与えられる。デセールはフルーツのバヴァロワ。気になったのは魚・肉ともにガルニがバターライスであったこと。これなら作り置きが利くし、皿に盛り付けるだけだから料理人はずいぶんとラクができる。料理のレパートリーの狭さとこういった手抜きが従来からの課題だが、厨房に立つのがたった 1 人ではあまり無理を言えない。早く二番手が見つかるとよいけれど……。

平壌冷麺セット

900円

KORYO（こりょう）
台東区柳橋 1-12-8 朝日 MM ビル 2F ☎ 03-3863-0023
無休　日祝は夜のみ営業

　JR総武線・浅草橋東口から線路沿いに隅田川に向かうと、右手2階に店のネオンが見えてくる。地番はかっての花街・柳橋。開業当初は名代の平壌冷麺だけが飛びぬけていたものの、客単価のアップが見込める焼肉や女性客に人気のビビンパは不振にあえいでいた。それが月日の経過とともに努力の積み重ねの賜物か、ここ数年は驚くくらいに改善された。今では焼肉の激戦区・赤坂に支店を開くほどの成長を遂げている。繁華街の赤坂は需要が大きくとも競争が激しい。一方、過去の街・柳橋には集まる人は少なくとも競合するライバル店が見当たらない。経営者の視点でとらえれば、安定しているのは本店の柳橋であろう。

　大会社とは無縁の土地柄にもかかわらず、昼どきにはいったいどこから湧き出てきたのか、次から次へと客が押し寄せる。冷麺専門店といえども牛肉好きの日本人のこと、ロースやカルビの焼肉ランチ（各900円）を注文する声が多い。焼肉系を選ぶなら、カルビ＆ハラミの盛合わせ（1000円）を推したい。脂身と赤身のバランスの妙を楽しめるからだ。

　それでも「KORYO」の昼めしチャンピオンは平壌冷麺。初めて目にしたとき、美しい姿にしばし見とれた。純白の陶器のどんぶりにひたひたのつゆ、真ん中にこんもり盛られた麺の上には立体的なトッピングが五重の塔を形成している。その清楚なたたずまいに食味のよさを確信した。こんな面立ちをしている食物が不味いわけがない。付随してくる豆もやしとチョレギはともかく、おざなりなキムチチャーハンは不デキ。これならキムチだけで、そのぶん値段を下げてくれたほうがありがたい。

文京区

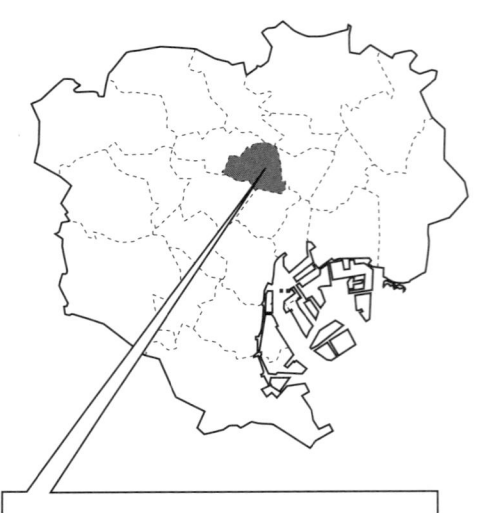

人口：185,782 人
区役所所在地：春日1丁目
主な繁華街：湯島・本郷・根津
区都：本郷菊坂（J.C. が勝手に定めました）

大阪鮨（上）
1600円

梅光
（ばいこう）
文京区白山 5-29-6
☎ 03-3941-0523　木休

　廉価にしてネタ大ぶりの生々しい回転寿司が若者の間でもてはやされる今日この頃、その対極に位置するのが押しずし・蒸しずし・茶巾しぼりに代表される上方寿司。東京の街にその専門店はちっとも増えてこないのは不満だ。通常、大阪ずしなどの上方ずしには鮨の字や寿司の字が当てられるのに対して、「梅光」はずっと大阪鮨で通している。

　ランチタイム限定ながら、ともに千円の箱鮨と江戸前ちらしが昼めしどきの二枚看板。ちらしは普通だが、箱鮨は食味がよく、食べ得感も大いにある。内容はさばのバッテラ・小鯛の雀ずし・穴子ずしの三点盛りで吸い物と新香が付く。どこそこの○○銀座商店街の持ち帰り用寿司店とは違いが一目瞭然。切り口の鋭さは包丁の冴え。直線的な美しさがアール・デコの様式美を彷彿（ほうふつ）とさせる。夏場の鯵の押し鮨（1200円）、晩秋からお目見えする蒸し鮨（1700円）と、季節の風物詩にも事欠かない。江戸だけでなく、上方にも四季の移ろいはあるのだ。

　名品が居並ぶ中から選び抜いたのは大阪鮨。それも思い切って（上）を奮発したい。もちろん1200円とお手頃価格の（並）もじゅうぶんに満足させてくれるから、ランチ限定の箱鮨と迷うところだが、（上）からは看過かなわぬ風格がにじみ出ている。小鯛・海老と小鯛と玉子の市松・穴子・バッテラの押し鮨に、太巻きと伊達巻きが加わる陣容に一瞬、箸を付けるのをためらうほどだ。小鯛のアラで出汁をとった吸い物、いわゆる潮汁が大阪鮨にピッタリ。ここで味噌汁を出すような無粋なマネを金輪際しないのが大阪鮨の誇りなのである。

冷やし鴨汁
うどん
950円

竹や
（たけや）
文京区湯島 1-9-15
☎ 03-5684-0159　日祝休

　文京区と千代田区の区境にある。両区が複雑に入り組んだ土地で、それぞれ目と鼻の先にある神田明神は千代田区・外神田、湯島聖堂は文京区・湯島が地番。つくづくヘンな場所だ。最寄り駅は JR か東京メトロの御茶ノ水、あるいは新お茶の水。住所だけ見てメトロの湯島で降りると、簡単にはたどり着けなくなるので要注意。

　モチモチの食感の細打ちうどんが自慢。カレーうどん系が人気のようだ。巣鴨はとげぬき地蔵脇の「古奈屋」がブレークして以来、東京ではカレーうどんがブームとなり、吉野家グループまで「千吉」なる専門店をチェーン展開する始末。おかしなものが流行るご時勢をよお～く考えてみると、この食べものにはいくつかの長所が散見される。ポカポカと体が温まるから冬場にはもってこいでい、インド人の国民食がカレーであるように灼熱の真夏にも強い。季節を選ばないのは強力な武器となる。おまけにカレーライスが証明するまでもなく、ごはんとの相性がめっぽういいからカレーうどん単品でも楽しめる上、しっかり食べたい向きはライスを追加すればよい。

　しかし J.C. の選んだのは冷やし鴨汁うどん。1 年を通して食べられるが、やはり夏場に食べると格別だ。鴨がうまくなるのは冬場だろうが、養殖の合鴨には当てはまらない。それよりも鴨肉同様に重要な役割をはたす茄子とごぼうがうまい季節なのだ。茄子は夏から秋にかけてが旬で、香りのよい新ごぼうは初夏から出回り始める。2 個付けのいなりや日替わりのかやくごはん（各 100 円）は不デキにつき避けるべし。

かつ丼
1250円

井泉本店
（いせんほんてん）
文京区湯島 3-40-3
☎ 03-3834-2901　水休

　迷いに迷った。かつ丼にしようか、三色サンド（1250円）にするべきか、いみじくも悲劇の王子・ハムレットの心境であった。ヒレかつ・ゆで玉子・蟹＆きゅうりの三色サンドは他店では見かけることのない気の利いたミックスサンド。1皿で3度おいしい大好きなサンドイッチなのだ。日本橋高島屋本店のお好み食堂ではうなぎの三越前「伊勢定」、天ぷらの銀座「天國」と三者一体、共存共栄でテーブルを分け合っているが、ここで軽い昼食をとる際は迷わず三色サンドのお世話になる。

　思案の結果、かつ丼に決定したのは湯島の本店の場合は1階のカウンターでも、2階の入れ込みの座敷でも、サンドイッチでは塩梅が悪いのである。情緒に満ちたレトロな雰囲気とあまりにかけ離れてしまうのだ。空気を読めないKY人間も厄介だが、空気を読まない注文品もまた困りものなのである。

　それではなぜとんかつではなく、かつ丼なのか。「井泉」の売り物は箸で切れるとんかつだ。ところがJ.C.はその豚肉の柔らかさとふんわりコロモを好まない。とんかつのダイナミズムが失われるような気がする。それにもう1つ、若い頃に日比谷三井ビルの支店から、なじみの雀荘にとんかつ弁当を取り寄せすぎた。いわゆる食傷気味というヤツだ。

　そこで日の目を見たのが四角いお重のかつ丼。割り下で煮られ、溶き玉子でとじられると、別のおいしさが生まれる。玉ねぎの代わりに長ねぎを使うのが昭和の匂い漂うこの店らしい。牛丼のごとくにつゆだく気味なので、苦手な方はつゆ少なめでお願いするのがおいしくいただくコツである。

オムレツ＆
チキンカツ定食
900円

キッチンまつば
文京区本郷 4-34-17
☎ 03-3811-8666　土休

　家族経営によるきわめて家庭的な洋食店。樋口一葉ゆかりの本郷菊坂からは往時の面影も薄れて、行き交う人々の数も目に見えて減り、わびしさすら漂う。そんな菊坂で唯一の洋食店がここ。3種類用意される今日のランチ（およそ800〜950円）は日替わりだが、大体のパターンは読める。基本的にこの店はハンバーグとオムレツが二枚看板。もちろんこの二枚を盛合わせてもらうことも可能だが、人気のあるのはどちらか1品にカツレツやフライの揚げ物を組み合わせるスタイル。例えばハンバーグ＆白身魚フライ（950円）、オムレツ＆串カツ（900円）といった具合だ。ちなみに看板同士のゴールデンコンビ、ハンバーグ＆オムレツは950円。割安の800円ランチはこのところ1種類だけになってしまい、とある日はメンチカツとポテトコロッケだった。ともあれ日替わりを必ず確認してからメニューの吟味に入ることが肝要。

　2008年6月に訪れた折、白身魚のフライにすずきを使用していた。これがエラい！　この数週間前に早稲田の某老舗洋食店でミックスフライを注文したら、悲しいことにホキであった。耳になじみのないサカナは冷凍輸入の深海魚で、ナイフを入れたときに立ち上った匂いがムッときた。学校給食やコンビニの弁当に使われる下魚をレストランで出されてはたまったものではない。

　推奨する盛合わせプレートはオムレツ＆チキンカツ。いろいろ組み合わせれば、選択肢が30種類にも拡がるのだから、これがベストと声高に叫んでも意味はない。単に玉子と鳥肉、いわゆる親子丼コンビを洋風で試したかっただけなのだ。これとてあまり意味はないけれど……。

カシミール
カレー
900円

デリー上野本店
(でりーうえのほんてん)
文京区湯島 3-42-2
☎ 03-3831-7311　無休

　昭和 31 年の創業時、すでに界隈に存在した飲食店は同じ並びの天ぷら「天庄」、広小路そばのとんかつ「井泉」、天神下交差点のうなぎ「小福」、上野仲通りの日本そばの「蓮玉庵」と「池の端藪蕎麦」におでんの「多古久」といったところ。すべて古くから東京で愛されている和食系を扱う店ばかりだ。いかに「デリー」がユニークな食べもの商売だったか想像がつく。

　当時、食べられていたのは日本のライスカレーだったはずだ。そんな環境下で本場インドとは多少の違いがあるにせよ、日本人が食べたことのないカレーを紹介したのは画期的であり、しかも半世紀以上を生き抜いてなお、好評を得ているのだから賞賛に値する。

　デリー・インド（各 800 円）・カシミールの 3 種類のカレーがベーシックメニュー。それぞれの辛さの位置付けは順に小辛・中辛・大辛となる。これにコルマカレーやバターチキンが彩りを添える。ベースの 3 種を食べ比べると、特長が顕著に現れるのは明らかにカシミール。立ち上るスパイスの香りが圧倒的だ。チョコレート色に照り輝くソースがエキゾチックで食欲を誘い、チキンとじゃが芋がその中で浮き沈みしている。薬味はきゅうりのピクルスと玉ねぎのアチャール。市販されているこの店のレトルトカレーを試すと、甘らっきょうがよく合った。

　月曜日限定のカシミールカレー・プレミアム（1200 円）は、さつま赤鶏とインカのめざめの組み合わせ。極辛口仕上げが人気を呼ぶが、週明け 1 日限りは殺生で、せめて週 3 日くらいは提供してほしいものだ。

豚肉とレタスの炒めもの定食
950円

お茶とごはんや
（おちゃとごはんや）
文京区千駄木 3-42-8
☎ 03-5814-8131　日休

　巣鴨の「ごはんや」時代は和食屋さんのだったが現店舗はティールームの雰囲気も併せ持つ。「ごはんや」転じて「お茶とごはんや」となった所以だ。家庭的な食事処の一大特長は、お櫃でドンと出される炊き立てのごはん。これは巣鴨のときから変わらない。前回は秋刀魚粗塩焼き定食（950円）を食べた。ほかには深川丼（950円）・ビーフカレー（980円）・ソーセージと野菜のスープ炊き（1050円）などがあった。実を言うとそのときは秋刀魚の塩焼きよりもBGMのイヴ・モンタンを堪能したのだった。

　ちょうど丸1年ぶりの2008年7月に再訪。日暮里で下車して夕焼けだんだんを降りてゆく。谷中銀座の果物店の店頭に並ぶカット西瓜がみずみずしくておいしそう。西瓜は子どもの頃には青臭くて嫌いだったのに、大人になってから好きになった、自分にとっては不思議な食べものなのだ。

　13時を回っていたのにほぼ満席で一番奥の6人掛けが空いていた。ガラス越しに涼やかな竹笹の生垣を臨む特等席だ。春子鯛の揚げ南蛮漬け（950円）・沼津産鯵の塩焼き・房州産戻り鰹の刺身（各1300円）などから豚肉とレタスの炒めものをチョイス。ちなみにいつでもこの推奨品があるわけではない。もやしも入った豆板醬炒めは相当のボリューム。お櫃のごはんも2膳分以上はある。小鉢の冷やし茄子もかなりの量で、あとは豆腐とはんぺんのすまし汁にかぶの浅漬け。そして何と、さっき見てきたばかりの西瓜が1切れ付いてきた。いやはや、うれしかったのなんのって！♪この世で一番肝心なのは 素敵なタイミング ♪　ってこってすね。

Menu a 1200
1200 円

レストラン・プルミエ
文京区白山 5-19-9
☎ 03-3944-5257　日休　第 2 土休

　ランチは未食だったので 6 年ぶりに訪れた。はたして期待以上の料理に破顔一笑。都内のフレンチでは 3 本の指に入るデジュネと確信した。昼は Menu a 1200 と Menu a 2200 の 2 種類のコースのほかに一皿料理のビジネスランチ（900 円）が用意される。コースは前菜と主菜の二皿のプリフィクスからなり、2200 にはデセールが付き、1200 には選べる料理に制限がある。百聞は一見にしかず、まずはメニューをとくと見分あれ。、★ジルシの付いた皿は安いほうの 1200 では選択できない。

前菜——自家製テリーヌ　鶏レバーのパテ　鴨のリエット
　　　　生ハムのサラダ　サーモンのマリネ　玉ねぎのキッシュ
　　　　★帆立貝のムース　★ホロホロ鳥のガランティーヌ
主菜——真鯛のポワレ　ビーフステーキ　仔羊の白ワイン煮
　　　　若鶏のロティ　若鶏のトマト煮　鴨のオレンジ煮
　　　　★牛ほほ肉の赤ワイン煮　牛舌の粒芥子ソース
　　　　★鴨もも肉のコンフィ　★若鶏のきのこソース

　2 人で出向いて 1200 を選び、サーモンとキッシュ、仔羊と若鶏のロティをシェア。燻香のない薄切りサーモンの舌ざわりが繊細。温かいキッシュはフランのようで玉ねぎの香りがふんわり。ワインを飲まない昼食時に仔羊はちょっとツラいが、若鶏のロティ、いわゆるローストチキンは白眉で殊に皮目がうまい。

　12 時半を回る頃、隣の卓に若いサラリーマンの 3 人連れが着席。揃いも揃ってビジネスランチのステーキを注文。フレンチを食べに来たのではなく、いかにもステーキを食べに来たという装いの連中は、メニューなんかに目もくれませんでした。

スパゲッティ・ヴォンゴレ・ビアンコ
900円

オステリア・ラ・ベリータ
文京区本駒込 2-28-35
☎ 03-3945-2235　月休　第2金休

　ギンガムチェックのテーブルクロスが象徴するように、くだけた感じのイタめし屋。料理を担当するのがシェフ夫妻、接客に当たるのが夫か妻のお母さんらしい。彼女に関するネットのカキコミが面白い。昨今、こういうお母さんはめっきりその数を減らしてしまい、絶滅危惧種といっても過言ではないから、大目に見てあげてほしいのだけれど、いくつか紹介しましょう。

1. 料理を注文したら「ドリンクは？　あとから注文できないけど……」。
2. 着席しようとすると「配膳の邪魔だからどいてください」。
3. 奥さんの母親と思われる女性の給仕は改善の余地あり。

　思わず吹き出しそうなのだ。客を邪魔者扱いするのはある意味、見上げた発想だ。「給仕」などという死語が出てきたのにも驚いた。接客に関しては幸いにも不愉快な思いをしたことがない。弁護するわけではないがイタリア料理屋だと思うから気になるので、これが繁華街の居酒屋だったらどうだろう。もっとスゴいオバちゃんたちがワンサカと手ぐすね引いているはずだ。

　限りなく本場に近いガツンとくるパスタが好き。パスタがよければランチはうまいに決まっている。斥候のつもりで昼に出向くと、その日はスパゲッティがヴォンゴレとカルボナーラにベーコン＆アスパラのトマトソースで、リゾットがタコ＆セロリ。にんにくの利いたヴォンゴレには定評があり、これがイチ推し。パンチェッタいっぱいのカルボナーラはちょいと重い。塩味オイル系がオススメながら、濃厚トマト味のアマトリチャーナがあったら、絶対の必注メニュー。

チーズ&ペッパーのトンナレッリ

1150円

オステリア・コ コ・ゴローゾ
文京区本郷 3-23-1 クロセビアビル B1
☎ 03-3818-3622　無休　日昼休

　ニューヨークのマンハッタンに「ココ・パッツォ（気狂いシェフ）」という名店があるが「ココ・ゴローゾ」は食いしん坊シェフの意。ここ数年イタリアンが増えつつある本郷・湯島界隈で、日本人の舌におもねることのない本場の味を貫き通す姿勢をまず評価したい。料理に酸味・塩気の輪郭がくっきりと際立ち、ボリューム的にもイタリア人の胃袋を満足させうるほどのもの。その個性を満喫するには夜に出向いて赤ワインを抜きたいところだが、ランチタイムもそれなりに楽しめる。

　表題の一皿はメニュー上では、＜チーズ&ペッパーだけのローマの下町オヤジ風トンナレッリ＞なる長ったらしい名前で記されている。実際に食べてみるとオヤジ風どころか、かなり小粋な味わいで、＜ローマの下町娘風＞のほうがシックリくる。アル・ブーロ（バター風味）やアリオ・エ・オリオ（にんにくオイル）のシンプルなパスタはなかなかにおいしいものだ。

　自家製生パスタを売り物にしていて、イタリア最古のパスタであるテスタローリ、そば粉を使ったピゾッケリ、電話コードのようなブッシャーティなど多彩な品揃えを誇る。トンナレッリの別名はキタッラ（ギターの意）。平たく延ばしたパスタ生地をピンと張ったワイヤーで押し切って麺パスタにする。この器械がギターの弦を連想させるのでキタッラの名が付いた。乾麺使用のペペロンチーノはトンナレッリのほぼ半額の 600 円。給料日直前にはこちらのお世話になろう。パスタだけではもの足りないという向きには小サラダと飲み物のセットが 350 円増し。地下への階段に続く入り口に、ローズマリーが香り高く生い茂る。

中華丼
680 円

中華オトメ
(ちゅうかおとめ)
文京区根津 2-14-8
☎ 03-3821-5422　水休

　神田神保町ほどではないにせよ、上野のお山の西側一帯に連なる池之端・根津・千駄木の町には中華料理店が数多い。しかもそれぞれの持つ表情が千差万別。大店の本格中国料理店から、庶民的な町の中華屋さん、はたまたここ 10 数年、にわかに増えた中国人の料理人による点心と小皿がウリの格安店。

　とりわけ J.C. が好むのは町の中華屋である。こういうタイプの店に肩入れするのは多分に懐旧心のなせるワザ。その偏りを努めて反省するのだが、どうしてもクセが直らない。殊にレトロを通り越して古ぼけた定食屋・洋食屋・中華屋に弱く、散歩の途中にそんな店を見つけると必ずや立ち止まり、上下左右をしげしげと眺めた末に、いきなりドアを開けて飛び込んだりもする。こんな悪癖をじゅうぶん承知のデートの相方など、その類いの店先に差し掛かったらあわてて急ぎ足になったりして、何とか入店をはばもうとささやかな抵抗を試みるのである。

　根津の交差点から言問通りを北東に上ってゆくと、この店がすぐ右手にある。ノスタルジー漂う店内の雰囲気は今ではほとんど姿を消した昔の喫茶店のようだ。珍妙な屋号は 40 年ほど前に「オトメパン」というパン屋だったことに由来する。パンより麺のほうが儲かると踏んだのだろうか、先代のお爺ちゃんがスッパリと切り替えたのだそうだ。

　二大人気商品は鳥唐揚げ入りの広東麺（950 円）と目玉焼きの乗った中華丼。どちらも実にユニークだ。唐揚げ入りの広東麺は何だか得した気分がするし、半熟の黄身を崩して食べる中華丼って、ありそうでなかった盲点突きまくりメニューではないか。

昼下がりの 400円ランチ
400円

ミュン
文京区本郷 4-2-8 フローラルビル 2F
☎ 03-3815-1195　無休

　「昼下がりの400円ランチ」というのはJ.C.の勝手なネーミング。13時半から15時まで、時間限定の大盤振る舞いをこのように表現してみた。通常のランチタイムに600円のランチがオール400円に値下げされるのは驚きだ。このディスカウントがなくともベストランチ二百選に選んでいたかもしれないくらいで、600円でも破格なのに400円は超破格となる。

　本書では原則的に行列のできる店は時間の浪費につながるので敬遠している。しかるに「ミュン」だけは超破格につき、例外としてピックアップした。また本書における掲載店に関して、来訪時間の指定をした店もほかに1軒としてない。ここでも例外的な扱いとなるが、この店だけはぜひ13時半以降に訪れてほしい。せっかくの恩恵に浴するのは大切なことだし、財布にやさしくしておくと、ほかにも何かいいことがあるような気もする。

　驚愕の400円ランチの陣容を見てみよう。

　①鳥カレー　　　②チャーハン　　　③牛肉かけライス
　④豚肉かけライス　⑤日替わりランチ

　ライスの大盛りは無料で、①・③・④はライスの替わりにソーメンを選ぶことも可能。ただし、ソーメンの大盛りはない。一番人気は断トツで鳥カレー。骨付きチキンのブツ切りがサラサラシャブシャブのカレーソースに腰まで浸かっている。サイゴン料理を謳う料理店なのだが、同じ東南アジアでもタイ・マレーシア・シンガポールとは異なり、ベトナムでカレーはほとんど食べられていない。そんなカレーが好評を博するのだから、何が幸いして人気メニューが生まれるのか、予想がつくものではない。

②番のランチ
1000円

海燕
（かいえん）
文京区本郷 4-28-9
☎ 03-6272-3086　月休

2007年末に根津の店をたたみ、2008年春に本郷の菊坂下でリオープンしたロシア料理店のランチメニューはかくの如し。
　①グリヴーイ（マッシュルームのつぼ焼き）800円
　②ゴルビツィ（ロールキャベツ）1000円
　③ビーフストロガノフ（牛肉のサワークリーム煮）1000円
　④シャシリーク（羊ヒレ肉の串焼き）1000円
　すべてにビーツのポテトサラダ、温かいボルシチ、ロシア紅茶が付き、①以外にはロシアパンが付く。
　オススメは牛挽き肉をギッシリ詰めたロールキャベツ。根津時代と比べ、ボルシチが本場に近いアッサリ仕上げとなったので、濃厚なソースがたっぷりのロールキャベツが真価を発揮する。ストロガノフは玉ねぎいっぱいで本場のものとはかなり異なる。これにはバターライスかヌードルがほしいところだ。シャシリークは少々看板に偽りあり。羊ヒレ肉とあったが食感は明らかにもも肉。串焼きとなっていたが単なるソテーだ。もっとも白身魚の三枚おろしをフィレと呼ぶことがあるから反則ではない。肉質が固いため、肉に柔らかさを求める人には不向きながら、この料理だけにコールスローやピクルスなどの付け合せが添えられる。
　11時半から30分ほど客は自分独り。あとは近所の奥さんがロールキャベツのお持ち帰りで来店しただけ。心配していたら正午近くにゾロゾロと客が入って一安心。店主は相変わらず無愛想だが人柄は好い。実は数年前に銀座にあったロシア料理店で隣り同士になり、言葉を交わしたことがあるのだ。アチラは覚えちゃいませんけどね。

新宿区

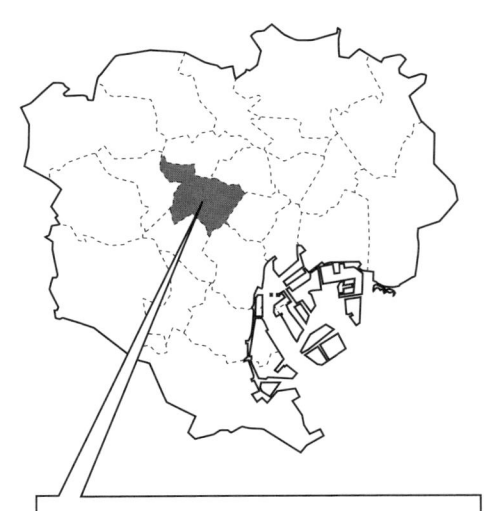

人口：278,350 人
区役所所在地：歌舞伎町1丁目
主な繁華街：新宿・神楽坂・四谷
区都：四谷荒木町（J.C. が勝手に定めました）

ばらちらし
1500 円

すし匠
（すししょう）

新宿区四谷 1-11 ☎ 03-3351-6387
日休　祝日の月休

　正式名称は「すし匠はな屋与兵衛」という。今は昔、両国で隆盛を極めたにぎりずしの始祖の名を店名に冠するのは傍目にもちょいとやり過ぎだから、簡単に「すし匠」と呼ばせてもらうが、この店のばらちらしが昼食時のそれとしては東京屈指なのである。

　夜に出掛けて酒を飲み、適当につまみを楽しんで、ほどほどににぎりを味わうと、お1人様金2万円を超えてしまうから本著が昼めし限定でよかった。それでもせっかくだから夜の様子をダイジェストでお伝えしておこう。数々のつまみの合間に、ちょこちょことにぎりをはさむ独特のおまかせがこの店のスタイル。ある真夏の夜はこんなふうだった。礼文島の海水海胆、余市のあん肝、佐島の真だこのつまみのあと、にぎりで来たのが門司の真がきと三陸のさんま。お次の房州のかつおは背を刺身、腹をにぎりと使い分ける。北海縞海老や野島の穴子、まだまだ続くが本題の昼のばらちらしに戻ろう。

　初訪問は昼だった。献立はばらちらし一本勝負。どんぶりを彩ったのは、さより・春子・小肌・赤身づけ・サーモン・ぶり・青柳・蒸しあわび・煮あさり・真だこ・煮いか・いくらの魚介類。加えて玉子・しいたけ・酢ばす・菜の花の脇役陣にも手抜かりがない。しじみのすまし椀、香の物にもおざなりな気配を感じさせない。

　その味が忘れられずにウラを返す。初回の印象では他を圧するいくらの存在感が気になったので、今度はいくら抜きでお願いすると、なぜか味がボヤケてしまい、締まりにも欠けたのである。ことここに至り、ばらちらしにいくらはキーパーソンだったことを思い知る。まったくもって自業自得の勇み足であった。

うな重の並
&肝吸い
1700円

川勇
（かわゆう）
新宿区高田馬場 2-2-15
☎ 03-3209-0064　月休

　明治通り馬場口交差点から1本入った路地裏にひっそりとある。夜には黄色い袖看板に灯りがともり、よく目立つので心配無用だが、昼に訪れると見過ごすかもしれない。初老のご夫婦2人きりで小体な店を営んでいて静かな店内の様子から、来店してうな重を食べる客よりも持ち帰りや出前のほうが多いようだ。

　品書きはいたってシンプル。うな重は並(1500円)・中(1900円)・上(2300円)・特上(3000円)の4段階。肝吸いは別売りで200円。あとは蒲焼き・柳川・親子重・かつ重があるくらいのもの。したがって夜に訪れると酒の肴に苦慮するのが難点で、肝焼きは売り切れていることが多い。策に窮して新香盛合わせをお願いすると、これが起死回生の一鉢。きゅうり・大根・白菜・新生姜がたっぷりと盛られ、500円の価格に見合うものだった。

　あらかじめある程度の仕事が成されているためか、昼食時はそれほど待つこともなく、朱塗りに早蕨(さわらび)模様の重箱が運ばれる。大井川の伏流水で育てられた丸榛吉田うなぎは余計なしつっこさとは無縁。並を頼んだがためにサイズそのものは小さいが、このコンパクトなうなぎがきわめて美味。さもなくば若いうなぎを並べた筏(いかだ)に食通が目の色を変える道理がない。若いに越したことがないのは女房に限ったハナシではないのだ。

　妙にベタつくことのないタレがうなぎを飴色に染め、固めに炊かれたごはんにもスッキリとからむ。三つ葉・白髪ねぎ・玉子豆腐の入った肝吸いはさわやかなあと口に一役買っている。この地で創業しておよそ70年、昔ながらにうなぎを焼く日々はいったいいつまで続くのだろうか。

焼肉カレー
770 円

キッチンめとろ
新宿区神楽坂 2-10
☎ 03-3260-4952　土日祝休

　東京のベストランチ二百選を編纂していて愕然とした。もともと新宿区からはあまり候補が出ないと踏んだものの、まさかあの神楽坂が昼食の不毛地帯だったとは！　なのである。花街では昼間の就業人口がそんなにも少ないのだろうか。飲食店は軒並みエネルギーを夜だけに集中しているようだ。

　前著『J.C. オカザワの古き良き東京を食べる』では神楽坂界隈から 40 軒あまりを紹介している。玉石混交とはいえ、そのうち「玉」が 9 割以上を占め、「石」はほんの数軒にすぎない。それでもランチ二百選にすべり込んできたのは「キッチンめとろ」ただ 1 軒という惨憺たる現実。

　7 年前の初訪問の際、焼肉カレーのネーミングに腰が引けた。それなのになぜその日、焼肉カレーを選んだのか今となっては思い出すすべてないが、長い人生には魔が差すこともある。ところがどっこい、数分後には差してくれた「魔」に感謝する自分がいた。理屈抜きにおいしかったのである。焼肉の豚バラのほどよい脂身に旨みがじゅうぶん。甘辛のバランスのとれた味付けも文句なし。おまけにカレーが家庭的でありつつも業務的なプロの味も感じさせて秀逸。まさしく一皿に 2 つの美味が共存していた。カレーショップでありながら焼肉に秀でているところが「キッチンめとろ」の勝因である。その証拠にサービス焼肉定食（740 円）をオーダーする客が実に多いこと。

　大食漢には焼肉カレーにオムレツが加わるジャンボカレー（950 円）がオススメ。ウインナーとゆで玉子が焼肉にとって替わるウインナーエッグカレー（770 円）は見た目にも懐かしい。

ラーメン＆半ライス

500円

メルシー
新宿区馬場下町63
☎ 03-3202-4980　日祝休

　長嶋茂雄が立大を卒業してジャイアンツに入団した昭和33年に早大南門の近くで開業。同45年に現在地に移転して今日に至る。ついでながら、その年はJ.C.が早大に入学した年でもある。

　平成20年の今年は創業50周年の記念すべき年となった。当年とって91歳になるご主人は縁戚筋の当代に店主の座を譲り、現在は客足がゆるやかになる夕方から店に出ておられるようだ。

　昭和33年に33円で売り出したラーメンは、長いこと390円だった。最近、値上げしたものの、10円だけで新価格は400円。アサヒビール提供の袖看板に「軽食＆ラーメン」とあるが、麺類以外はチャーハン・オムライス・ドライカレーなどの炒め系ライスのみ。カレーライスもなければ、サンドイッチやホットドッグもない。ブームとなる1970年代以前に、一時ハンバーガーを扱ったが「時いまだ熟せず」で学生たちは呼応しなかった由。

　店内は4人掛けのテーブルが数卓に6人掛けが1卓。男性の独り客が多いから相席は必至。そのせいか女子学生の姿はきわめて少ない。ほとんどの客がラーメンかチャーシューメン（630円）をすすっている。ももチャーシュー・シナチク・コーン・薬味ねぎの乗った中太ちぢれ麺の歯ざわりが快適だ。醤油味のスープがユニークで魚介系と判別されるものの、一風変わった奥行きがあり、煮干しの風味があっても煮干し臭さはまったくない。スープの味を濃いめにしてもらい、半ライス（100円）を追加するのが学生街のラーメン店を満喫する秘訣だ。廉価で実のある食事を提供し続けるこの店に対して、お礼の言葉が「メルシー！」では感謝が足りない。「メルシー　ボークー！」が相応しい。

鰯柳川鍋定食
900円

割烹 中嶋
（かっぽう なかじま）
新宿区新宿 3-30-5 日原ビル B1
☎ 03-3356-4534　日祝休

　ミシュランガイド東京では堂々の一つ星に輝く。夜の会席は最低でも1万3000円からで、冬場のふぐコースは2万円超えだが昼はお値打ちである。メニューをのぞいてみよう。

　鰯　　いわし采々
　　一、刺身定食　　　　　　　八〇〇円
　　二、フライ定食　　　　　　八〇〇円
　　三、煮魚定食　　　　　　　八〇〇円
　　四、塩焼定食　　　　　　　八〇〇円
　　五、柳川鍋定食　　　　　　九〇〇円
　　料理の一品追加　　　　　　六〇〇円
　単品　おひたし　　　　　　　三〇〇円
　　　　冷奴　　　　　　　　　三〇〇円
　ごはんのおかわりは二杯目までサービス
　　　　　　　三杯目より一〇〇円

　ボリューム的には2人で出掛け、料理を1品追加してシェアするのが理想的。刺身はアジのタタキ風。銀座のいわし専門店「いわしや」には一歩ゆずるが、鮮度は高い。小ぶりな片身5本付けのフライには酢油で和えたキャベツとレタス、カレー風味のもやしが添えられる。大きめのフライ3本を玉ねぎとともに割り下で煮て玉子でとじた柳川鍋定食がごはんとの相性抜群。脇役が味噌椀と新香だけではものたりない向きは奴かひたしを。

　開店と同時に入店したのに塩焼きが切れているとのこと。これは売り切れではなく、時間のかかる料理の回避。塩焼き目当ての客はやり切れまい。くれぐれもキレないようにお願いしたい。

渋谷区

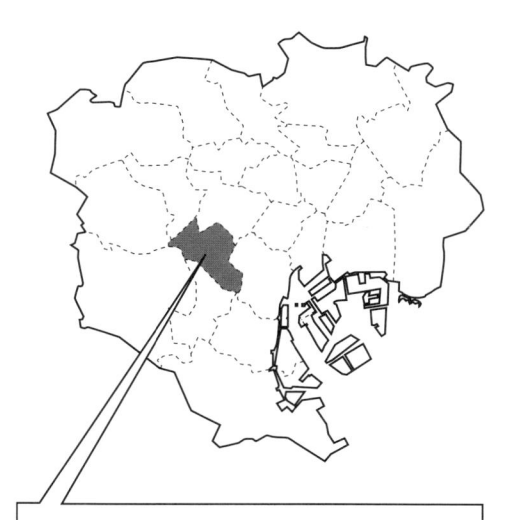

人口：196,510 人
区役所所在地：宇田川町 1 丁目
主な繁華街：渋谷・恵比寿・原宿
区都：渋谷円山町（J.C. が勝手に定めました）

うな重(並)
+肝吸い+肝焼き
1800円

鮒与
(ふなよ)
渋谷区上原 1-34-8
☎ 03-3467-6231 水休

　代々木上原は幼い頃に暮らしたことのある土地。記憶は途切れがちだが懐かしさを感じる町である。数年前に商店街を歩いていて、たまたま当時住んでいた家を発見し、その前にぼう然と立ち尽くした。築半世紀はラクに超えていて、通りにこのような古い民家はほかに1軒としてなく、しばし感慨に耽ったのである。

　商業スペースに限りがある上原にも、それなりにフレンチ・イタリアン・中華の佳店が揃っていて、年に2～3回は出掛けてゆく。駅から徒歩数分の距離にある古賀政男記念館のイベントに参加したついでに食事をする機会が多い。この「鮒与」を発見したのもそんな折だった。

　間口の狭い店は出前中心だから、たとえ昼めしどきでも来店する客は多くはない。割り箸の袋に「うなぎ専門」と明記され、うな重・蒲焼きのほかには、それに付随する肝吸い（100円）に新香、あとは肝焼きと中骨の唐揚げ（各300円）があるばかり。これでは腰を落ち着けて酒を飲むわけにもいくまいから来客数が少ないのもうなずける。古賀政男もこの店の出前をちょくちょく利用していたことがあとで判明した。

　うな重は並（1400円）に始まり、中(1800円)・上（2200円）・特上（2600円）の4段階。繊細な小ぶりのうなぎを愛でるJ.C.は、どこのうなぎ屋でも常に並を所望する。もっとも上や特上に邁進する健啖家を止めるつもりなど毛頭なく、自分の食欲に見合ったサイズをお選びくだされ。たっぷりの肝吸いからは柚子のいい香り。4～5匹分の肝を1本にまとめた肝焼きは「ネバー・フォゲット！」の必食科目で、蒲焼きを凌駕するほどだった。

さば味噌煮定食
1000円

福田屋
（ふくだや）
渋谷区広尾 5-3-14
☎ 03-3473-1817　日祝休

　広尾の商店街のサカナ屋さん直営の定食屋。親爺さんが店頭で鮮魚を売りさばき、女将さんが食事処を切り盛りするという効率的な経営だ。ここ10年ほどの間に二面待ち(リャンメン)で構える鮮魚店・精肉店がずいぶんと増えたように思う。大手スーパーが小さな町の隅々まで侵食の限りをつくした今、サカナや肉の小売りだけで生計を立てるのは生半可なことではない。苦肉の策が意外にも起死回生の妙案だった。二兎を追うもの一兎を得ずというが、二兎を追って三兎を得ることもあったのだ。ニューヨークにあるグロッサリーの9割以上は韓国系の人々が牛耳っているが、彼らが飛躍的に伸びたのは20数年前、ビュッフェのテイクアウトを始めてから。売り物の野菜の鮮度が落ちる前にサラダに変身させ、売れ行きの悪いパスタや缶詰を惣菜に転用する。99イチバの中にオリジン弁当があるようなもので、急速に勢力を伸ばした。

　営業時間は11時から14時半の1日3時間半のみ。全エネルギーをランチに集中しているから、その恩恵にあずからぬ手はない。ホワイトボードに不揃いの大きさの文字で書かれた品書きを見てみよう。すべて定食の料金で、刺身盛合わせ（1100円）・あじたたき・金目煮付け・銀だら照り焼き（各1050円）・ぶり照り焼き・ぶり大根・さば塩焼き・さば味噌煮（各1000円）などなど。刺身はまぐろ・いなだ・甘海老だったり、まぐろ・かんぱち・真鯛だったり。味噌煮は焦げ茶色の煮汁が脂の乗ったさばの身肉にコックリとからむ。単品はオール420円引きなので、おかずを2種類取った上に、納豆（100円）・生玉子（50円）・焼き海苔（30円）を追加しても2千円でじゅうぶんにおつりが来る計算だ。

焼きしゃけの昼おひつ膳

1000円

おひつ膳 田んぼ
（おひつぜん たんぼ）
渋谷区代々木1-41-9
☎ 03-3320-0727　無休

　朝は営業していないが高級ホテルの下手な和朝食など、足元にも及ばぬ朝ごはんがここにある。安く手早く済ませるにはおにぎりがオススメ。ラインナップの一部を見てみよう。おかか・こんぶ・しゃけ（各220円）・梅干し・野沢菜・たら子・明太子（各240円）・いくら・うなぎ（各260円）・しゃけいくら（280円）。2種の具のミックスというのもあり、これは高いほうの値段に20円プラスと実に合理的。大きめのおにぎりは2つも食べればお腹がいっぱい。これに味噌汁（200円）を付ければ立派な昼めしの完成だ。

　店名に「おひつ膳」を冠しているほどだから、名物はおひつで運ばれる炊き立てのごはん。使用される米は日によって替わり、新潟は松之山か長岡のコシヒカリだったり、岩手は江刺のひとめぼれだったりする。おひつ膳にはかつおたたき・まぐろ中落ち・しゃけいくら（各1600円）・豚角煮（1800円）などが揃うが、おにぎりと比べるとだいぶ割高。ここは昼限定のおひつ膳2種類、焼きしゃけorさば味噌煮（各1000円）から選ぶのがお食べ得。どちらもよいが、焼きしゃけが優れているのはお膳の一角を占拠する急須入りのほうじ茶でお茶漬けも楽しめることだ。野沢菜の油炒め・金山寺味噌・玉子焼きなどの副菜も豊富だから、つい食べすぎてごはんが足りなくなるほど。

　もう1つの名案はおひつごはん（400円）をお願いし、生玉子・納豆・焼き海苔（各100円）・梅干し（150円）・味噌汁（200円）などを好みで注文すること。本当にごはんのおいしさを満喫するには、おかずはあまりゴチャゴチャないほうがよい。よくぞ日本に生まれけりを実感すること請け合いだ。

龍井茶葉カレー
1260円

茶語アラン・チャン　ティールーム
(ちゃーゆーあらん・ちゃん　てぃーるーむ)
渋谷区千駄ヶ谷5-24-2 新宿高島屋6F
☎ 03-5361-1380　高島屋の休日に準ずる

　新宿高島屋の6階にある小ジャレたティールーム。最寄りは新宿南口か代々木東口だが驚いたことに、ここは新宿区ではなく渋谷区、しかも地番が代々木でなく千駄ヶ谷。実に奇妙で違和感を覚えるのもむべなるかな。

　眺めのよいティールームは風味豊かな各種中国茶を楽しむお店。日本のオトコには優雅に午後のお茶を喫する習慣はないものとみえ、客の9割以上は女性。お茶だけでなくフードメニューも充実している。オープン当初よりメニューの幅が拡がり凍頂烏龍茶（とうちょう）の餡かけご飯・黒酢のまろやかな酸辣麺・ジャスミン茶風味の海老雲呑麺（ワンタンメン）（各1470円）・ベトナム風冷やし麺（1260円）・飲茶セット（1890円）と、アジアンエスニックに目のない若い女性が喜びそうなものが目白押し。茶葉を使う料理が目立つのが特長だ。

　なかでもイチ推しはここ10年間、ほとんど変わらぬおいしさをキープしている龍井茶葉（ロンジン）カレー。ココナッツミルクで煮込んだチキンカレーに龍井茶の葉を加えたものだ。ライスに以前のような冴えが見られないが、ココナッツのチャツネときゅうりのピクルスとともに味わうと、思わず笑みがこぼれてしまう。

　普洱茶（プーアル）五目ご飯（1575円）が茶葉カレーに続く名品。普洱茶で炊いた赤茶色のライスの上に、豚バラ肉角煮・ゆで海老・エリンギ・いんげん・紫玉ねぎが盛られ、ちょっと見はビビンパ風。きゅうりの甘酢漬けを合いの手に、混ぜこぜにしないで食べる。食事メニューには日替わりの中国茶が小ポットでサービスされ、とある日は台湾系の阿里山金萱（ありさんきんせん）。ペットボトルでもおなじみの金のウーロン茶によく似た美味なるお茶でありました。

ワンプレート・ランチセット
1000円より

コンコンブル
渋谷区渋谷 1-12-24
☎ 03-5467-3320　無休

　南青山は骨董通り近くにある「レ・クリスタリーヌ」の姉妹店。かれこれ6年ほど前に夜にうかがい、コート・デュ・リュベロン'00年の赤でオードヴル・ヴァリエやさわらのソテーやシュークルートを楽しんだ。そのときの印象は悪くなかった。

　本著の執筆にあたってふと思い出し、ランチもイケるのではないかと友人を誘い、陽差しの強い週明けの月曜日に出掛けてみる。11時20分に到着すると店先に若い女性が2人。われわれが後ろに付いて列を成す。ジリジリと太陽が照りつける下、開店時間の11時半を回っても店は一向に開く気配がない。太陽光線とは別にこちらがジリジリしてきた。結局、ドアが開いたのは11時40分。10人以上並んでいるのに、なぜ待たせるのか？　客商売として感心しない。ここでハタと思い当たった。通行人にこの行列を見せたかったのかも。行列は客寄せパンダに使われたのだ。炎天下で空腹時にジラされると、ヒガみっぽくなるのも道理。

　狭いテーブル配置にもストレスを感じながらメニューに目を通し、選んだのはサーモンのパン粉焼きショロンソース（1000円）とトマトの肉詰め＆オマール海老のロースト盛合わせ（1800円）。いずれもミネストロン風のスープ、ニソワーズ風（サーディンやツナは入っていないが）サラダ、全粒粉のパン、パンプディングのスライス、お替わり自由のカフェが付く。これが機内食よろしく、ワンセットでトレイに乗って登場する。値段が値段だからオマールだけは貧相だったが、ほかの料理の味はよく、CPもきわめて高い。何度もカフェのお替わりをすすめられ、すっかり機嫌を直した単純な自分がそこにいた。

ＡⅠ
麻婆豆腐定食
945 円

龍の子
（りゅうのこ）
渋谷区神宮前 1-8-5 メナー神宮前 1
丁目ビル B1 ☎ 03-3402-9419　日休

　この大東京に、出掛けるたびに心ウキウキの大好きな街もあれば、行かねばと思っただけで腰の重くなる大嫌いな街もある。気に入りは、一に浅草、二に銀座、三四がなくて、五に神楽坂。苦手のほうは、一に原宿、二に渋谷、三四がなくて、五に六本木。その大嫌いな原宿で嫌悪の極みというべきは竹下通り。真っ当な人間は歩いちゃいない。その通りの入口にあるのが「掃き溜めに鶴」の「龍の子」。巨星・陳建民のお弟子さんが営む小さな四川料理店は根強いファンに支えられている。そのまた弟子の、いわゆる建民さんの孫弟子にあたる方が埼玉県の羽貫で同名店を開いたりもしている。伝統は脈々と受け継がれている様子だ。

　お昼の品書きを見てみよう。2008 年 5 月上旬のものだが、定番料理が入れ替えられることはない。替わったとしてもマイナーチェンジの域を出ないから、遠方からも安心して出掛けることができる。定食にはスープ・新香・ごはんが付く。

　ＡⅠ 麻婆豆腐　　　　　　　　ＡⅡ トマトと玉子の炒め
　ＢⅠ 棒々鶏　　　　　　　　　ＢⅡ 白身魚の豆板醤煮
　ＢⅢ イカとかりかり梅の炒め　ＢⅣ 空芯菜炒め
　ＣⅠ 小海老のマレーシア風　　ＣⅡ 牛肉と玉ねぎの炒め
　Ａ = 945 円　Ｂ = 1155 円　Ｃ = 1345 円

　人気があるのがＡⅠとＢⅠ。この 2 品がよいのは味もさることながらそのボリュームだ。ＣⅠなど、あまりの少なさに言葉を失った。小海老といっても良質の芝海老を使うわけでもなし、適正価格は 850 円だろう。やはり常連客はよく知っている。一も二もなく麻婆豆腐で攻めるべし。

ビュッフェ
ランチ
1000円

クンビラ
渋谷区恵比寿南 1-9-11
☎ 03-3719-6115　無休

　創業30年を誇り、東京を代表するネパール料理店。千円札1枚で食べられるビュッフェランチは平日限定。土日祝日は別メニューとなるので要注意だ。店のキャッチにこうあった。
　○エベレストランチ
　￥2500　　最上階個室 or ネパール座敷部屋
　＜休日の午後はワインでも飲みながら、贅沢にランチを＞
　＜セレブな方々にご満足頂ける食と空間をご堪能下さい＞
　セレブな方々を止めはしないが、セレブでない方々はやはり平日に訪れましょう。もっとも週末でもクンビラランチ（1890円）やダルバァットランチ（1370円）が用意されている。ボリュームもしっかりと割高感はない。
　くだんのビュッフェランチ。もともと料理の味はとてもいい。伝統の重みを十二分に感じさせ、最近、東京中を席捲しているにわかインド料理店とは一線を画している。あざとい接客ぶりに鼻白むことがあても、それを補う料理に免じてとやかく言わない。
　常に日替わりのカレーと1品料理が2種類ずつ用意されている。野菜好き、あるいは野菜不足の方々にはありがたい料理が並ぶ。あくまでも油や香辛料と相性のよい野菜が中心となるが、茄子やピーマンや玉ねぎに加えて豆や芋もふんだんに使われ、栄養バランスがきわめてよろしい。チキンカレーのチキンにしてもケチケチせずにキチンと入っていた。ナンとライスのほかにネパール風焼きそばがあるのがうれしく、きしめん状の平打ち麺はパスタのタリアテッレにそっくりだ。飲みもののラッシーもお替り自由で、これが女性に大人気。

豊島区

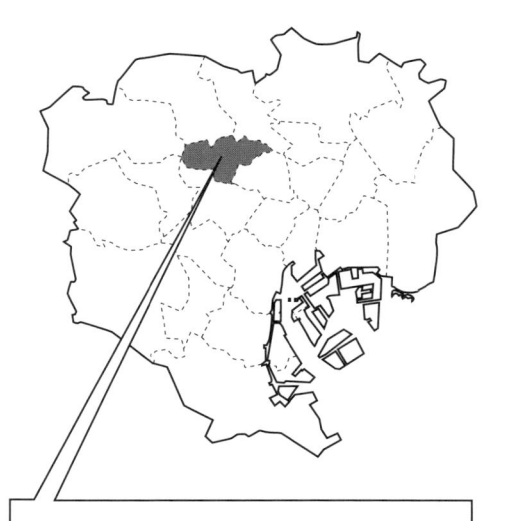

人口：242,557 人
区役所所在地：東池袋 1 丁目
主な繁華街：池袋・大塚・巣鴨
区都：巣鴨庚申塚（J.C. が勝手に定めました）

鴨丼
1550円

🍚 加瀬政 （かせまさ）
豊島区巣鴨 3-14-16
☎ 03-3918-1286　月休　地蔵通り縁日の 4 の日の場合は翌日休

　お婆ちゃんの原宿、巣鴨の地蔵通りには同じ門前町でも下町の深川や浅草、葛飾の柴又とはまた違った趣きがある。参道の店々がヨソでは食べもの屋が一番目立つのに、ここは洋品や雑貨を商う店も相当数あり、むしろ飲食店より多いくらいだ。地蔵通りの商店街ではとげぬき地蔵（高岩寺）ばかりが有名になったが、巣鴨駅から歩いて来ると通りの入口にある眞性寺も江戸六地蔵の一地蔵尊として古くから多くの信仰を集めた。

　通りを歩くと和菓子やのり巻きやお稲荷さんを店頭に並べている店が目につく。ほかにも目黒不動に姉妹店を構える八ツ目うなぎ「西むら」、ここが 1 号店のカレーうどん「古奈屋」、母と息子が個別に営む 2 軒の「ときわ食堂」、注文が入ってからボタ餅を作り始める「和作」は昼は食堂で夜は居酒屋の二面相。お婆ちゃんが行こうが行くまいが、実に様々な店が揃っている。

　高岩寺の先にある「加瀬政」の名代は真鱈のじゃっぱ鍋。馬肉のしゃぶしゃぶも取り扱い、今また第三の主力メニューとして素鴨鍋を開発した。巣鴨と素鴨を掛けたオヤジギャグを侮るなかれ。鴨にこだわりぬいたコース仕立ては鴨ガラスープで鴨団子を炊き、締めは鴨の玉子でとじた親子丼。デザートのプリンまで鴨の玉子製というこだわりよう。この親子丼が鴨丼と称してランチタイムに供される。たたいた鴨のもも肉を長ねぎと三つ葉とともに玉子でとじ、その上に鴨の卵黄の目玉が 1 個。もも肉だから歯応えがあるが、これはこれで野趣に富んでよい。店内に半世紀前に撮られた店の古い写真が一葉。看板の品書きには親子丼と清酒がそれぞれ 80 円とあり、まさに隔世の感。

ロースかつ定食
600円

とんかつ おさむ
豊島区南長崎 1-3-11
☎ 03-3951-4961　日休

　フトコロが淋しくて、胃袋がひもじいときには全員集合！　もっとも電車賃をかけたのでは元も子もないから、多少の距離は意を決して歩きましょう。財布もお腹も空っぽだけれど、ヒマだけならたっぷりあるぞ！　そんな方には絶対のオススメ。

　ロースかつ・ヒレかつ・チキンかつ・メンチかつ・かつ丼、ついこの間まで、これらすべてが500円均一だった。ところが原油市場に端を発した物価高騰のあおりを受け、とうとう一律600円の値上げに踏み切った。これを「おさむよ、お前もか！」と嘆き悲しんだりされたら、当の「おさむ」は立つ瀬がない。収支のバランスはたとえ600円となった今でもギリギリの、G線上のアリアではなかろうか。まだまだこの店のお値打ち度は他店の追随を許さぬものがある。豚汁・たくあん・大盛りごはんがセットになった定食のボリュームは普通サイズでじゅうぶんながら、心ゆくまでとんかつを堪能したい向きには、重量100gと謳われた800円のロースかヒレを推奨する。誰もが感じることだが、目にしたとんかつはとても100gとは思えぬほどのビッグサイズ。これを完食するとその日の晩めしをパスすることになる。温度の異なる2つの鍋で揚げられるので何を食べてもサクッとした食感が持ち味だ。

　店内は古びていても清潔感にあふれ、入口には「食事の前に手を洗いましょう」の貼り紙と水道の蛇口。キチンとたたまれたタオルも山積みになっている。この衛生観念は他店もぜひ見習うべきで、バイキンのついた手で食事をされ、どこそこで腹をこわしたなどと中傷されたら、食べもの商売は立ち行くこと能わず。

特ロースカツ定食
1890 円

とん太
(とんた)
豊島区高田 3-17-8
☎ 03-3989-0296　日休　土昼休

　東京で3本の指に入るとんかつの名店。フォーク1本ではあき足らず2本、いや3本付けたくなるほどだ。お昼限定のロースかつ定食（840円）でも満足できるが、せっかく高田馬場駅から歩いてきたのだ、思い切って特ロースかつ定食に挑もう。粗めの生パン粉をまとってサックリと揚げられている。口元に運ぶ前にまず切り口の断面をのぞいてみよう。薄いピンクのロースの上辺にはおよそ1センチほどの脂身が走っている。これが特ロースかつのうまさの根源。女性には脂身を敬遠する方が多いが、だまされたと思って1度口にしてほしい。どうしても苦手という方はお昼のヒレかつ定食（945円）にエスケープするしか手立てがない。あるいはサービスメニューのロースかつ丼（997円）という手もある。ロースでありながら脂の付きは少なかった。

　さて目の前の特ロースをいかに攻略していこうか。まずは中央部、左から数えて4、5番目あたりをそのまま何も付けずに1切れ。数秒の咀嚼で豚肉の旨みが舌の味蕾を包み込んでゆくのが判る。お次は塩を使ってみよう。ヴェトナムの自然海塩と中国の塩田の塩が用意されているから、それぞれ1切れずつ。このとき添えられたレモンの串切を搾ってもよい。続いては生醤油を垂らそうか。このあたりから練り辛子のお世話にもなりましょう。あとはウスターソースやとんかつソースにすり胡麻を混ぜたり混ぜなかったり、お好きなようにいただけばよい。

　ごはんとぬか漬けも上々だ。感心するのは味噌椀の三択。わかめ・しじみ・豚汁から選べるわが身のうれしさよ。寺尾聰によく似た店主はなかなかの人物と推察した。

串かつ定食
1250 円

とん平
（とんぺい）

豊島区巣鴨2-1-6 ☎03-3910-5385
日休　第3土休

　巣鴨名物「とん平」の串かつ、と誰も言わないからあえて叫びたい。それほどの逸品を紹介する前にとんかつにも触れておきたい。実はを選出にあたり、迷ったのが串かつ定食とロースかつ定食（1400円）。メニューに串かつがなくとも二百選入り間違いなしのロースかつなのだ。安くはないが高いとも言えない値付けは適正価格。肉汁をたたえた豚ロースがカリリと揚げられている。身肉と脂身のバランスがとてもよく、肉色ピンクのヒレかつにも食欲をそそられるが、選ぶとなるとやはりロースだ。

　定食には豚汁・新香・ごはんが付く。豚の小間切れと豆腐とごぼうが入り、化調を感じる豚汁は悪くないが、たくあんときざみ高菜の新香が少々淋しく、サイドオーダーのお新香（250円）の追加をおすすめする。漬かり具合のよいきゅうりとかぶのぬか漬けが恰好の脇役となる。カウンター越しに職人さんの仕事ぶりを眺めていると、千枚通しをたくみにあやつるコロモの付け方が絶妙。手を汚さずに次から次へと注文品をさばいてゆく。

　さてさて、名代の串かつだ。皿上にはにんじんの橙色が散る千切りキャベツを従え、串を抜かれて縦にスパッと包丁を入れられた串かつが2本。断面をのぞくと上から肉・ねぎ・肉・ねぎ・肉の配列が見える。これが町場の精肉店のお持ち帰りだと、玉ねぎ・肉・玉ねぎ・肉・玉ねぎとなるのが主流だろう。さすがに「とん平」は串かつの主役に豚肉を抜擢していた。

　ある昼下がりに訪れると、店内は熱気あふれて満員御礼。しかも元気な年配の女性が目立つ。おっとそうだった、とげぬき地蔵を有するこの界隈は「お婆ちゃんの原宿」であったのだ。

スペシャル
W カレー
1180 円

シェリーハウス
豊島区目白 2-25-11
☎ 03-3985-6048　日祝休

　西島三重子という歌手がいた。「池上線」のヒットの陰に隠れて目立たぬが「千登勢橋」という佳曲もまた素敵だ。千登勢橋（実際は千歳橋）は目白通りの学習院大と日本女子大の中間あたりに架かる陸橋で、橋の下にはクルマと電車が並んで走っている。都営荒川線と明治通りが並行しているのだ。

　前置きが長くなったが相方と2人、この橋の近くの洋食店でヒドい目に会い、このままでは尻尾を巻いて帰れぬとばかり、千歳橋を渡り返して目白駅方面へ。駅前には西島三重子が14年間通った母校・川村学園がある。この学園の裏手にひっそりとたたずむのがこの店。

　住宅街でも客の入りは悪くない。3種類揃うカレーランチには飲みものが付く。その日は、A－茄子と挽き肉のインド風（900円）、B－マドラス風チキン（880円）、C－欧風海老（980円）のラインアップ。カレーのソースが3種類あるのでヴァラエティは豊富。欧風ビーフ・マドラス風チキンor海老・カシミール風チキンor海老の5種類から2種選べるスペシャルWカレーの人気が高い。ほかにハヤシライスやえびめしがある。

　すべてを制覇したわけではないが、いろいろ試してマドラスのチキンとカシミールの海老のWカレーがベストコンビという結論に達する。チョコレート色の欧風は塩気が強いが他店のような重たさとは無縁にしてキレ味鋭い。マドラスは正統派インドカレーの趣きで万人受けしそう。カシミールにはスパイスがふんだんに使われて辛さも香りも格別だ。この店のカレーをぜひインディカ米で食べてみたい、そんな誘惑にかられた。

海老のタイ風チャーハン
900円

ピラブカウ
豊島区池袋 2-48-4
☎ 03-3988-8889　無休

　タイ語の店名をアルファベットで綴ると「PIRABKAO」。「ピラブカーオ」と発音したくなり、事実そのカタカナ表記でも認知されているのだが、店のHPでは「ピラブカウ」で、そちらを正式名称として従った。2年ほど前まで銀座8丁目の雑居ビルに支店があり、知る人ぞ知る隠れ家的存在だった。階上には多くの高級クラブが入居していたから、ホステスさんがタイ風カレーやパッタイ（焼きそば）で腹ごしらえをしていたものだ。さすがに着物姿が少なかったのは高価なお召し物にカレーソースでシミを作っては一大事だからだろう。食の不毛地帯・足立区の綾瀬にも支店があったがそこも閉店した。

　池袋の本店は建物自体がプレハブだから、カジュアルで気の置けないムード。価格設定も控えめになっている。料理の味は銀座には及ばぬものの、雨後の竹の子のごとく都内に繁殖するタイ・ベトナム料理店の中にあって、3本の指に入る実力を備えている。午前11時から深夜までの営業で年中無休も使い勝手がよい。

　名物はペッパローと呼ばれるローストダックをライスに乗せた焼きダックごはん（990円）。チキンとは一味違うダックのコク味が自慢だ。ココナッツミルクが主張するチキンのグリーンカレーとポークのレッドカレー（各980円）の人気も高い。ちょっと奮発して、わたり蟹＆玉子のカレー炒め（1480円）にライスという手もあり、これは2人でシェアしてもOKだ。気に入りはインディカ米のタイ風チャーハン。世界最大の米輸出国タイのライスは最高だ。タイカレーをインドカレーより上とは言わぬが、タイのチャーハンは中華の炒飯より好きかもしれない。

江東区

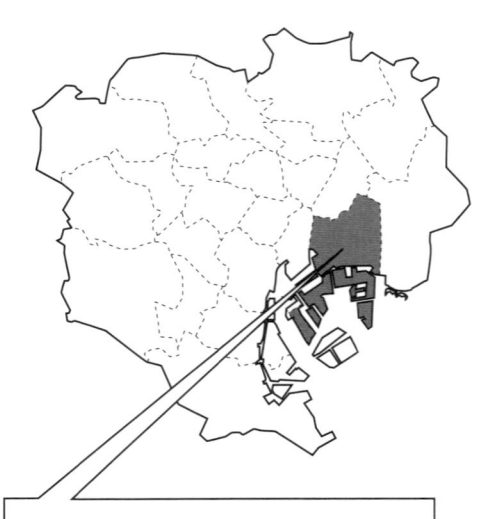

✍

人口：428,294 人
区役所所在地：東陽4丁目
主な繁華街：門前仲町・森下・亀戸
区都：深川洲崎（J.C. が勝手に定めました）

白焼き丼定食
1500円

伊せ㐂
(いせき)

江東区高橋2-5 ☎ 03-3631-0005　月休
(祝日の場合は翌火休になることあり)

　東京を代表するどぜうの名店。世間一般的には浅草の「駒形どぜう」の知名度が高いが、食通は断然、深川は高橋(たかばし)のこの店を愛顧するだろう。駒形の江戸情緒は何ものにも代えがたいが、高橋の風情もまた心を和ませる。

　庶民には高嶺の花となったどぜうだが「伊せ㐂」の鍋は1人前2300円。これでは手も足も出ず、候補者リストから除外せざるを得なかった。ところがである。あれは門仲の「ラ・レネット」からの帰り道、清澄・高橋・森下と踏破するその途中、通りかかってこの店の前にたたずんだ。店先の品書きに目を落とすと、目に飛び込んできたのが、うなぎ丼定食(並)・白焼き丼定食(並)の2品。値段はそれぞれ1500円で、味噌汁と新香付きだ。そしてうれしいことに「みそ汁は、どぜう汁・玉子汁・とうふ汁よりお選びください」──こうあった。思わず心の中でブラヴォー！　を叫ぶ。これで「伊せ㐂」を引きずりこめるし、どぜうも食べられる。

　日を改めて七夕が過ぎて間もない日の昼下がり、深川の高橋を北に渡ってゆくJ.C.のうしろ姿を見ることができた。白状すると実はこの日、次の次のページで紹介している清澄の「天竜」で鮎せいろを食べたあとの2軒目なのだ。「うな丼や　鮎も食ったに　無分別」──でも大丈夫。「天竜」の食事は先刻別れた相棒に7割がた食べてもらった。迷うことなく白焼き丼とどぜう汁をお願い。本わさびを添えたうなぎの白焼きは半尾のみ。全体に塩ダレがほんのりとからむ。どんぶりめしにおかずが足りないかなとも思ったが、笹がきごぼう入りのどぜう汁はお椀になみなみ、きゅうり・なすのぬか漬けもたっぷりで、おいしく食べ終えた。

天ぷら定食
900 円

満る善
(まるぜん)
江東区森下 1-18-1
☎ 03-3631-1931　木休

　たまにしかおジャマしないがここへ来ると心身ともにほぐれる気がする。子どもの頃に一時期深川に住んでいて、大衆酒場が好きだった父親に連れられ、様々な店に出入りしたが、あの頃のあの雰囲気、あの匂いがここにある。箸袋に「立食天ぷら」とあり、古い店であることが伺い知れる。

　森下という町は清澄通りと新大橋通りの交差点から、東西南北どちらに向かおうとも、すぐにこれぞという店が見つかるプチ・グルメタウン。しかも資金力にモノを言わせた新参者が昨日今日作り出した、取るに足らない愚店が見当たらないのが実にすがすがしい。町を歩いていると心が晴ればれとしてくる。隣り町の門前仲町や両国のように名所旧跡に恵まれているわけでもないのに、人を惹きつける魅力が町のどこかに潜んでいるのだ。

　本当は夜に訪れることをおすすめする。それも独りっきりか、せいぜい2人連れ。2人の場合は心を許し合える盟友か、好きな女性がよい。酒盃を傾けつつ、目の前で揚げられる天ぷらをのんびりと味わうに限る。と、そんな悠長なことはいっていられなかった、昼めし、昼めし。諸物価値上がりのこのご時勢に記憶が確かならば、天ぷら定食は50円値下がったのではなかろうか。以前は950円だったような……。海老・めごち・穴子・いか・しし唐と、内容はまったく変わっていない。しじみの赤だしも自家製のぬか漬けもずっと昔のままだ。お好みで揚げてもらっての昼めしでも2千円を越えることはまずないだろう。その際には海老・いかよりも、きす・めごち・穴子と攻めるべきで、本書が上梓される晩秋にはきっと、はぜが入荷しているに違いない。

鮎飯せいろセット
1200円

天竜
（てんりゅう）
江東区清澄 3-3-28
☎ 03-3630-8850　土日祝休

　門前仲町の交差点から清澄通りを北上すると、間もなく清澄庭園の緑が目に映ってくる。1962年の夏休み、小学生だった J.C. は庭園の敷地内にある深川図書館に向けて、この道を3日と空けずに通った。町中に「いつでも夢を」のメロディーが流れていたあの頃。今でも庭園の東側にレトロな商店が軒を連ねる一画がある。看板に7桁の電話番号を記す老舗が多いから、46年前のあの夏に前を通り過ぎた店も少なからずあることだろう。

　この店を認識したのはつい最近、2008年6月だった。立て看板の鮎飯せいろセットに惹かれた。ほかには昼ご膳セット－刺身・天ぷら・香の物（1200円）、天丼定食、幕の内弁当、すき焼きセット、鮪の漬け丼セット（各1000円）などが揃う。昼ご膳に天ぷらが組み込まれ、天丼も扱っている。何よりも「天竜」という屋号から、てっきり天ぷら店だと思い込んだが実は大間違い。

　鮎飯せいろが食べたくて健啖家の友人を引き連れ、幕の内弁当と一緒に注文。鮎飯せいろは鮎飯とせいろそばのセットではと懸念したが、せいろで蒸しあげた正統的な鮎飯だった。身をほぐされた鮎と蓼の葉の粉末が散っている。やや塩気が勝っても6月から10月初旬までの季節の1品はかぐわしい。小鮎とみょうがの天ぷら、鞠麩のおすまし、香の物も付いて完璧だ。かつお刺身が主役の幕の内も炊き合わせに丁寧な仕事が施されて二重丸。

　夜の品書きも充実していて、すぐにウラを返したくなった。天ぷら屋のような屋号は店主のふるさとに起因。信州の南、天竜川のほとりの出身で「天竜」。J.C. は北信の生まれだが、同じ信州長野じゃないか！　ええ、すぐにでもウラを返しますとも。

ヒレカツ定食
1360円

とんかつ家庭
（とんかつかてい）
江東区深川 2-1-2
☎ 03-3630-8248　日休　祝日昼休

　1905年創業の世にも不思議なとんかつ屋さん。もともとは京橋で定食や弁当を商ったそうで、現在地に移転したのは1991年。まず「とんかつ家庭」という店名が非常に独創的だ。以前の屋号は「家庭食堂」。仏料理店で家族を意味するファミーユなんてのは目にするが、日本の飲食店で店の名前に「家庭」を取り込んだのはほかに1軒も知らない。ユニークさにかけては「定食」を店名に含む東日暮里の「おもひで定食」と双璧だろう。

　ロケーションがまた突飛だ。門前仲町のランドマーク、深川不動の真裏に架かる首都高速のほとんど高架下にポツンとある。清澄通りからちょっと入っただけなのに、店の前の道路は通行人が少ない。店内に足を踏み入れてまたビックリ。店構えからは想像もつかない落ち着いた内装に誰もが「この店はただものではないぞ！」と気を引き締めることだろう。昼めしどきのとんかつ屋は上を下への大忙しとなるが、この店では時間がゆっくりと流れてゆく。店主のお母さんと思しき方の接客がまたけっこう。「狭い日本、そんなに急いでどこへゆく」、この標語を身をもって具現してる。チャキチャキ感とは別種の下町人情を感じる。

　そして変り種の極め付きがとんかつそのもの。カツの上に乾燥ハーブがたっぷり掛かり、不思議なことにこれが独特のおいしさを生み出す。ロースカツ（1050円）とヒレカツで迷うがどちらを食べてもまずハズさない。ここはあえて棒状で揚げられるヒレカツを取りたい。一口サイズよりもコロモの付きが少ない棒状は貴重だ。ライス・味噌汁・新香・コールスローの脇役陣は揃いも揃って秀逸。殊に付け合せのポテトサラダは出色だった。

深川めし
セット
1500円

みや古
(みやこ)

江東区常盤 2-7-1
☎ 03-3633-0385　月休

　正式には「割烹 みや古」、あるいは「深川めし本家 みや古」を名乗る老舗の創業は大正13年。関東大震災の翌年のことだ。そのとき下町は天地の動転もさることながら、地震の発生とともに挙がった火の手が瞬く間に拡がって、阿鼻叫喚の猛火に包まれていた。現在「みや古」のある江東区・常盤からほんの1.5キロほど北上した墨田区・両国の被服廠跡（現・横網町公園）は最大の死者を出した悲劇の場所である。

　大変なことに話題が及んだ。深川めしのことであった。今の深川には真っ当な深川めし、あるいは深川丼を供する店がほとんどない。深川不動の参道にある「六衛門」、深川江戸資料館正面の「深川宿」、ともに名所旧跡にはびこるあざとい店にして、料理もヒドい。そんな中にあって「深川宿」に近い「福佐家」と、この「みや古」には下町の良心が残っている。

　靴を脱いで籐畳の入れ込みに上がれば、昭和30年代を通り越して20年代の世界だ。予算の関係からここで注文できるのは深川めしセットか天丼（1500円）くらいしかない。迷わず深川めしにしよう。竹わっぱで蒸し上げられた深川めしには、プックリ太ったあさりのむき身と油揚げと長ねぎが炊き込まれている。あとは三つ葉と青海苔が散るだけだ。炊き込みといっても素材をサッと煮たあと、その煮汁でごはんを炊き上げ、上げ際に両者を再び合わせるので、大事なあさりが熱によって固くなる心配がない。吸い物・香の物のほかに、その日の小鉢は小あじとウドの酢味噌和えであった。深川めしは熱々をハフハフやるよりも、一拍置いて落ち着かせたほうがずっと美味である。

メンチエッグ
&ライス
1080円

深川煉瓦亭
（ふかがわれんがてい）
江東区新大橋 2-7-4
☎ 03-3631-7900　水休　第 3 日休

　『J.C. オカザワの下町を食べる』でもこの店を紹介したが、その後メニューはまったく変わっていない。値段だけが 50 円程度上がった。品数は実に豊富で 8 割がたを洋食が占めるが、中華モノや和風のどんぶりモノも揃っている。どういうわけか中華はラーメンや焼きそばなどの麺類だけで、炒飯・中華丼のごはんモノが見当たらない。そこを補うのがカツ丼に親子丼の役目なのかもしれない。と思ったら炒飯の替わりに洋風のヤキメシ（780 円）があった。ピラフと呼ばないところがいかにも下町だ。

　夕刻に軽くビールを飲みながら海老コキール（1150 円）やハムサラダ（750 円）をつまむのが好きだ。こんなときはライス（250 円）をとらずにミックスフライ（1250 円）だけで食事を終える。ランチタイムはライスとスープの付く A・B・C、3 種類のランチに若干のお得感がある。『下町を食べる』からおよそ 3 年後の 2008 年 6 月に訪れると、A ランチ（1350 円）はチキン南蛮＆大海老フライと、まったく変わらぬ組み合わせ。B ランチ（1150 円）は魚フライ＆肉入りオムレツとなり、以前はオムレツの替わりにチーズハンバーグだった。C ランチ（950 円）がシチュー風ハンバーグで、3 年前の串カツ＆ハムエッグとは様変わり。

　カツ丼（930 円）に人気があって、中にはボリュームのある上カツ丼(1300 円)を注文する客もいる。内容があまり替わらないものの、訪れてみないと判らない 3 種のランチより、すすめたいのはメンチエッグ（830 円）とライス。風変わりなネーミングはメンチボール・エッグのことで、いわゆる目玉焼き付きハンバーグ。昭和 30 年代にはときどき見掛けたメニューである。

七福
ランチ（上）
960 円

七福
（しちふく）
江東区白河 3-9-13
☎ 03-3641-9312　水休　第1日休

　大通りの交差点角に燦然と輝く「実用洋食」と銘打った看板が「七福」の顔だ。めでたい屋号は英訳すればラッキーセブンということになる。笑う門(かど)にはラッキー・カム・カム、柳亭痴楽はいいオトコ、あってもなくてもいいオトコ。いやぁ、実に懐かしい。もっともこのギャグをお判りの方は相当にお歳を召した方でしょうな。ご存知、「痴楽綴方狂室」の一節であります。

　さて昼めし。この店の名物は3種類の盛合わせランチである。この3品で大いに迷う。どれを取るかは好みの問題だ。内容を紹介してみる。

＊七福ランチ（並）800 円
　海老フライ・メンチボール・ハム・肉天
＊七福ランチ（上）960 円
　海老フライ・メンチボール・ハム・オムレツ
＊サービスランチ 900 円
　海老フライ・蟹コロッケ・鳥唐揚げ・オムレツ

　七福ランチの（上）を選んだ理由はオムレツが大好きだから。昔から巨人・大鵬・玉子焼きはみな好きなのだ。もっとも大鵬だけは途中からで、それ以前は褐色の弾丸の異名を取った大鵬の天敵・房錦の大ファンだった。房錦が引退して彼にいじめられた大鵬が好きになったというわけ。と、読者にとってそんなことはどうでもよい。七福ランチならば（並）より（上）が好みだがサービスランチはどうだろう。好きなオムレツが参加しているものの、揚げ物がちと多すぎるのが難。中華メニューも充実しており、ラーメンもタンメンもそれぞれにおいしい。

餃子三皿＋ビール大瓶
1250円

亀戸餃子
（かめいどぎょうざ）
江東区亀戸 5-3-3
☎ 03-3681-8854　無休

　亀戸名物・亀戸餃子。亀戸でここより名前が売れているのは歌川広重も描いた藤棚で有名な亀戸天神と文化２年（1805年）創業のくず餅の船橋屋くらい。錦糸町と両国にも支店があるがせっかく食べるなら本店がいい。亀戸駅から徒歩１分、裏路地に懐かしのたたずまいを見せている。真っ赤なスタンド看板には大きな白字で「餃子」と書かれ、白い暖簾には赤字で「ぎょうざ」、メインの白い欄間看板には黒の筆字で「亀戸餃子」ときたもんだ。いいですねぇ、実にいい面構えですねぇ。

　腹の足しになるものは餃子以外に何もない（支店はその限りに非ず）。席に着いたら黙っていても一皿５カン付けの餃子が二皿計10個運ばれる。麺類・つまみ類はおろかライスもないから下戸の客は水を飲むしかない。子どもの場合、ジュースやコーラは許されよう。クルマなら仕方がないが上戸の大人がお冷やで餃子は味気ない。試したことはないけれど、とてもうまいとは思えぬ。J.C.はここへ来たら昼夜を問わずにまずビール。夜はそれに加えて紹興酒や白乾あたりもいただく。肝心の餃子は少々キャベツが多すぎるものの、これが軽さの秘訣。ニンニクとニラもおのれの存在を主張する。辛子醤油が添えられるが使わずともよいくらい。ともあれ小ぶりでシンプルな姿が美しく、皮同士がくっつかないのは熟練のなせる業だ。

　本書に収録した全250軒のうち、昼めしのオススメにアルコール飲料が含まれているのはこの店以外は浅草の「神谷バー」のみ。けっして昼からビールが飲みたいわけではなく、読者におかれては上記の事情をお察しくだされ。

タンメン+チキンライス

950円

ことぶき本店
(ことぶきほんてん)

江東区白河 3-7-13
☎ 03-3642-0465　金休

　本店を名乗っていても支店があるわけではない。開業は20世紀初頭ですでに100年以上の歴史を刻んでいる。当代は三代目。女将さんと息子さんの家族3人だけで営んでいるようだ。女将は気さくでハナシ好き。ピークを打って客がまばらになると、面白いハナシをいろいろ聞かせてくれる。下町のよもやま話は楽しいことこの上なく、山の手ではとてもこうはいくまい。

　飾り気のない中華料理を主力メニューに洋食をこなし、和のテイストも若干組み込む町の食堂というイメージ。カバーする献立は多岐に渡っている。ラーメン（350円）・タンメン・カレーライス（各450円）・チャンポン・炒飯・チキンライス・冷奴ライス（各500円）・あじフライライス・生玉子付き焼き魚定食（各550円）・オムライス・ハンバーグライス・カツ丼（各600円）・かきフライライス（700円）とこれでも一部に過ぎない。

　表題のタンメンとチキンライスはもちろんどちらか1品でもランチとして成り立つが、少々ボリューム感に欠けるのと、肉の見当たらないタンメン、野菜不足に陥りがちなチキンライスを両方注文することによって、お互いの短所を補い合える。とにかくタンメンが来たらまずは麺に箸を付けよう。黄色くちぢれた細打ち麺はちょっと放置するだけで一気にノビてしまうからだ。こうして食べるとどんぶりには野菜スープが残る。これを相方にしてやおらスプーンを握りしめ、チキンライスに挑んでゆくわけだ。かくしてボリュームも栄養も満点のランチが誕生する。それでも千円札でおつりが来るのだから下町の食堂はすばらしい。界隈では「七福」（177ページ参照）と並ぶ庶民の味方。

サービスプレート・ランチ

1150円

ラ・レネット
江東区富岡 1-5-1 クレール門前仲町 2F
☎ 03-5621-4588　火曜不定休

　居酒屋の2階だが入り口が判りづらく迷った末に細い階段を上ってビックリ。かなりのスペースの仏料理店だった。オープンキッチン・カウンターにテーブル席が変化に富んだレイアウト。個室も2部屋あって立派なバーまで備えている。店側が強調するように「東京の下町らしからぬ本場フランスの香り」がする。BGMがフランス語のラジオ放送というのも念の入ったことだ。

　ランチは3種類。サービスプレートは平日のみの20食限定。デジュネA（1750円）は前菜・主菜・デセール・カフェ。デジュネB（2950円）はスープが付き、主菜も魚＆肉料理の二皿となるが所詮、高嶺の花に過ぎない。第一、食べ終える前に昼休みが終わってしまう。オススメはサービスプレートになるが立て込む店ではないから12時半でも残っていることが多い。一応、コース仕立てで、ある日の内容は、前菜がブロッコリーのキッシュ・スペルト小麦とベーコンとキャベツのサラダ・にんじんのジュリエンヌ・トマト＆レタスの盛合わせ。主菜は豚フィレ肉ローストのドフィノワポテト添え。飲みものはアイスティーにした。スペルト小麦のサラダがとてもおいしい。豚のフィレ肉もポーションが小さいものの肉質・火の通しともによかった。切り立てのバゲットは足りなくなったら、すぐに補充してくれる。ただしバターは有料で50円。エシレ（仏産発酵バター）になると380円だ。

　デジュネAを試した日は前菜5種・主菜6種・デセール6種からのチョイスで、魚介のテリーヌ・サーモンのオゼイユ風味・フロマージュブランを選択。テリーヌが出来損ないのハンペンのようだったが、ほかには花丸ジルシを付けておく。

薬膳カレー
940円

Didean
(でぃであん)
江東区富岡 1-15-3
☎ 03-3643-7883　無休　月夜休

　この春に深川公園の脇から深川不動尊参道に移転した。この参道は門前仲町の花道で、表舞台に躍進したことになる。参道の奥、お不動さんのご本尊の手前右にある。はす向かいには京都の漬物屋が古都・鎌倉に引き続き、どうして東京の下町で繁盛しているのか不思議な存在の「近為」がある。J.C.は小学生時代の一時期、境内にほど近い場所に住んでいたが、あの頃に八ツ目鰻やきんつばを商っていた店はとっくの昔に姿を消した。

　薬膳を前面に出す「Didean」もまた不思議な店である。中国の医食同源の影響か、東京にも薬膳を謳う料理屋が出没するようになった。最近はちょっとした薬膳カレーブームだ。一昔前は欧州には存在しない欧風カレーなるニセモノが幅を利かせていたが、さすがにあのシツッコさが飽きられたのだろう、人気にかげりを見せている。それに取って替わったのが薬膳カレーだ。

　ところが真っ当な薬膳カレーに出会ったためしがない。薬効があっても口が曲がるほど不味いカレーはご免こうむりたい。食は食、薬は薬として別々に摂取すればいいのに、一石二鳥を狙うから二兎を追う者一兎を得ずの憂き目を見ることになる。この店の名古屋コーチンを使った薬膳カレーは違った。穏やかなおいしさに満ちている。スパイスとは異なる生薬の香りが立ち上る。辛いのが苦手な人向きに烏骨鶏の生卵（250円）のオプションがあるのが愉快だ。赤い枸杞の実の散ったライスにカレーを掛けて食べ終え、セットのヨーグルトドリンクを飲み干すと、気のせいか健康になったような気がする。病は気からというけれど、健康もまた、気からなのではないかしらん。

墨田区

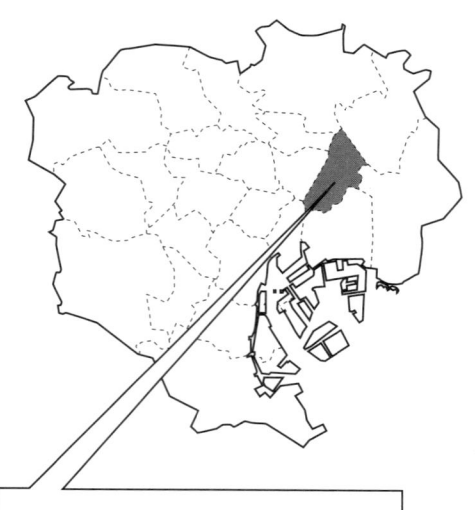

人口：233,241 人
区役所所在地：吾妻橋1丁目
主な繁華街：両国・錦糸町・向島
区都：玉の井（J.C. が勝手に定めました）

せいろ+かけ
1160円

業平屋
(なりひらや)
墨田区亀沢2-8-7
☎ 03-3622-7978　日休

　極細打ちのしなやかなそばが、その魅力を最大限に発揮する。戸隠産のそば粉を使い、毎月汲んでくるという箱根の銘水で打つこだわりよう。「子母の泉」なるこの水は日本三大銘水の1つに数えられるもので、そう聞くと何だか霊験あらたかな思いがしてくる。神様とはまったく関係がないのにね。

　ご夫婦2人きりで営み、調理が奥さん、接客が旦那さんと、世間一般のおそば屋さんの真逆をいく。酒と肴の品揃えは瞠目に値するもので、調子に乗って純米大吟醸をやるとあとで財布を痛める。つまみ類もそば粉と銘水同様、特定の産地からよいものを仕入れることに余念がない。地はまぐりは外房・九十九里、ししゃもは北海道・鵡川、鴨焼きの鴨胸肉に至ってはフランス産のマグレ・ド・カナールだ。フォワグラを採るために飼育されるこの鴨はここ数年、胸肉の人気も上昇中。

　肝心のそばは冷モノ・温モノを問わずにどちらも秀逸。そこをあえてどちらかと問われれば、温モノと応えたい。そうめんほどの太さしかないから、熱いつゆではヘタッてしまうと思われがちだが、ほどよく残ったコシが歯に舌に快感を呼ぶ。シンプルなかけ（580円）を頼むと、鰹節の自己主張が顕著なかけつゆがまた抜群のうまさで、最後の1滴まで飲み干したくなるほど。ただし、1人前のポーションが少なめにつき、昼めしならば一緒にせいろ（580円）も味わいたい。さらしねぎとともにおろし立てのわさびが添えられ、もりつゆはキリッと潔い。食後、ドロリ濃厚なそば湯を片手にくつろいでいると、ああ、今日は実のあるそばを食ったぞ、という幸福感がふつふつと沸いてくる。

ぬき鍋ごはん
+鯉こく
1800円

桔梗家
（ききょうや）
墨田区両国 1-13-15
☎ 03-3631-1091　日祝休

　今やうなぎよりも高価になったどぜう。1食2千円未満の昼めしという条件をクリアし、安心してどぜう鍋が食べられるのはもはやこの店1軒きりとなった。憂うべし、嘆くべし、悲しむべし。

　幼少のみぎり、深川・越中島には農水省の高床式の米倉庫が建ち並んでいた。床下は足首まで浸かる水溜りになっており、ドジョウやザリガニが棲息していて、子どもでも簡単に捉えることができた。当時はうなぎのほうが高級で、蒲焼きなどはめったに口に入らなかったが、その気になればどぜう汁はいくらでも庶民の食卓を飾った。人気がなかったのは家庭の主婦が処置に手を焼いたからだろう。子どもにとってもどぜうは難敵、泥臭い上に骨が口内に突き刺さり、見るのもイヤな存在だった。

　両国橋のたもと。京葉道路をはさんで真向かいに、ぼたん鍋でおなじみの「ももんじや」のビルがある。対照的に昭和8年創業の川魚専門店はいかにも下町といった趣きの一軒家。どうやらどぜうよりイノシシのほうが儲かるらしい。昼どきはいつ訪れても空いている。籐畳の入れ込みに上がって酒を飲むなら丸鍋（1100円）、飯を食うならぬき鍋（1200円）とする。この日は昼めしだから無条件でぬき鍋と白飯（200円）。丸鍋では多少は気になる程度の骨のゴリゴリが飯とはまったく合わない。同じどぜう屋でも「飯田屋」や「伊せ㐂」と違い、勘定の心配が要らないので、江戸市民の滋養強壮の源だった鯉こく（400円）を追加しよう。どぜう鍋より濃い味付けの鯉の内臓がとてもうまい。どぜうと鯉でいささか精をつけすぎた。その晩うつ伏せに寝ついたら、翌朝は身体が持ち上がっているかもしれない。

冷やし中華
900円

興華楼
(こうかろう)
墨田区東向島 5-28-2
☎ 03-3611-2671　火休

　最寄り駅は東武伊勢崎線・東向島。1987年まで駅名は玉ノ井であった。玉の井は永井荷風作『濹東綺譚』ゆかりの街で文学的香りをまとうものの、同時にかっての私娼街という負のイメージもつきまとう。暗い過去を葬りたい地元の人々の気持ちは理解できるが、気ままな門外漢は由緒ある名前を残してほしいと勝手に願うのである。それにしても向島駅すらないのに東向島もないだろうと憮然としていたら、京成白鬚線・向島駅が72年前まで存在していたことが判明した。昭和史上に残るクーデター、あの二・二六事件の翌々日に廃線となっている。驚いたことにそのまた数日後の1936年3月、『濹東綺譚』執筆にあたり、永井荷風はその下調べのため、およそ1カ月半の玉の井通いを始めたのである。

　玉の井の名が辛うじて残っていた。駅から線路沿いに北へ歩くと玉の井いろは通りがあった。歩いているだけで楽し懐かしの商店街だ。この通りに白地に赤い暖簾を掲げるのが「興華楼」。店構えも店内も昭和の匂いいっぱい。軒先の大きな欄間看板は見るからに歴史を感じさせるが、商店街のほかの店の看板に記された電話番号が7桁のままなのにここは8桁に修正されている。

　昼めしであった。思い入れの強い土地ではつい熱くなってしまう。この店では夏場の冷やし中華。具材のハムときゅうりは他店と同じ。あとは白と黄色がはっきり分かれた錦糸玉子とゆでたキャベツで、無骨に見えるのに清涼感もある。カツライスなどの洋食もあるが概して中華モノがよい。冬よりも夏に訪れるに相応しい街はかって、夏になると蚊の大発生に悩んだという。蚊取り線香の煙りの中で団扇を使いながら女たちは春をひさいでいたのだ。

豚足の香料煮
&ライス
1600円

大三元
（だいさんげん）
墨田区太平 3-4-1
☎ 03-3625-9554　月休 第3火休

　墨東の地で悪名高き錦糸町（お住まいの方ごめんなさい）。最近はだいぶ趣きを異にしているが、以前はこんなこともあった。某大手食品会社に勤める女友だちが西船橋支所に転勤となり、沿線でマンション探し。会社の借り上げなので勝手な場所に住むわけにはいかない。通勤に便利な錦糸町で物件を見つけたところ、会社から「待った！」が掛かった。何でも近隣の両国や平井はOKだが、錦糸町は風紀上の問題からアカンのだと……。

　そんな街だったのである。南口一帯に拡がる風俗街を見るにつけ、いまだに食通よりも色通の街という感は否めない。それでもいざ散策してみると、予想に反して佳店が少なくないのである。「大三元」もそんな1軒。横浜の中華街や神保町のリトルチャイナと比べても遜色のない力量を備えた中国料理店である。

　朝掘り竹の子＆車海老の炒めでビールを飲むのが大好き。甘海老＆蛍いかの老酒漬けで紹興酒をやるのも好きだ。おっと本書は晩酌ではなく、昼めしガイドであった。そこで選んだ一皿が豚足の香料煮。夜の人気メニューだから酒にもことのほかよく合う。看板商品につき、できれば電話を入れて確保しておきたい。立て込む13時前に予約は受け付けないから13時以降の訪問となるが、納得の美味が待っている。半足1250円で2人分のボリュームがある。これにライスが350円。帰社の必要とてない週末ならば、飯の替わりにビールの中瓶（650円）という秘策がある。コラーゲンに満ち満ちて黒光りする豚足にむしゃぶりつけば、氷砂糖の甘みが勝った滋味が口いっぱいに拡がり、八角よりも肉桂の主張するスパイシーな香りが鼻腔をくすぐりまくる。

荒川区

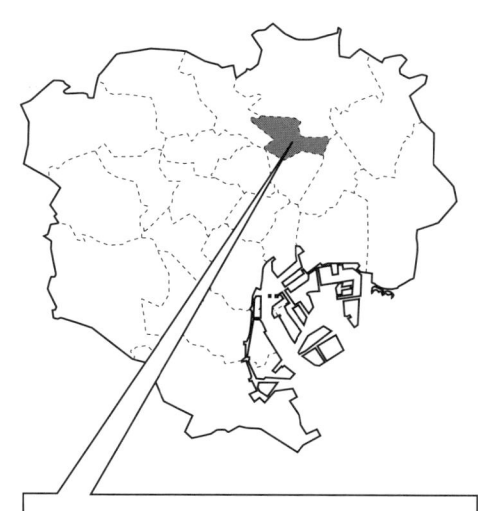

人口：181,205 人
区役所所在地：荒川 2 丁目
主な繁華街：南千住・町屋・西日暮里
区都：尾久 （J.C. が勝手に定めました）

生醤油すだち おろしうどん
650 円

手打うどん あかう
(てうちうどん あかう)
荒川区西日暮里 2-39-6
☎ 03-3807-2591　水休　第 2 火休

　せっかく日暮里・舎人ライナーが開通しても、起点の日暮里駅に近い高架下という立地では、売上増につながる要因がまったく見当たらない。首都高速道路のせいで六本木と赤坂が完全に分断されたように、高架を支える太いコンクリート柱が目の前に乱立していては、食べもの商売には命脈を絶たれるほどの痛手だ。

　時勢の風もフォローではない。讃岐うどん全盛のここ 10 数年、東京の街から大阪うどんは姿を消し、稲庭うどんは日本料理の締めくくりに食事として出されるだけ。どちらも存在価値は日に日に薄まってゆくばかり。ましてやマイナーの名古屋うどんの艱難辛苦はいかばかりだろう。東京人は名古屋のうどんといえば味噌煮込み、出汁で食べるのはきしめんだとハナから思い込んでいる。

　そんな逆風下にありながら、名古屋うどんを売り続けて開業 5 年目に入った。そばと比較してコシはそれなりにあっても香りの乏しさを指摘されるうどんだが、この店のうどんは小麦の匂いをたっぷりと内包している。冷たい生醤油すだちおろしうどんと、温かい花巻うどん（900 円）を食べ比べた。さば節と宗田節から出汁を取ったつゆに、浜名湖産の海苔をあしらった花巻はさすがだが、讃岐うどんの亜流といえぬこともないすだちおろしに軍配を挙げる。半個のすだちでは爽快感にやや欠けるが、それを補ったのが花がつお・そば苗・切り海苔・貝割れ・おろしなどの脇役陣。

　ご多分にもれずランチ時は小どんぶりとのセットが用意されて品揃えも豊富。ただし、冷たいうどんとごはんモノの相性は悪い。時間に余裕があるのなら、安直にセットで胃袋と帳尻を合わせず、温モノを追加することをおすすめする。

洋食弁当
1300円

松竹
(しょうちく)
荒川区南千住 7-5-4
☎ 03-3801-4823　月木休

　南千住駅から北上して素盞雄(すさのお)神社に至る大通りがコツ通り。この通りをはさんで駅の向かいは、江戸初期から明治まで220年の長きに渡って小塚原の刑場があったところだ。この場所ではその間におよそ20万人の罪人や政治犯が処刑されている。辺り一帯の地面を掘ると、小判ならぬお骨がザクザク出てくるというので、コツ通りなる不気味な名前が付けられた。誰の命名か存ぜぬが趣味の悪さもここに極まれり。

　距離1キロメートルに満たないコツ通りのちょうど中間点に「松竹」がある。ご夫婦は相当にお歳を召されていて、お爺さんは厨房の奥で豚肉をたたいたりしているが、音はすれども姿が見えない。実質的に調理をこなすのは二代目の息子のほうだ。男性陣はともかく、ハラハラさせられるのが接客担当のお婆さん。料理を運ばれるたびに、つまづかれるんじゃないかと気が気でない。

　とんかつ屋につき、総合的に揚げ物が秀逸。昼限定のサービスメニューは定食仕立てで、とんかつ・かつ丼（各850円）・きすフライ・メンチカツ（各800円）・ヒレカツ・ロースカツ（各1000円）といったところ。夜になると「松竹」だけに特・松・竹が並ぶロースカツはそれぞれ2000円・1650円・1200円と本格的なお値段となる。表題の洋食弁当のデキがとてもよい。弁当のおかずは小ぶりなロースカツ・豚挽き肉のハンバーグ・玉ねぎ入りのオムレツの3品。サイドにポテトサラダが付き、ライスも上々の炊き上がりだ。豆腐＆わかめの味噌汁、きゅうり＆大根のぬか漬けも実に用意周到。古くから地元で愛され続ける佳店は手を抜かない丁寧な仕事を信条としている。

すいとん
500円

丸福食堂
（まるふくしょくどう）
荒川区荒川 6-42-7
☎ 03-3895-4026　木休

　あれは5年前の大型連休中の1日。都内に唯一残ったチンチン電車、都営荒川線の1日乗車券を買い求め、勝手気ままに電車に乗ったり降りたりを繰り返しながら、町屋の近くで偶然発見したのが「丸福食堂」。「三丁目の夕日」的たたずまいに惹かれるものがあった。飲食店の要訪問リストに加えたものの、その後トンと行く機会に恵まれず、いたずらに月日だけが流れたのだった。

　この春先のこと。巣鴨の地蔵通りの「庚申塚ときわ食堂」で軽い晩酌を済ませ、そのまま荒川線の三ノ輪行きに乗った。王子を過ぎたあたりでふとこの店のことを思い出し、急ぎ町屋2丁目で下車する。燗酒を酌み交わしながら、相方と食べたのはすき焼き風の肉鍋（630円）にタンメンとチャーハン（各580円）。申し訳ないくらいの安さだ。壁に貼り出されたおびただしい数の品書きは、肉野菜炒め・オムレツ（各300円）・さんま開き・肉豆腐（各400円）・かきフライ（450円）・まぐろ刺身・子持ちかれい煮付け（各500円）・五目そば・カツカレー（各680円）などなど。朝定食（400円）と昼夜兼用の日替わり定食（580円）も用意され、当日の日替わりは塩じゃけ・かぼちゃ煮・冷奴の内容。

　味も雰囲気も気に入ってしまい、同じ面子ですぐにウラを返す。相方が強く食べたがったすいとん（500円）を渋々注文すると、何とこれが大当たり。鍋の中では鳥肉・しめじ・にんじん・白菜・水菜とともに、主役のすいとんが浮き沈みしている。モチッとした食感は片栗粉入りのニョッキを偲ばせる。夏場はお休みの季節限定商品だが、その時期には替わりに冷やし中華（680円）が登場して、うまいんだな、これがまた。

豚バラ生姜焼き定食
500円

おもひで定食
(おもひでていしょく)
荒川区東日暮里 5-49-6
☎ 03-3805-9280　木日祝休

　店名は「おもひで食堂」ではなく「おもひで定食」。定食を店名に謳うなんて前代未聞ではないだろうか。おかげで多くの客が「おもひで食堂」と誤認しているようだ。給食か何かを連想させるが、ごく普通の町の食堂は初老のご夫婦2人だけで営まれている。客は近隣のOL＆サラリーマンでそのほとんどが常連さん。接客担当のオバさんと交わす言葉も打ち解けている。

　定食の内容自体に特筆すべきものはないから、電車賃を掛けてまで訪れる店ではない。看過できなかったのはオール500円という良心的な価格だ。廉価な定食屋はみなチェーン店に取って替わられたここ10数年、こんな食堂にこそ生きながらえてほしい。行く末永くと祈りたい。いやいや、祈っているだけではダメで、実際に足を運んでサポートしなければならない。読者の皆さんもやっぱり電車に乗って行ってあげてください。日暮里駅の反対側には谷中や根津の町が開け、恰好の散歩コースになっている。

　ある日の定食のラインナップは、日替わり・鳥唐揚げ・豚バラ生姜焼き・ゴロゴロ野菜カレー・鳥唐揚げカレー。刺身こんにゃくとあんかけ豆腐と炊き込みごはんの日替わりは「ボリュームが足りないから若い男の人にはぜんぜん出ないのヨ」――オバさんが日替わりを食べている馴染みの女性客にボヤいていた。そうだョ、オバさん、刺身こんにゃくじゃ飯のおかずにならないし、午後から仕事するのに元気が出ないもんなぁ。豚バラ生姜焼きはやや厚めのスライスが3枚に千切りキャベツが添えられ、わかめと油揚げの味噌汁にたくあんが2枚と柔らかさが気になるごはん。男性はごはんを大盛りにしないと、満腹感が得られそうもない。

荒川区　ベストランチ200が食べられるお店

中野区

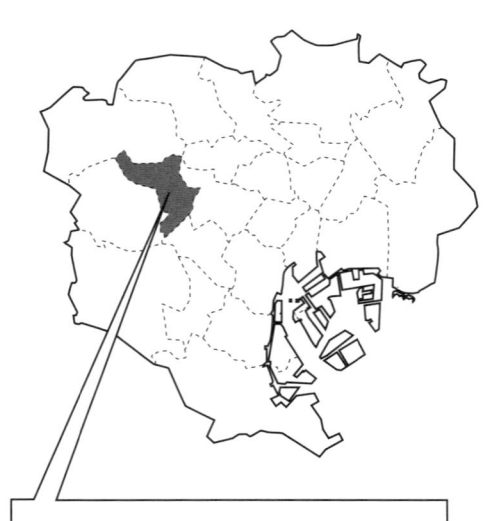

人口：299,380 人
区役所所在地：中野4丁目
主な繁華街：中野・野方・鷺宮
区都：中野新橋（J.C. が勝手に定めました）

かき揚げ定食
800 円

丸福
(まるふく)
中野区弥生町 2-20-7
☎ 03-3372-2976　無休

「丸福」という屋号を持つ店は都内各地に散在していて、ややこしいことこの上ない。まず一番初めに注意しなければいけないのが、同じ中野区内の中央4丁目にある同名店。しかもここは同業の日本そば屋なのだ。お次は杉並区・荻窪にあって、かっては一大人気を誇ったラーメン店。今は昔、脱税を「フォーカス」か何かにスクープされて都民の度肝を抜いたこともあった。本家は閉業したが、今は同じ荻窪や1つ先の西荻に暖簾分けした店が暖簾を引き継いでいる。そして本書でも取り上げている荒川区・町屋の愛すべき大衆食堂（190ページ参照）といった塩梅だ。

何の変哲もない町の信州そば屋は、神田川に掛かった新橋の上を通る商店街の一角。見るからに庶民的なたたずまいは、最近流行りのシックな雰囲気をウリとするタイプの対極にある。したがって1人前のもりそばの量はしっかりとしていて、箸で3～4回すくったらもうおしまいなどという非情さはない。そのくせ、香りの高さとほどよいコシを兼ね備えているのだから立派。つゆも下世話な甘みを意識的に残したもの。このそばにしてこのつゆありきで、信州そばはこうでなくっちゃ。

かき揚げ定食は小ぶりのかき揚げ丼とそばのセット。そばはもり・たぬき・山菜からチョイスできる。プリプリの小海老を使ったかき揚げが上々、このどんぶりのためだけに遠征する価値大いにあり。小さな冷奴に味噌汁と新香も付き、あくまでも良心的。ある日、十割そば（1000円）をお願いすると、もり（550円）のときには粉だったわさびが本わさびで来た。これにはたまらず、もりを追加。自分でおろしたわさびをもりにも添えたのでした。

天丼
680 円

住友
(すみとも)
中野区中野 5-52-15 中野ブロードウェイ 2F ☎ 03-3386-1546　月休

　初訪問の際にWの悲劇ならぬ、Wの衝撃を受けた。まずはこの店が入居している中野ブロードウェイ。中野と聞けば誰しもがサンプラザとブロードウェイの名前に聞き覚えがあるはず。むか〜し誰かの公演でサンプラザには行ったことがあるが1966年開業のブロードウェイは初めてだった。安くてうまい天ぷら屋があると聞きつけてやって来たのだ。来てみてビックリ、ここは日本じゃありませんな。まるで東南アジアの奇天烈なマーケットに迷い込んだがごとくで目が点になった。上層階はマンションで、むか〜しあの沢田研二が棲んでいたって、ホントかいな。

　浅草の地下街食堂のような雰囲気が漂う店内はカウンター8、テーブル12、小上がり12の計32席と、かなりのキャパだ。老夫婦とその息子さん夫婦だろうか、計4人で切り盛りしていて天ぷらを揚げるのは親父さん。昼どきは若い男たちを中心に客がひんぱんに出入りする。天ぷら定食（800円〜）・天丼・かき揚げ丼（各780円）、何を食べても大満足。ほかに本日のサービスとして天丼・かき揚げ丼・魚の天丼・野菜の天丼などが一律680円とあった。パネルに印刷されているから、簡単には書き換えられない。ということは毎日この値段で食べられるようだ。

　天つゆに特徴のない定食よりも甘さを控えた丼つゆが印象的な丼モノがオススメ。一番人気は魚介と野菜のかき揚げ丼ながら、いかを枕に3本の小海老が筏（いかだ）となって登場する天丼を推したい。サックリと軽やかなコロモが丼つゆをくぐることによってシットリ感を兼ね備え、他店にはないおいしさだ。天ぷら通をもうならせる衝撃的な天丼が異次元の世界にあった。

銀むつ
カマ焼き定食
900円

陸蒸気
（おかじょうき）
中野区中野 5-59-3
☎ 03-3228-1230　無休

　2004年5月に閉館した仁侠映画の映画館・武蔵野ホール。映画を見終わったあと、真ん前のこの店に何回か立ち寄った。正式名を「原始炭火焼 陸蒸気」という。1階は大きな炉端をぐるりとカウンターが囲み、ちょっとしたスペクタクルシーン。調子に乗って飲むとあまり割安感はないが、サカナ自体の状態と焼き方に間違いがなく、中野北口ではすぐ近所の「第二力酒蔵」と人気を二分しているのではないか。

　昼の炉端焼き定食がとても充実している。中野随一と言い切ってよい。券売機ではなく、帳場のオバさんから食券を買うシステムは多種多彩な焼き魚が打ち揃ってオール900円。オススメの銀むつカマのほかに、鮭・にしん・ほっけ・さば・めかじき・赤魚・まぐろカマが並んでいる。それぞれにサイズも相当なものだ。にしんなど1人では持て余すほどで、ほとんどの場合、腹に白子か数の子がはち切れんばかり。魚卵好き、白子好きに取ってこれはたまらなくうれしい。

　味噌汁は豆腐とわかめ。サラダボードならぬ新香ボードが実にユニーク。大きな鉢に3種の新香が盛られており、客はセルフサービスで取り放題の食べ放題だ。ある日は野沢菜・きゅうり＆キャベツ浅漬け・べったら風大根であった。そしてオール100円の小鉢が冷奴・玉子焼き・とろろ・なめこおろしの陣容。平日の昼だというのにビールを飲む客が少なくない。炉端焼きのカウンターに陣取ってしまうと、条件反射で飲みたくなるものと思われる。エビス中瓶とサッポロ黒ラベル大瓶がともに同値の685円というのが面白く、J.C.は一も二もなく黒ラベルを注文する。

小中華丼 &
小ラーメン
1000 円

高揚
（こうよう）
中野区東中野 1-32-5
☎ 03-3362-7139　水休

　中野区・新井にあった「高揚」出身の店主による自家製麺が特長の中華料理店。接客に当たる奥さんとの切り盛りで、もの静かなご夫婦だ。ランチセットがお食べ得。ラーメン・塩ラーメン・つけめんの麺類には小さな茶碗の玉子チャーハンと鳥の唐揚げが付いてくる。ニラレバ炒め・玉子と海老のチリソースなどの定食にはスープ・ザーサイ・ごはんがつく。

　最近始めた新商品が表題の小中華丼と小ラーメンのセット。ともにハーフサイズだから半チャンラーメンよりはボリュームが少ない。修業先だった「高揚」のラーメンは 1100 円で、それに比べると破格の値付けだ。東中野の町の中華屋さんというと、若い頃の若・貴兄弟も通ったギンザ通りの「十番」が有名だが、この店の仕事ぶりのほうがずっと丁寧。「十番」名物・タンメンの絹さやが熱の通しすぎでクタッとしているのに対し、「高揚」の小中華丼の絹さやはシャキッとしていた。中華丼には焼き豚・肉団子・玉子・野菜に加え、1 切れずつだが帆立といかも顔を揃える。

　一方の小ラーメンは平打ち中太ちぢれ麺にあっさりとした醤油スープ。インパクトには欠けるものの、やさしくまろやかな味。若いラーメンフリークには評価されにくいタイプだ。具はよく煮込まれた肩ロース肉チャーシューの大きいのが 1 枚にチョコレート色のシナチク。顔ぶれは旧「高揚」とまったく同じだが、シナチクの色はこの店のほうが断然濃い。よほど塩辛いのかと警戒したほどではなく、スープ同様に穏やかな味付けだった。ピリ辛の坦々つけめんと夏場の多彩な冷やしそばもオススメ。夏になると卓上に可愛い団扇（うちわ）が用意され、使わなくとも涼気を呼んでくれる。

目黒区

人口：252,073 人
区役所所在地：上目黒 2 丁目
主な繁華街：目黒・自由が丘・大岡山
区都：祐天寺（J.C. が勝手に定めました）

黒豚ランチ
1230円

たい樹
(たいじゅ)
目黒区上目黒 3-3-6 尾留川ビル 2F ☎ 03-3760-3981　無休

　開業36年のとんかつ店は駅から徒歩1分の至近距離。線路沿いのビルの2階にあり、すぐ近所には姉妹店の「とん亭」がある。11時開店のランチタイムの品揃えは他店の追随を許さぬほどに多彩。表題の黒豚ランチを始めに、黒豚ロースランチ（1480円）・黒豚ロースカツランチ（1920円）と紛らわしい。通常は（並）・（上）・（特上）と表現されてしかるべきだ。（上）以上に当たるカツの下には油切りと、キャベツの水気の防波堤の役目をはたす金網が敷かれている。

　基本的にほとんどのメニューが冠頭に「黒豚」と銘打たれ、以後省くがヒレランチ（1380円）・生姜焼きランチ・ランチ味噌カツ丼（各1230円）といったラインナップ。変わったところではロース肉の真ん中ににんにく味噌を忍ばせたにんにくランチ（1370円）や、話題店「キムカツ」のように薄切り肉を重ねて揚げた十二単（ひとえ）ランチ（1050円）なども。十二単の廉価版、薄切りもも肉を使った重ねカツランチ（880円）が割安メニューとなる。

　食材の産地にはこだわりの上にもこだわりをみせる。黒豚は大分耶馬渓産で米は長野産コシヒカリ。ロースカツを注文すると、塩でいただくことをすすめられ、淡路の藻塩・宮古の雪塩・粟国の塩のトリオが登場した。黒豚ランチのカツには肉汁が残るがもうちょっと熱の通しが浅くてもよい。添えられたキャベツの状態はよい。ごはんはやや柔らかめ。豆腐の味噌汁はたっぷりお椀に盛られている。新香のキャベツもみはあまりうれしくない。うさぎじゃないから、そんなにキャベツは食べられない。初訪問の10年前から、値段はずっと据え置かれたままだ。

メンチかつランチ
1050円

とんかつ大宝
（とんかつたいほう）
目黒区目黒 1-6-15
☎ 03-3491-9470　木休

　目黒駅西口前の権之助坂を下ってゆき、目黒川の手前の右側。並びにはラーメン店が軒を連ねており、ラーメン横丁さながらの光景が見られる。うなぎの寝床のような店内は入口からカウンターが続き、その奥がテーブル席となっている。この狭い場所を客がひっきりなしに訪れる。もっと広いところに移転すればよさそうなものだが、お持ち帰りに加えてスクーター大宝号による出前もこなすのでもはや手一杯。売上も上々のようだ。

　お昼だけのサービス定食はロース・ヒレ・メンチ・チキンの4種類のカツで1050円均一。注意すべきは日曜・祝日にサービスメニューがなくなることで、ロース・ヒレは1450円、メンチ・チキンが1300円となる。とんかつの王道とも言えるロースかつを頼む客が多い中、意外な人気を集めているのがメンチかつ。他店のそれとはまるっきり異なる食味・食感が特徴だ。牛と豚の合い挽きではなく、鳥の挽き肉を使っているのがその理由。混ぜ合わせた玉ねぎとキャベツもアッサリとした仕上がりに一役買っている。注文が入ってから、団子状のメンチボールを平たく成形してパン粉を付け、香ばしいラードの鍋に沈める。サックリと揚がった丸型のチキンメンチは神田多町の鳥肉専門店「鳥正」のそれを連想させるものがある。

　定食のキャベツとライスはお替わり自由。とんかつ屋のランチにしては珍しく小サラダまで付いてくる。サラダがないよりあったほうがいいのは当たり前だが、新香に振りかけた化学調味料は明らかに余計だ。たまには奮発してうまいとんかつが食いたいという向きは特上ロースかつ定食（1800円）でキマリ。

目黒の
さんま定食
800 円

🍚
目黒のさんま 菜の花
(めぐろのさんま なのはな)
目黒区下目黒 1-1-15
☎ 03-3491-0323　日祝休　土昼休

　五代目柳家小さんが得意とした「まんじゅうこわい」、同じく五代目古今亭志ん生の「黄金餅」と並び、古典落語の食べものネタとしておなじみの「目黒のさんま」は三代目三遊亭金馬が十八番(おはこ)にした。さんまのような青背の下魚はあんまり手を掛けずに食べるのがうまいという噺で、どことなく紫式部のいわし好きに通ずるものがある。落語の舞台となった目黒で落語の演目をそのまま店名に冠したこの店は1年中さんまを食べさせる。オフシーズンには冷凍モノになっても1年中というところがミソで店名に恥じることなく、その面目を保っている。

　権之助坂の中ほど左手に暖簾を掲げている。店内はさんまならぬ、うなぎの寝床さながらでさんまの寝床と呼びたいが、さんまには穴ぐらのような寝床がないから仕方がない。正午前でも混み合い、カウンターにやっと1席見つけて落ち着く。客層は圧倒的にオヤジ族。若いサラリーマンの姿はあるが若い女性をほとんど見掛けず、オバさまがちらほらと。4～5人連れのお父さんがドヤドヤと入ってきて奥に向かうのでのぞいてみると、さして広くもない板の間の入れ込みがあった。

　昼のさんまモノは目黒のさんま定食と称する塩焼き1品のみ。横長の和皿に尾頭(おかしら)付きが丸1本、脇にはたっぷりの大根おろし。さんまにはおろしが必要不可欠でこれをケチられると楽しみが半減する。さすがに塩焼きはおいしい。小鉢や新香も悪くないがパサつくごはんとメニューには豚汁とありながら、実際は大根とその葉っぱの味噌汁が減点材料。落語が好きだからついオマケをしてしまい、辛うじて二百選入り。

スパゲッティ・ボロネーゼ
1000円

ビストロ ポン・レベック
目黒区祐天寺 1-16-4
☎ 03-5721-6050　水休

　徳川八代将軍・吉宗ゆかりの名刹・祐天寺。寺のはす向かいに小体なビストロを発見したのは4年前。ビストロを謳いながらもイタリア的な献立が目立つ。

　パスタはすでに主力メニューの1つに数えてもよいくらい。もっとも最近ではパリの著名なレストランがラヴィオリやタリアテッレを盛んに手掛けるほどだから、これもまた今どきの流行か。それにしても1年前に訪れたパリの二つ星レストラン「H.D」で食べたラヴィオリはあんまりだった。

　とある日のランチメニューは全6品。うち3品がスパゲッティ（各1000円）で、あとはタリアテッレ（1100円）、すずきのポワレ、大山鶏のコンフィ（各1500円）。スパゲッティは渡り蟹のトマトソース、たら子と小海老のバター風味、ズッキーニ入りボロネーゼで、タリアテッレがサーモンときのこのトマトクリーム。全品にサラダ or スープ・デセール・カフェが付き、サラダ＆スープの両方をお願いすると250円増しとなる。ちなみに当日のスープは春キャベツの冷製スープ。デセールはシフォンケーキのマスカルポーネ添え。

　ディナーで食べたスパゲッティ・ボロネーゼが印象に残っていたので注文すると、やはり推奨に値する出来映え。たまたま緑と黄色の2色のズッキーニ入りだったが、それはそれでよい。真っ当なパスタを出す店でたら子のスパゲッティは珍しいと思い、試してみたが多少値が張るとしてもからすみを使ったほうが店の品格に寄与するだろう。そうそう、鳥取産大山鶏がメニューに取鳥産と誤記されたご愛嬌に思わず吹き出したっけ。

1050円の
ランチ
1050円

ペティアン
目黒区上目黒 2-43-11
☎ 03-3792-3567　水休

　目黒商店街のほぼ突き当たり、カレー南蛮発祥の店「朝松庵」の先にある。夜に仲間と訪れて安価なワインのグラスを心置きなく重ねながら、好みの皿をつつき合うのが楽しい。蜂蜜で食べる鶏レバーのムースとシンプルな若鶏のローストがディナータイムの二大推奨品。これだけで店の真価が伝わってくる。

　ランチは2種類。AとかBとか区別するでもなく、黒板に値段が書き込まれているだけだ。数種類の前菜と主菜から選ぶプリフィクスで、その日のラインナップはかくの如し。

＊1050円
前菜……ポテトのヴィシソワーズ　　サーモンのマリネ
　　　　豚肉のリエット　　モッツァレッラとトマト
主菜……目鯛のソテー　　若鶏のコンフィ
　　　　牛バベットステーキ　　仔羊のクスクス

＊1890円
前菜……生ハムのサラダ　　帆立貝のテリーヌ
　　　　鶏白レバーのムース　　仔羊のソーセージ
主菜……ブイヤベース　　牛肉のトマト煮
　　　　シュークルート　　牛リブロースステーキ（＋750円）

　ほとんど毎回お目に掛かれるのは若鶏コンフィと鶏白レバーと牛肉のステーキ類。とにもかくにもコンフィを奨めたい。皿にドンと乗せられたもも肉の皮はパリパリ、身はシットリの超美味。若鶏のローストが夜の主力メニューだからこそできる応用版だ。これを廃物利用とかリサイクルと言ったら叱られる。段階的発展、あるいは哲学的にアウフヘーベンと呼ぶのが正しい。

クルート
ランチコース
1500円

キャス・クルート
目黒区下目黒 1-3-4 ベルグリーン
目黒 B1 ☎ 03-5487-3608　月休

　目黒駅から権之助坂か行人坂を下って向かうことになるが、坂の勾配がまったく異なるので、行きは急な行人坂、帰りはゆるやかな権之助坂を通るのが正しい道筋だ。マンションの半地下にあり、小ジャレた雰囲気を備える中流フレンチである。前回はディナーだったが今回はもちろん昼めし。実に10年ぶりの再訪となった。3種類ずつ用意される前菜と主菜からそれぞれ一皿を選ぶ。それにデセールとカフェが付く。その日のメニューを記すと、

　＊オードヴル
　　・自家製テリーヌ＆鴨のリエット盛合わせ
　　・初がつおの軽い燻製・にんじんのヴィネグレット
　　・夏野菜のガスパーチョ
　＊プラ
　　・真鯛のポワレ・サフランのクリームソース
　　・カレー＆ココナッツ風味の鶏もも肉煮込み
　　・豚肩ロースのロティ・緑胡椒ソース
　＊デセール
　　・苺を添えたクレーム・ダンジュー

　迷うことなく初がつおと豚肩ロースを選択。燻香は軽いどころか相当に強めだ。かつおは良質にして、酸味の利いたにんじんとのハーモニーも悪くないがオイルはもっと控えめでよい。スライス3枚の肩ロースには多彩な野菜の付合わせ。2種類のパンにバターもたっぷり添えられる。デセールはショートケーキのスポンジ抜きといった風で、女性のハートをつかんで離さない。そのせいか席を埋めるのは9割がたがご婦人たち。

品川区

人口：342,472 人
区役所所在地：広町 2 丁目
主な繁華街：五反田・武蔵小山・大井町
区都：戸越銀座（J.C. が勝手に定めました）

チキンドリア
800円

🍚 **オリガノ**
品川区大井1-20-2
☎ 03-3777-1027　木休

　イタリアのピッツェリアではなく、日本のピザ屋さん。それが証拠にミックスピザをお願いすると「お任せあれ！」だが、マルゲリータを注文すると「はて面妖な？」と相成る。昭和40〜50年代、東京にもポツリポツリと非本格的イタリアンが看板を掲げ始めた。あの手の店をニセモノと呼ぶのは当たらない。彼らはイタリア料理の伝道師だったのだ。ちょうど同じ頃、ニューヨークに生まれた日本料理店とその存在理由が似ている。ライスカレーにしたって、いきなりインドから本物が上陸したら開化後間もない日本人には拒絶反応が出ただろう。味覚の鈍さを揶揄される英国人のワンクッションが緩衝材の役目を果たしてくれたのだ。

　とにもかくにもその伝道師がその昔、焼いてくれたピザがここにある。朝11時に開店すると、夜の閉店まで中休みを取らずに使い勝手はよい。家族連れが囲むテーブルではお父さんが子どもに向かい、「これがパパの若い頃に食べたピザなんだよ」——悦に入る姿がほほえましい。いろいろトッピングを組み合わせると品揃えは45種類に及び、サイズは直径19センチのS（850円）と28センチのL（1500円）がある。

　懐メロならぬ、懐ピザもけっこうだが、あえてランチにはドリアを推す。4種あるうち、エビ・カニ（各850円）・ミックス（900円）よりも、最安のチキンの風味がよい。やはり850円では良質なエビとカニは使い切れまい。スプーンで焦げ目の付いた表面を崩すと、鶏胸肉・玉ねぎ・マッシュルームが現れる。いきなりライスと一緒にパクリでは舌を火傷するので、ほどよく冷めるまでの間、余計なビールを頼むことになるのは毎度のこと。

ハムエッグ+野菜炒め+半ライス・味噌汁セット
520円

北一食堂
(きたいちしょくどう)
品川区北品川 1-24-6
☎ 03-3471-9210　土日祝休

　地番が北品川1丁目につき「北一食堂」の店名が生まれた。この辺りは旧東海道の品川宿の跡、町並みのそこかしこに往時の面影が残っている。伝説の巨匠・川島雄三が落語の「居残り左平次」の主人公をそのまま引っ張り出し、「品川心中」や「お見立て」など廓噺(くるわばなし)のエッセンスを彩りに添えて仕立て上げた「幕末太陽傳」。その舞台となった場所がここである。怪優・フランキー堺とデビュー間もない石原裕次郎が共演した記念すべき作品だ。

　3年前に上梓した『行ってはいけない有名店、行かなきゃいけない無名店 東京編』で取り上げた際、店内の様子や料理の写真をぜひ掲載したいと考えて交渉したがやんわりと断られた。大好きな食堂だけに残念無念。省みれば常連さんに支えられる家族経営の店がガイドブックに紹介されること自体、迷惑だったに相違ない。にも関わらず、今また名店として選出してしまったことを謝罪しておきたい。申し訳ございません。

　カウンターのみの店舗は小体ながら、料理の種類は多岐に渡り、しかも格安で提供される。オススメに選んだハムエッグ（150円）は目玉焼きが1個にハムが2枚。よほど赤魚の粕漬けかさんまの開き（各330円）にしようとも思ったが、サカナたちの半値以下という安さに加えて店の一番人気でもあり、敬意を表した次第だ。野菜炒め（150円）にはビタミンと食物繊維の補給に一役買ってもらった。ライスと味噌汁のセットは大盛り（330円）・普通盛り（270円）・半盛り（220円）と小きざみ。半盛りが他店の普通盛りのボリュームにつき、特に女性は注意が必要だ。安くて速くて旨い、三拍子揃った優良店である。

日替わり
ランチ
1000円

ブラッスリー　ポワソン・ルージュ
品川区大井 1-53-8
☎ 03-3775-1660　　日休　　月昼休

　週末のぶらぶら歩きでこの店を発見した。店名から連想されるのは南青山にあった同名のビストロ。四半世紀も前に訪れてスープ・ド・ポワソンに感銘を受けたが、その後しばらくして忽然と消えた。数週間ののち、平日の11時半に初訪問。接客の女性はとても若いがおそらくマダムだろう、さっそくメニューボードを掲げてくれる。その内容をそのまま転写すると

＊ランチ¥1000

　前菜———ガスパッチョ　　　魚のうらごしスープ
　　　　　生ハムサラダ　　　　レンズ豆のサラダ
　メイン——サバのソテー　　　鶏のコンフィ
　　　　　仔羊のハンバーグ

　魚のうらごしスープはまぎれもない思い出のスープ・ド・ポワソンのことだから即断即決。メインはどこかで見かければ必ず注文する仔羊のハンバーグ、これまた迷うことなく決断。カウンター4席にテーブル16席の店内はすっきりとしたレイアウト。ブラッスリーとビストロが相まった雰囲気をかもし出す。夜に訪れ、グラスを傾けたら素敵な時間を過ごせそうだ。

　バゲットともに運ばれたスープは軽めの仕上がり。一匙のルイユを落としたくなる。ポテトのドフィノワを付け合せたハンバーグには拍手喝采。今年食べたハンバーグのベストだ。豚挽き肉との合挽きを使って肉汁がたっぷり。意図的にシャッキリ感を残した玉ねぎと見事な相乗効果を発揮する。洋食屋なら常備菜になるものを、ブラッスリーでは日替わりにならざるを得ない。いつまた会えるか判らぬが、できれば準定番メニューに定着させてほしい。

ビュッフェ
ランチ
980 円

ラクシュミー
品川区上大崎 2-27-1 サンフェリスタ目黒 2F ☎ 03-3493-3714　無休

　目黒駅の駅前に位置していながら、何でここが品川区でどうして地番が上大崎なの？　という疑念を抱かざるを得ない。一体全体、誰が決めたんだ！　と文句の１つも言いたくなる。まったくもってお役所のやることは！　なのである。まぁ、本書のテーマとは関係ないから鉾を収めるけれど……。

　気を取り直してインド＆ネパール料理店のカレーに舌鼓を打ちましょう。インディアンレストランの中には昼のビュッフェ、判りやすく表現すると食べ放題だが、俗に言うバイキングをウリにしている店が少なくない。大食漢には欣喜雀躍のシステムながら安かろう悪かろうは世の習い、がっかりさせられる凡庸な店も多い。その点「ラクシュミー」は良心的な優秀店に位置づけられる。

　年中無休の午前 11 時オープンも好都合。開店後間もなく１人で訪れると、コの字形のカウンターに案内された。ネパール人と思しきお兄さんに飲み物を訊かれ、ヨーグルトドリンクのラッシーをお願い。ほかにはアイスかホットのチャイと冷たいウーロン茶の選択肢。

　さっそく料理ボードに出向くとカレーが４種。チキン・ダール（豆）・野菜の常備トリオに日替わりが１種。その日は鳥挽き肉のキーマカレーであった。それぞれ丁寧に作られて満足のいく仕上がりだ。意外だったのはカリフラワーが主役の野菜カレーがもっとも辛く、香り高かったこと。キャベツや大根ばかりのサラダはおざなりだが、ターメリックライス・ホワイトライス・ナンを完備しているのは立派。料理ボードにマンネリ化の波が押し寄せていても、この値段ならじゅうぶんに納得。

大田区

人口：668,423 人

区役所所在地：蒲田 5 丁目

主な繁華街：大森・蒲田・馬込

区都：田園調布（J.C. が勝手に定めました）

大阪寿司
1039円

醍醐
(だいご)
大田区田園調布 3-1-4 ☎ 03-3721-3490
火休　祝日の場合は翌日休

　高級住宅街にはまったく縁のない J.C. のことだから、住んだこともなければ、住む友人もいない田園調布。それでもまれには姿を現すことがある。目的地は3軒の飲食店に限られて、とんかつ「かつ久」、焼き鳥「鳥鋲（とりえい）」、そして鮨「醍醐」だ。袖看板には「鮨醍醐」とあるが、入店すると鮨・鮓・寿司の文字が入り乱れている。主力は上方鮓ながら江戸前鮨にも相当の力を入れている。上方鮓になじみの薄い東京人を顧客にするならば、江戸前鮨を無視しては経営に深刻な打撃を与えることになるのだろう。

　入店すると左手につけ台、右手にテーブル、その奥には半個室風のテーブル席がある。つけ場の上には江戸前鮨のネタを記した木札がズラリ。平目・真鯛・あじ・小肌・あわび・赤貝・みる貝・穴子・赤身・中とろ・大とろ・海胆・いくら、一通りのものがほぼ完璧に揃っている。鮨ネタをつまみに酒を飲むのではないから、テーブルに落ち着き、品書きを開く。右ページに江戸前鮨、左ページに関西鮓がそれぞれに多種多彩。鮎姿寿司（924円）や京風ちらし寿司（1270円）もお手頃だが、イチ推しはヴァラエティに富む大阪寿司。小鯛雀・三色・バッテラ・穴子・太巻き・伊達巻きが白い皿からあふれんばかり。殊に伊達巻きはかなりのサイズだ。昨今の江戸前にぎりは酢めしよりも鮨ネタに重点が置かれるが、上方鮓は昔ながらに酢めしが主役だ。

　チラリと見えた奥のテーブル席では、若奥様が5人揃ってちらし寿司を召し上がりながら談笑にいそしみ、こんなところがいかにも田園調布チックだ。この町に関西鮓はすっかりなじんだようで、駅ビルに持ち帰り専用の店舗を出店している。

上てんぷら定食
1100円

天味（てんみ）
大田区西蒲田 7-32-3
☎ 03-3733-8960
無料予約番号 0066-967-65150　月休

　子どもの頃、大森に住んでいて蒲田にはちょくちょく出掛けた。子ども心にもあまりガラのよい町とは思えず、その後、社会人になってから訪れても負の印象が消えることはなかった。「食」に関してこれといったおいしい店が思い浮かぶでもなく、不毛の地とは言わないまでも食指の動かぬ土地柄だった。

　JR 蒲田駅西口から徒歩 3 分。アシの便のよい場所に蒲田どころか、大田区を代表する天ぷら店があると聞きつけたのは今年の桜が散り始めた頃のこと。週末や祝日でも平日と変わらぬ昼食がいただけるとあって、大型連休の真っ最中に独り出掛けてみた。

　ランチメニューはかくの如し。

＝お昼の天丼＝
　　天丼（800 円）………海老・きす・いか・野菜 3
　　上天丼（1000 円）……海老・きす・穴子・野菜 3
　　　　味噌汁・新香付き　ごはん大盛りは無料
＝お昼の天ぷら定食＝
　　天ぷら定食（900 円）………海老 2・きす・いか・野菜 2
　　上天ぷら定食（1100 円）……海老 2・きす・穴子・野菜 2
　　　　味噌汁・新香付き　ごはんお替わり自由

　それぞれ小海老のかき揚げ付きが 300 円増しで、定食のかき揚げは天丼仕立ても可。上天ぷら定食のかき揚げ付き（1400 円）をお願い。天ぷらでごはんを食べたあとのかき揚げ丼だから、そのボリュームに圧倒される。若い男性にはありがたくとも、年配者や女性には少々荷が重い。かき揚げに一工夫ほしいところだが、海老・きす・穴子のトリオは申し分のない揚げ上がり。

ロースカツ定食
1800 円

かつ久
(かつきゅう)
大田区田園調布 2-48-15
☎ 03-3721-2629　月火休

　成城学園前の名店「椿」に匹敵するとんかつ店が田園調布にあるという噂を聞きつけて長征を決断。たどり着いたら臨時休業の空振り三振だけは避けたかったので、10 時半に開店時間の確認を兼ねて電話を入れる。「はぁ、12 時ごろですけど……」──頼りない返事が返ってきた。開店時間を明言できないのは、食べもの商売としてほめられたことではないが、本日休業は免れたので出掛けてゆく。駅前から続く緩やかな坂を降り切ったところに店はあり、ビジネスカードには 11 時 45 分開店とあった。

　ランチタイムの特別メニュー、サービスかつ定食 (1400 円) をお願いすると、「今日は入荷した豚肉がよくなく、返品したのでありません」とのこと。それではとロースカツにグレードアップ。昼の特別メニューはほかに小ヒレ定食 (1400 円) と海老フライ定食 (1300 円) がある。このあと続々と来店した客がサービスかつを注文して断られると、ほとんどすべての人が小ヒレを選択する。ロースに固執して余分に 400 円払うことより、肉の部位を妥協しても出費を抑える様子を見て、価格設定の重要さ、お金の大切さをあらためて認識した。

　幅広 5 切れにカットされた分厚いとんかつが、山盛りのキャベツと一房のパセリを従えて登場。ほお～っ、立派な姿だ。断面をのぞくと、つなぎの溶き玉子と小麦粉がコロモと肉の間に染み入っている感じ。赤身と脂身が入り混じり、全体的にずいぶん柔らかい。間違いなく肩ロースだ。塩・醬油・ソースを駆使して食べ継いだ。特筆すべきは赤だし・ぬか漬け・ごはんの卓抜さ。このトリオは成城「椿」の水準に達している。

ハヤシライス
850円

ホクエツ
大田区大森中 2-14-9
☎ 03-3761-0266　木休

　東京から京浜急行で横浜方面に向かうと、京急蒲田の1つ手前に梅屋敷という駅がある。19世紀初め、文政年間に薬を扱う商家が梅園を造成し、花見のできる茶屋を併営するようになって、梅屋敷と呼ばれたのが駅名の由来。この地に地元で大人気の洋食店があるという。本書には格好の素材だとピンとくるものがあり、即刻出掛ける。改札を出て東通り商店街を直進し、産業道路にぶつかったら左折してすぐ左側。非常に判りやすい。

　サザンオールスターズに「メリケン情緒は涙のカラー」という隠れた名曲がある。歌詞に産業道路が登場するスパイチックな曲だが、どうやらこれは県道6号東京大師横浜線のことで別の産業道路らしい。そんなことを思いながら入店すると店内はほぼ満席。といっても4人掛けを2人で利用しているケースが多く、立て込んでいるという風ではない。われわれは奥の1卓に案内されたが、客に相席を強いない方針で、すぐに順番待ちの列ができた。

　ハヤシライスとオムライスを注文し、しばしほかの客の動向を見守ると、みんなで日替わり定食を食べている。携帯電話を掛けるふりをしながらいったん外に出て店内を往復し、チェックすると18名全員が日替わりだった。その日は鱚フライ・ハンバーグ・目玉焼きの盛合わせ。オムライス（650円）の玉子が厚い。中のケチャップライスにチキンが見当たらないが、これはこれでおいしい。ハヤシは逆にビーフがいっぱい。玉ねぎとマッシュルームもたっぷりで、少々甘めの味付けは昔の洋食屋というより、昭和の一般家庭の味に近いものがある。ボリューム満点の一皿は牛肉好きなら必ず満足できるハズ。

ラーメン+生玉子 +ほうれん草
970円

むらもと
大田区北千束 3-31-7
☎ 03-3727-8282　月金休

　2002年8月末日。東急目黒線沿線に暮らす友人と一緒に初めて訪れた。当時、この店は大岡山駅から北に延びる商店街の近くにあった。なんだか古ぼけて、今にも閉業しそうな雰囲気の店。J.C.はラーメン（850円）と別皿に生玉子（40円）、ツレはラーメンとほうれん草（70円＝現在は80円）を注文。そのときメモ代わりに携帯からパソコンに送ったメールにはこうあった。

煮干し出汁の匂いが店内に漂っている。10分と待たずに出来上がったラーメンの麺はかなりのボリュームで、1.5玉はラクにありそう。色白・中太・ややちぢれで食感はシコシコ。きざみねぎが大量に散ったスープは醤油よりも塩に近いものがあり、煮干し系の風味が立ち上る。表面に浮いた油はラードの匂い。ちょっとしょっぱいが好きなタイプだ。それよりもこの味には以前どこかで出会っている。

はて？　具はもも肉チャーシュー・シナチク・ナルト。半分ほど食べ進み、月見そばのお月さん状態になっている玉子を突き崩そうとしたとき、ハタと思い当たった。こいつは永福町の「大勝軒」にそっくりじゃないか！

　帰宅後ネットで検索すると、「むらもと」は「大勝軒」を理想としてその味を追求しているとのこと。しかも薫陶を受けずに独学だという。「大勝軒」には20年も行っていないが、ここでJ.C.は考える。通って食べて覚えただけで、同じ味が出せるものだろうか。もしそうだとしたら、このラーメン職人の味覚・嗅覚は凡人のおよぶところではない。その店主とおそらく彼の息子さんだろう、グッと明るくなった新店舗で親子二代が活躍中だ。

お餅三兄弟

540円

福田屋
（ふくだや）
大田区大森東 4-35-7
☎ 03-3761-0281　木休

　洋食店「ホクエツ」のはす向かい、産業道路をはさんだ反対側に弁天神社がある。神社の脇の路地を入ったところに、奇跡のような店が営業を続けている。世界遺産はムリとしても、東京遺産がもしあったなら強く推薦したい。まずは個人的に東京レトロショップ大賞を捧げたい。間口を広くとった店先には、白地に赤く「氷」と染め抜いた下に水色の波がチャプチャプと描かれた暖簾が掛かっている。看板には「ソフトクリーム　福田屋」の文字がクッキリ。ガラス戸を引いて1歩、足を踏み入れた瞬間に心が一気に和んでいくのが実感できる。♪ このみせ〜は〜 いつか来たみせ〜 ♪　思わず口ずさみたくなるほどのもの。誰しもが子どもの頃にこんな店でかき氷やお汁粉を食べた記憶を持っているはずだ。いつまでも行く末永くと祈らずにはいられない。

　この空間に身を置けることのシアワセに酔いしれながら、壁の品書き札を仰ぐ。田舎しるこ・おぞう煮・くず餅（各180円）・ゆであずき・甘酒（各120円）・冷やしラムネ（100円）など、駄菓子屋並みの値段が並んでいる。この店はけっして食事処ではないが、何としても本書に収めたかった。幸いなことに注文の仕方によってはじゅうぶんに昼めしと成りうる品物が見つかった。表題のお餅三兄弟は店が名付けて品書きに載せたものではない。J.C.による勝手なネーミングである。その内容は、いそべ巻き・おぞう煮・あべ川餅（各180円）の3品。それぞれ小ぶりの餅が2〜3枚付け。これに加えて辛党はところ天（150円）、甘党はあずきアイス（70円＝この値段にはビックリ）でもお願いすれば、見てくれだけの下手な食堂には行く気がしなくなること請け合い。

ラザーニア
ランチ
1030円

ピッツェリア バッコ
大田区山王 1-4-6
☎ 03-3776-8116　無休

　小学生の頃、この辺りに住んでいたのでJR大森駅界隈にはなじみがある。あの頃は町にフレンチもイタリアンもまったくない時代、ましてやピッツェリアなどあるはずもなく、ピッツァという食べものの存在すら一般に認知されていなかった。ピッツァを知ったのは1964～5年頃だ。父親の定年や娘たちの結婚問題を描いたTBSのドラマ「ただいま11人」のおかげ。父親の山村聡が長女の池内淳子にピッツァをご馳走するシーンが出てきた。もちろんピッツァではなくピザが登場したのだった。
「ピッツェリア バッコ」は大森駅から徒歩2分の至近距離。昼はOLさん、夜はカップルや家族連れでにぎわっている。この店のランチタイムの特長は豊富なメニューの取り揃えとお替わり自由のドリンクサービス。3段階に分かれたメニューを見てみよう。すべてにフリーソフトドリンクと小さなドルチェが付く。
　□ピッツァランチ（920円）
　　マルゲリータ・ナポリターナ・玉ねぎのカルツォーネほか
　　グリーンサラダ付き
　□サラダピッツァランチ（1050円）
　　たっぷりサラダピッツァ・完熟トマトのサラダピッツァ
　□オーヴン焼きランチ（1030円）
　　ラザーニア・魚介と野菜のグラタンほか
　　グリーンサラダ＆パン付き
　ピッツァに食指が動きそうだが、あえてラザーニアを推したい。1人前ずつグラタン皿に入っており、少なめのミートソースが不満ながら昼にこの料理を提供する、その意欲を評価した。

少子面
850円

🍜
松花江
（しょうかこう）
大田区池上 6-4-18 ブリックタウン
小林 2F ☎ 03-3753-0093　火休

　池上と聞くと最初に思い浮かぶのは池上本門寺。死を目前にした日蓮上人がつましいお堂を開堂供養したのが起源とされ、そののちに関東武士の庇護下で繁栄していった。日蓮終焉の地でもあり、寺の所在地が池上1丁目1番地1号というのも、この町のすべてがここから始まったことを印象づけている。

　「松花江」が入居するのは池上駅前の雑居ビル2階。店名は満州を流れる川の名前で、満州語ではスンガリ。中朝国境にそびえる白頭山に水源を発し、吉林・ハルビンの市内を流れてアムール川に注ぐ大河だ。歌手の加藤登紀子さん経営のロシア料理店「スンガリー」とは奇しくも同じ店名。この2軒を中国料理・ロシア料理とカテゴライズするより、満州料理・シベリア料理としたほうがスッキリする。

　店を切り盛りするのは中国人夫婦。どちらか、あるいはお2人とも松花江のほとりで生まれ育ったのだろうか。願わくば、もっと大胆にふるさとの個性を皿の上に表現してほしい。坦々麺や半チャンラーメン、4〜5種揃うランチメニューはすべて千円札でおつりがくるものの、凡庸さもにじんで何となく退屈。どこでも食べられそうな味なのだ。それならば夜に出向き、幾皿かのスペシャリテを紹興酒で楽しむほうが賢いが、それではランチのガイドブックとして無策に過ぎる。そこで白羽の矢を立てたのが少子面。発酵臭のある芽菜（ヤーツァイ）という漬物と挽き肉を一緒に炒め、玉子でまとめたあんかけ焼きそばだ。ほかの麺類には麺の字が当てられているのにこれだけ面の字。東京で供する店はここだけとあって少しでも目立つようにと、店主が知恵を絞った結果だそうだ。

世田谷区

人口：825,782 人

区役所所在地：世田谷 4 丁目

主な繁華街：下北沢・三軒茶屋・二子玉川

区都：等々力（J.C. が勝手に定めました）

うな重（梅）
1780 円

寿恵川経堂店
（すえかわきょうどうてん）
世田谷区宮坂 3-12-16
☎ 03-3429-7375　木休

　杉並区・高円寺にも姉妹店があるが、中央線沿線にはうなぎの名店が目白押し。となると競争相手の少ない世田谷の経堂店のほうがずっと気が楽だろう。

　そもそも経堂店を選ぶにあたり、もう1つ着眼するところがあった。麻雀ファンなら誰でもご存知の直木賞作家・色川武大のまたの名は阿佐田哲也。麻雀小説の執筆にはこちらのペンネームを使った。小説だけでなく、実生活も麻雀好きで急に眠りに陥るナルコレプシーなる奇病を抱えながらも、元気なときには連夜に渡って卓を囲んでいる。ちょくちょく出没したのが長門裕之・南田洋子夫妻宅で、この家は麻雀ルームを完備していることから「芸能人の雀荘」の異名をとるほどだ。始めると丸2日間ぶっ通しなんてこともザラで、このときの食事メニューがお手伝いさんのお手製、飲食店からの出前を含めて満貫ならぬ満艦飾の豪華版。うな重は近所のこの店から運ばれるのである。

　松・竹・梅と揃うお重のうち、本書には（梅）以外の選択肢がない。すぐ上の（竹）でも 2410 円となり、蒲焼きでごはんが隠れてしまう（松）ははるか彼方の 3040 円。炭火焼きでないのが残念ながら、中ぶりのうなぎは悪くない。タレがやや濃いめの甘めで世田谷のセレブ好みなのかもしれない。そういえば「神田きくかわ」の上野毛支店が好評を博しているが、あの店とて下町のうなぎ通が足を向ける店ではけっしてない。（竹）より上は肝吸いが付くが、可哀想に（梅）は新香のみで肝吸いはベツ。あえて追加すると、これが 210 円で計 1990 円。首の皮1枚残しの、ぎりぎりセーフが何とも皮肉ではないか。

ロース定食
1520円

とんかつ 椿
（とんかつ つばき）
世田谷区成城 5-15-3 ☎ 03-3483-0450
月休　祝日の場合は翌火休

　この店についてネットで検索していたら、J.C. オカザワと彼のサテライツによる『庶ミンシュラン』の表紙が目に飛び込んできた。自分の著したものを紹介してもらえるのはありがたい限りだが、これがとても面白かった。逆輸入ならぬ、逆紹介させていただくと、今をときめく楽天（最近はそうでもないか）にお勤めのN村さんなる方のブログのことである。何でも同僚のWナベさんという女性が「とんかつ 椿」のご令嬢なのだそうだ。そして文面から推測するに、どうやらWナベさんは独身のご様子なのだが、とんかつ屋でヒレを注文するようなオトコとは絶対に結婚しないと豪語しているそうな。オトコは黙ってロースを頼むのが流儀なそうな。いいですねぇ、好きですねぇ、オンナはこうでなくっちゃ。必ずやこのヒトはいいダンナに恵まれ、シアワセな結婚生活を営まれると確信した次第。

　ホームグラウンドではないため、調査不足のそしりを免れないとしても、目黒・世田谷・大田区辺りでこの店のとんかつの右に出るものはあるまい。最近はずいぶんオチたという小言が散見されるが、このクラスにはなかなかお目に掛かれない。夜は椿（ロース）・あけび（ヒレ）、ともに単品扱いとなり、ごはん・赤出しは別料金。その点、定休日の月曜及び、日曜・祝日を除けば毎昼いただけるロース定食とヒレ定食（1730円）の存在はありがたい。サクサクのコロモに肉汁を閉じ込められたとんかつは、味・香り・食感のいずれをとってもつけ入る隙（すき）がない。やはりロースを推したいがヒレを止めるつもりもない。ただし、この店の婿（むこ）にもぐり込もうという輩（やから）はロースで攻めないとノーチャンスだ。

海老フライと生姜焼き定食

850円

とんかつ大倉
（とんかつおおくら）
世田谷区玉川4-7-5
☎ 03-3700-2347　月休

　♪は～るばる来たぜ に～こたまぁ～！♪
　最近の若者は二子玉（にこたま）といわずに二子（ふたこ）と呼ぶそうだが、オヤジにはどうでもよいことだ。とにかくこの町にやって来ると、思えば遠くに来たもんだ、という感慨にふけってしまう。駅のホームから多摩川の河原ののどかな風景が臨めるからだろうね、きっと。
　高島屋のおかげで景観も機能も激変した町ながら、ちょっと裏手に回るとローカル色豊か。のんびりした田舎の目抜き通りのような二子玉川商店街を歩いてゆく。と思ったらこの道が曲者（くせもの）で、細い上に歩道がないから、行き交うクルマにシャツの袖を引っ掛けられそうだ。二子玉小学校の3軒先に立て看板を発見する。ランチメニュー（11：30～15：00）は下記の通り。

　A 海老フライとヒレカツ　　B 海老フライと生姜焼き
　C とんかつ　　　　　　　　D メンチかつ

　A・B・Cが850円で、Dだけが800円。Bにした。名物のミニカレー（100円）もお願い。どうしても盛合わせに惹かれる。小ぶりの海老はコロモの付きが多いがサクサクとおいしく、尻尾まで食べられた。黒胡椒風味の豚肉生姜焼きも水準以上。キャベツの脇のポテトサラダが花マルで、単品（300円）で追加したいほどのもの。もっとも普段はマカロニサラダが添えられるらしい。田舎風の味噌汁はこの味噌だからこそ、具のなめこが活きてくる。看板メニューの限定7食特ロース定食（1300円）はすぐに売り切れる。隣の席に座った若い男性がまだ12時ちょい過ぎなのに売り切れを告げられて大きく天を仰いだ。どうやら彼も遠方からはるばるやって来たらしい。お疲れさん。

オムコロ
1100円

キッチン マカベ
世田谷区祖師谷 3-1-15
☎ 03-3482-3748　木休

　祖師谷の地にオープンしたのが1961年。あと数年で開業50周年を迎えようとしている。玄関脇のサンプルケースに見入っていると、いかにも気の置けない町の洋食店といった風なのに、店内、特に禁煙の2階席はテーブル配置もゆったりと、品のよさを兼ね備えている。めったに出没しないエリアながら、出入りする客層を観察すれば、地元の人々に愛されていることがすぐに伝わってくる。さすがに世田谷区、下町とは漂う空気そのものが違う。何事にも余裕が感じられ、時間がおだやかに流れてゆく。東京の下町は粋だが気品に欠けるうらみがある。

　表題のオムコロとは何ぞや？　まずは素朴な疑問にお応えしなければ。これはオムライス＆コロッケのこと。大きめのプレートにはケチャップのかかったオムライスがズドン。その脇にピンポン玉のような球形のコロッケが2個。そして生野菜に混じり、うさぎに似せてカットしたリンゴが盛合わされている。ハムと玉ねぎ入りのピラフを極薄の玉子が包み込むオムライスはパラリと仕上がって上々のデキ。チキンの入ったクリームコロッケはコク味じゅうぶんで味わい深い。カップのスープが付くがちょうどコンソメと清湯の中間みたいな味付け。ねぎが浮くのは洋食屋らしくないなと思っていたら、この店は焼き餃子（480円）など、数点の中華モノもこなすのだった。

　平目のムニエル（1100円）・ロースカツ・豚肉生姜焼き（各1050円）・ミックスフライ・チキンマカロニグラタン（各880円）・海老ピラフ（750円）など、いずれも丁寧な仕事ぶりが光っている。女性陣の接客も心温まるもので好感度大であった。

平日のランチ
Aコース
1470円

リストランテ・ヴィコレット
世田谷区奥沢 2-10-6
☎ 03-3725-3436　月休　第 1・2 火休

　女性向きのランチで男性にはおすすめしない。ただし、甘党はその限りではない。アンティとパスタとドルチェからなるコースは働き盛りのオトコの胃袋を満たすにはお上品に過ぎる。小さなポーションながら、5種類のドルチェから3種選べるシステムはケーキ好きの女性を誘惑するものがある。マリー・アントワネットではないが「パンがないならお菓子を食べればいいのに……」──こんな浮世離れしたマドモアゼル、じゃなかったイタリアンだからシニョリーナですか、とにかくそんなお嬢さん向きだ。

　平日限定価格なので、そのあたりも要注意点。週末にはほぼ同様のコースが2100円となって予算をオーバーしてしまう。とある初夏の日のメニュー構成を簡略に記すと、

　アンティ：自家製生ハムのサラダ＆季節のスープ盛合わせ
　パスタ　：あさり＆キャベツのスパゲッティ
　　　　　　パンチェッタ＆新玉ねぎのスパゲッティ
　　　　　　赤車海老＆空豆のスパゲッティ
　　　　　　地鶏＆オリーヴのルマーケ
　　　　　　　　　　（上記から一皿）
　ドルチェ＆カッフェ

　赤車海老は三河湾から揚がる小海老。ルマーケというショートパスタはエスカルゴの形をしてルガーテ（溝）が入り、コンキリエ（貝殻形パスタ）に似ている。シェフは三州岡崎の出身。魚介も野菜も故郷から取り寄せる。パスタランチというと、通常どの店もオイル系・トマト系・クリーム系の三本立てでくるが、定石にとらわれずに得意なオイル系を前面に出す姿勢を評価したい。

杉並区

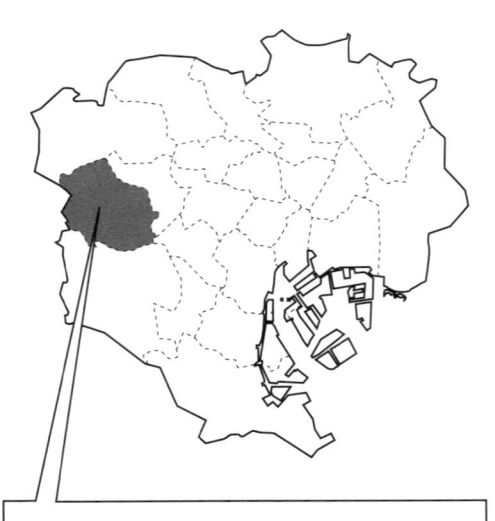

人口：523,470 人
区役所所在地：阿佐ヶ谷南1丁目
主な繁華街：阿佐ヶ谷・荻窪・下高井戸
区都：西荻窪（J.C. が勝手に定めました）

うな重(竹)
1890円

田川
(たがわ)
杉並区西荻南 2-3-4
☎ 03-3333-5239　火休

　ひんぱんには訪れないが、新宿以西の中央線沿線では西荻窪がもっとも好きな町である。ほかの町よりも出没する機会が増えるのは必然で、舌が記憶しているおいしい食べもの屋も枚挙にいとまがない。

　新宿の隣り駅・大久保は新宿の喧騒が残っていて気に染まない。東中野も工事中の山手通りのせいで雑然としている。好みの天ぷら屋やバーのある中野は街全体にとりとめがなく、把握しづらい。つい先日、初めて中野ブロードウェイに足を踏み入れ、東南アジアのごとくの異質な空気に口をあんぐり開けてきたばかり。高円寺は若者の町というイメージ。オヤジ世代が徘徊するには少々キツい。緑したたる阿佐ヶ谷は好きだ。歩いていて楽しいし、古い映画がかかる映画館だってある。荻窪はゴチャゴチャした印象。もつ焼き・カレー・ラーメンなんぞを食べるには好都合だろうが、大人の街としての熟成感に欠けている。

　西荻は何よりも街のたたずまいがよい。優良飲食店が北口に南口に何軒もあってうれしい限り。南口を南下して五日市街道にぶつかったところにある「田川」は典型的な家族経営の店。先代亡きあと、女将さんと2人の息子さんが切り盛りする。兄がうなぎ、母はごはんと新香、そして弟が出前と完全分業制。一番安価なうな重（竹）のふたを開けると、鎮座する丸1匹のうなぎはかなりのサイズで、見るからに食べ応えがありそう。下半身が太った珍しいカタチをしている。以前よりタレが辛くなったような気がしたが、おいしく食べ終えて西東京随一のうなぎが「田川」にあることをあらためて再確認。

ラーメン
530 円

蓬莱軒
（ほうらいけん）
杉並区阿佐ヶ谷南 1-9-5 ☎ 03-3311-8372
不定休ながら水木休多し

　四半世紀以上も前からお隣りの荻窪は都内屈指のラーメンタウンとして名を馳せているが、阿佐ヶ谷だって捨てたものではないぞ！　もっとも阿佐ヶ谷は阿佐ヶ谷でも最寄り駅は杉並区役所のある南阿佐ヶ谷。これには２軒の優秀なラーメン店によるところが大きい。１軒は次ページでも紹介している浜田山「たんたん亭」の支店だった店が独立した「支那そば たなか」。そしてもう１軒は、もちろんこの「蓬莱軒」だ。

　昭和が匂い立つ素朴なラーメンは中華そば、あるいは支那そばと呼ぶに相応しいもの。「支那そば たなか」のそれよりももっとノスタルジックだ。本著『昼めしを食べる』では若者が行列を成して１時間待った挙句にラーメンは３分で食べ終わるような店は断じて取り上げていない。その点この店は昼どきこそ多少立て込むものの、難なくラーメンにありつけるのが何よりだ。

　一番人気はきくらげ・玉子・野菜がたっぷり入ったきくらげ麺（800 円）。ぶつ切りの長ねぎと溶き玉子と大きめのきくらげの食感が三者三様。タンメン（680 円）・広東麺（800 円）を押しのけて王者に君臨している。それでも J.C. は無条件でラーメン。極細麺のコシが具材が多いとその熱でヘタッてしまうからだ。ラーメンのチャーシュー・シナチク・ナルト・小松菜たちならば、細麺にとてもやさしい。ケレン味のないスッキリとした醤油スープをそのまま味わえるのが利点でもある。野菜を摂取したい向きは野菜炒め（480 円）を追加するとよい。どうしても名物のきくらげ麺という方には、注文を止めやしないが、きくらげ炒めライス（900 円）に逃げる妙手を伝授しておく。エラそうでゴメン。

ミックス
ワンタンメン
1100円

たんたん亭
（たんたんてい）
杉並区浜田山 3-31-4
☎ 03-3329-4061　火休

　京王井の頭線に揺られて浜田山に到着したのは午前11時10分。改札を右に出るとすぐ右側にあるが行列のないのを確認して一安心。入店するといきなり鼻腔をくすぐったのは煮干しの匂いだ。ほのかに香るというのではなく、刺激的にプーンと匂った。でもそれがちっともイヤではない。むしろ猛烈に食欲をそそり、スープのおいしさを確信させてくれるほど。開店10分後だというのに、すでに先客が席の8割近くを占めている。

　1977年に開業した店主の弟子たちが都内各地で独立している。南阿佐ヶ谷「支那そば　たなか」、兜町「八島」、目黒「かづ屋」、池尻大橋「八雲」など流れを汲む店々を食べ歩くと、地理学的に近いせいだろうか、「たなか」の味がもっとも本家に近いように感じる。ところがラーメン界を退いて、近所で居酒屋を営んでいた創始者が復活を遂げた。2006年12月、西荻に「支那そば　いしはら」を開店したのである。こうなるとどちらが本家本元なのか判断がつかなくなる。

　流れるモダンジャズを聴きながらミックスワンタンメンをお願い。麺は極細ややちぢれにして、しなやかな舌ざわり。鳥ガラ・豚骨などの四ツ足系がベースのスープには煮干し・鰹節・鯖節・干し海老の魚介系と昆布・しいたけの乾物を加える。麺とスープは全品共通なので、どれを取っても非の打ち所とてなく、肉ワンタン・海老ワンタン・チャーシューが揃い踏みする推奨メニューを頼まぬ手はない。テルテル坊主のようなワンタンがうまいが、煮豚ではない焼き豚のチャーシューが出色だ。紅麹で縁取られた焼き豚は東京のラーメン店のベストワンだろう。

かつ丼
750円

坂本屋
(さかもとや)
杉並区西荻北 3-31-16
☎ 03-3399-4207　日休

　初めて訪問したとき、目の前に運ばれたかつ丼を見て心揺さぶられる思いがした。しばし見惚れてしまうほどに器量よしのかつ丼だったのである。
　揚げ立てのとんかつはあまり煮込まれておらず、両端には溶き玉子がかかっていないから、コロモのサクサク感が際立っている。ザッとかき混ぜただけの玉子は黄身と白身が溶け合うことなく、オレンジ＆ホワイトのツートンカラーが目にまぶしい。極め付きが仕上げにパラリまかれた緑鮮やかなグリーンピース。これほど効果的に緑豆を使ったかつ丼をほかに知らない。かつの下に敷かれた玉ねぎにシャッキリ感が残され、ごはんは1粒ずつが元気のよい固めの炊き上がり。やや甘めだが控えめな分量の丼つゆが好ましく、つゆだくとは対極にあり、美味しく食べ終えることができた。ただし、箸休めがきゅうりのキューちゃんでは淋しい。
　厨房で腕をふるうのは息子さん。接客に当たるのは先代店主と思しきお爺ちゃん。親切な客あしらいにおのずと温かい人柄がにじみ出る。カウンター5席にテーブル8席の小体な店が、狭いながらも居心地がいいのはこのお爺ちゃんのおかげだ。ある日の日替わり定食（650円）は串カツだった。ちょっと惹かれたが中華モノを試しておこうと、ラーメン（530円）に豚肉ピーマン細切り炒め定食（1200円）を所望する。ラーメンは中華そば風でごく普通の醤油スープにそこそこコシの強い麺。豚肉ピーマン炒めは明らかに油使いすぎの炒めすぎ。かつ丼と同じ料理人の手によるものとは信じがたいものがあった。やはり「坂本屋」ではかつ丼が断トツのマスターピースなのである。

肉野菜
炒め定食
800 円

しむら
杉並区浜田山 2-20-8
☎ 03-3302-3464　木休

　縁の薄い土地だった京王井の頭線・浜田山を、たびたび訪れるようになったのは「しむら」のおかげ。自宅のある浅草橋からはかなり遠い。本書に収録した250軒の中では田園調布の「かつ久」・「醍醐」と並んで、大泉学園の「そばきり すゞ木」に次ぐ遠さだ。そのせいでもないが正直に白状すると、昼めしには1度も出向いていない。毎度4～5人で料理を10品ほどお願いし、生ビール・紹興酒とともに堪能して帰ってくる。すでにほとんどの料理を食べつくし、ランチの顔ぶれもすべて制覇している。

　5月の薫風吹き抜ける好日。新高円寺での音楽会がハネたあとに10人ほどで宴会の予定。高円寺か中野、あるいは阿佐ヶ谷あたりで店を物色するつもりだったが、ぼんやりと地図を見ていてハタと思い当たった。新高円寺と浜田山は電車の連絡は不便でも直線距離は意外と短い。タクシーでの移動なら10分ほどだ。さっそく予約の電話を入れて奥の座敷を抑えておく。

　当夜は三拼盆（くらげ・蒸し鶏・ねぎチャーシュー）とピータンに始まり、焼き餃子・大正海老チリソース・酢豚・肉野菜炒め・上海焼きそばなどをいただいた。大人数が集まったので「本日の1品」を決めるべくアンケートをとってみる。すると一番人気は肉野菜炒め。この結果には当為を得たりとほくそ笑む。炒め方が上手というか火の通しが絶妙で、焼け焦げた部分など1箇所とてなく、キャベツは若々しい緑色を保ったまま。塩と油のサジ加減も申し分ない。昼の定食はこれにスープ・漬物・ごはんが付いて800円。赤坂・六本木の大飯店で食べれば、5割増の1200円は下らない名品である。

かきつゆそば
1700 円

皇蘭
(おうらん)
杉並区下井草 1-13-14
☎ 03-3330-2300　火休

　JR 中央線・阿佐ヶ谷と西武新宿線・鷺宮の中間点にあって駅から離れている上海料理店。それでもなお出向く価値がある。上海料理を謳うのだから、秋も深まると上海蟹が食卓を彩ることになる。以前は荻窪にあり、その頃からの根強いファンがいまだに通い続けている。

　まったりとまろやかな紹興大越貴酒の 15 年物が味わい深く、夜に訪れて数々の料理とともに楽しみたいが、ランチタイムもまた充実している。本格的な料理のほかに小籠包子と焼き餃子などの点心が特筆モノで、週末ならそれをつまみに昼からビールを飲みたい。小籠包子でごはんというわけにもいくまいから、ここは取っておきのスープ麺にご登場願うことにする。

　秋のお彼岸から春のお彼岸あたりまでのかきつゆそばが必食アイテム。濃厚な醬油味スープに粉々感の強い極細ちぢれ麺。その上には炒めた竹の子・しめじ・にら・長ねぎ。そして主役のかきは大粒なのが 6 〜 7 個、プックリと太って野菜とスープの間を浮き沈みしている。片栗粉をはたいて揚げたものを野菜とからませて仕上げるようだ。火傷しそうに熱いところをフーフー吹いてパクリとやると、中からは「待ってました！」とばかりに磯のエキスがあふれ出る。生がきやかきフライもうまいが、この店のかきつゆそばは食べなきゃ損の逸品だ。昼めしにはじゅうぶんの量ながら、お腹いっぱい食べたい方は半ライスを追加しよう。ライスの上にかきを 3 個ほど避難させ、まずはノビないうちに麺をすすったあと、おもむろに手製のかき丼をスープの残りと一緒に平らげる。あぁ、シーズンの到来が待ち遠しい。

海南チキンライス

780円

夢飯本店
(むーふぁんほんてん)
杉並区西荻北 3-21-2
☎ 03-3394-9191　無休

　海南鶏飯(ハイナンジーファン)と呼ばれる海南島風チキンライスは、日本の洋食店の鳥肉入りケチャップライスとはまったくの別物。ゆでたチキンとそのスープ、そしてスープで炊いたインディカ米が3点セットになったシンガポールの国民食である。太平洋戦争時、日本の占領下にあったシンガポールは勝手に昭南島などと名付けられたが、当時からチキンライスは盛んに食べられており、ふるさとの海南島よりも新天地の昭南島でモア・ポピュラーだった。インディカ米の独特の風味と薬味の香菜のクセが災いして忌み嫌う向きも多いが、食べなれると実においしい米料理の傑作だ。

　ようやく都内にもこのチキンライスを食べさせる店が5軒ほど出揃ったろうか。支店展開しているところが多いから、トータルの店舗数は10軒を超えていよう。「夢飯」はその嚆矢(こうし)ともいえる1軒である。正統的なチキンライスのほかに日本人向けのつもりだろう、海南フライドチキンライス（880円）まで提供している。ただし、この揚げ鶏ヴァージョンはシンガポールではまったく見掛けることがなく、彼らにこれを出したらテーブルをひっくり返されるに違いない。うな丼を注文した客にうなぎの天丼を出すようなものだ。ほかにもアレンジが施されており、基本的にライスは福島産のコシヒカリ。これは末尾に5と0の付く日にタイ米が使用されることで救われる。

　海南チキンライスに負けず劣らずなのがマレー風カレーライス（880円）。これをライスの替わりにロティプラタで食べたら最高だ。現地では朝食時にも食べられる薄焼きナンの1種だが、通常のナンとは食感がまったく異なるおいしさが光る。

練馬区

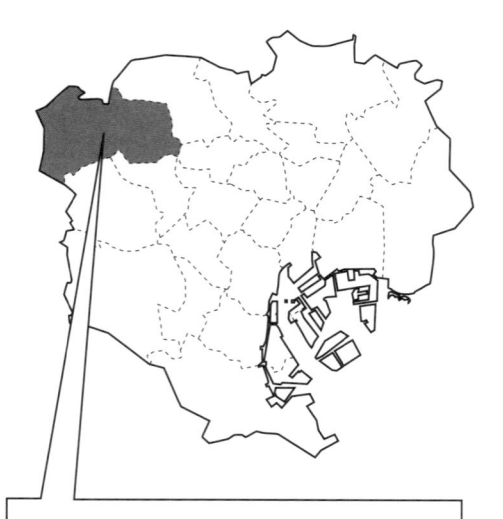

人口：684,107 人
区役所所在地：豊玉北 6 丁目
主な繁華街：江古田・練馬・大泉学園
区都：氷川台（J.C. が勝手に定めました）

そば三昧
1500 円

季彩 そばきり すゞ木
（きさい そばきり すずき）

練馬区南大泉 4-43-32
☎ 03-5387-2010　月休

　本書でカバーするエリアは東京都 23 区内と定めた。したがって武蔵野市・吉祥寺や調布市・調布は圏外。練馬区のはずれの「すゞ木」は収録した 250 軒のうち、圏内にギリギリ残った 1 軒である。数分歩けば西東京市で、最寄り駅は同市の保谷だ。コンクリート打ちっ放しのモダンなたたずまいはマンションに隣接していて、その 1 階の一部といった造作。一介のテナントが入居できるような物件にはとても見えず、建物のオーナーかオーナーの縁者でなければ、こんな店舗は作れまい。

　昼も夜も予約がないと、席の確保は不可能だと思われる。キャパシティは 16 席ほどだが 10 人ほどの予約が埋まると、あとは満席のお断りにするようだ。そば自体もそんなにたくさんは打たず、すぐに売り切れご免となってしまう。商売っ気を一向に感じさせないこのあたり、前述のマンション経営が推測される所以だ。

　予約が不可欠のため、アラカルトでの注文はほとんどムリ。つまるところ、そば三昧なるコース仕立てにすがることになり、一段上のおまかせ（2500 円）だと予算をオーバーする。そば三昧はにんじんの白和えとポテトサラダで始まった。続いて本わさびを添えたそば豆腐。そして紅一点のかんずりを乗せたそばがき。どうにも酒を誘うラインナップだが昼から飲むのも何だし、予算の問題もある。そばは玄挽きそばと粗挽きそばの 2 種類。洗練と野趣の対比の妙。甘みをはらんだ濃いめのつゆはたまり醤油のようで、かえしに黒糖を使っているのかもしれない。粗挽きにはヒマラヤ産だろうか、ピンクの岩塩が添えられる。流行りといえども、とうとう日本そばにまで塩が進出したことになる。

かにころっけ定食
900円

🍚 **とん陣**
（とんじん）
練馬区豊玉北 5-18-7
☎ 03-3994-3128　土休　日祝の昼休

　城北地区では「じゃんぼらーすかつチャレンジ」の店としてつとに有名だったが、現在は心ないチャレンジャーのためにしばらくお休みとのこと。何事もなければ完食者が 100 人に達するまで続ける予定だったそうだ。大食いチャレンジを催す飲食店ではまずロクな目に会ったことがない。したがって練馬へはるばる遠征するのは気がすすまなかった。ところが世の中というものは判りませんな。「とん陣」そのものがうれしい誤算の上に、思いもかけない副産物まで生まれたのである。やはり遠出を厭わずに自分の足で歩くことが何よりも大切だ。

　練馬に向かったのはある平日の午後のこと。白山での昼食後、巣鴨・池袋・江古田と踏破する。昼めしから晩めしまで時間的余裕があるので寄り道しながら歩いて行った。その途中、練馬の手前の桜台で偶然発見したのが、2 ページ先で紹介する町の中華屋さん「新京」。これがありがたい副産物となったわけ。

　目的地には夕方に到着。ほどなく開店の 17 時となって入店。夜にランチタイムのサービスメニューは頼めないが、日替わりランチはオール 800 円。月・火―くしかつ、水・木―かにころっけ、金―ハンバーグのラインナップだ。メニューを念入りに吟味し、タイトルロールのとん陣定食（1200 円）をお願い。小さめの焼きひれかつ 2 枚とかにころっけ 2 個の盛合わせだ。焼きカツもさることながら、蟹の風味あふれるコロッケが秀逸。即座にこの店のオススメはこれと確信。かにころっけ定食となれば 3 個付けで満足度が高い。水曜・木曜にはこれがかにころっけランチとなって 800 円で食べられるありがたさ。

Bセット
780円

辰巳軒
（たつみけん）
練馬区石神井町 3-17-20
☎ 03-3996-0425　木休　第3水休

　ときは1951年。無頼派の巨匠でありながら狂人の異名もとった坂口安吾が起こした騒動に、ライスカレー大量発注事件がある。石神井公園にほど近い、同じく無頼派の作家・檀一雄宅に居候として同居していた際、何を思ったか100人前のライスカレーを出前注文してしまったのである。最近ときどき見掛ける電子トレードによる株式売買の誤発注ではない。100人前という数字をじゅうぶんに認識した上での確信犯である。犯人の安吾を筆頭に、おり悪しく居合わせた者は総勢10人に満たない。それでもみな果敢に大量のライスカレーに挑んだそうだ。誰が金を払ったか存ぜぬが、頼んでしまった安吾は自業自得としても、家主の檀一雄こそいい面の皮で、おそらく支払いも檀であったろう。続々と到着するライスカレーが庭の芝生の上にズラリと並べられたという。

　100人前のライスカレーを出前したのがこの「辰巳軒」と同じ並びで数軒先の「ほかり食堂」（283ページ参照）。よくぞ2軒とも廃業もせず、今日まで生きながらえてくれたものと感心する。ライスカレーはもはや死語なのだろう、メニューにはカレーライスと記されていた。金600円也である。豚肉がしっかりと入って真っ赤な福神漬けが添えられ、なかなかにおいしい。

　そんな歴史を秘めたカレーよりも推奨したいのがBセット。ワンプレートの盛合わせだ。一口カツ・焼き豚・目玉焼き・ロースハム・ポテトサラダと盛りだくさん。それに清湯スープとライス。それぞれが丁寧に作られていて充実度抜群。これに鳥の唐揚げが追加されるとAセット（850円）となる。店を切り盛りするオジさんとオバさんが人情味あふれる好い人たちだった。

シューマイ
ライス
550 円

新京
（しんきょう）
練馬区桜台 4-1-6
☎ 03-3992-1670　火水休

　ノスタルジックな店構えに思わず立ち止まった。素朴な暖簾がいかにも昔ながらの中華屋で、こういう店はラーメン・チャーハン・餃子がうまい。店名の「新京」にも惹かれた。新京は満州の首都として日本人が建設した街で現在の長春である。定かではないが店を切り盛りする初老のご夫婦は幼い頃、満州に住んだのではないだろうか。少なくともどちらかの親御さんは新京ゆかりの方だと思われる。

　入店してみて想像と実際の不一致に動揺しながら卓上のメニューを目で追ってゆく。ラーメン（450円）・上海焼きそば（600円）・かに焼きめし（700円）・餃子・シューマイ（各350円）・ニラレバ炒め・麻婆豆腐（各500円）・酢豚（1100円）。カウンターの女性が頼んだ焼きそばの量が尋常ではない。白状すれば怖気ついたのだ。隣りのお兄さんのすするラーメンはどんぶりの中が見えないからよく判らないが、彼が一緒に注文した肉野菜炒めは焼きそば同様、こんもり山のタヌキさん状態だ。

　相方と協議の結果、ここは「新京」に賭けることにする。満州に賭けたのである。お願いしたのは餃子ライスとシューマイライスで、昼食時にはめったにトライしない冒険メニューだ。あとは俎板の鯉よろしく、泰然と構えるに限る。両方同時に運ばれて、どちらも大ぶりなのが5カン付け。餃子には辣油、シューマイには練り辛子が添えられた。まずはシューマイをパクッとやると「う、う、うまい！」。餃子のほうは「イ、イ、イケる！」。案ずるより産むが易し。どちらも花マルだが、傑作に出会う機会の少ないシューマイを推奨の1品に決定。

板橋区

人口：512,873 人
区役所所在地：板橋2丁目
主な繁華街：大山・常盤台・成増
区都：中板橋（J.C.が勝手に定めました）

完熟トマトと
なすのせいろ
1200円

舟蕎山
(せんきょうざん)
板橋区常盤台2-1-17
☎ 03-5392-5733　月休

　食の不毛地帯・板橋区。自分が長いこと区民だった土地を揶揄する身のツラさを感じながらも、本書のために板橋区内をさまよい歩いた。同伴者を募ろうと友人を誘っても、色よい返事は返ってきた試しがない。足を運ぶこと10数回、やっと使える店が姿を現した。昨年、悲しい踏切事故が起きた常盤台の踏切から徒歩1分。そば・酒・肴、すべてにこだわり抜いた日本そば屋ありき。石臼挽き自家製粉のそば粉で打たれるそばは、せいろ・田舎の2種類（各800円）だが、日本酒リストには目を見張った。何10種類あるのだろうか、キリがないのでここにはあえて記さない。

　取材にあたって眼目は3点。前述の2種類のそばと、噂を耳にした完熟トマトとなすのせいろだ。これはせいろor田舎と、自由にそばを選べるのでせいろを頼み、ほかに田舎そばをお願い。細打ちのせいろは繊細な舌ざわりと喉越し。ザラッとした太打ちの田舎は噛み締めると強烈な粉々感が伝わってきた。つゆは完全に甘みを排したもの。多少の甘みを残したつゆが好みだが一般的にはこのほうが評価は高いだろう。トマト&なすは温かいつゆで来た。南蛮ねぎと三つ葉も浮かんでいる。熱のためにトマトの酸味がより際立ち、スパゲッティ・ポモドーロを食べているような感じ。なすとの相性もピッタリの佳作だ。

　店主は何事にもこだわるが、接客に当たるのはこだわりとは無縁のオバちゃん2人。万事のんびりとしたふるまいは店内ののどかな光景に一役も二役も買っている。東上線沿線きってのセレブタウン・常盤台といえども、つまるところ板橋区にすぎないことを心から実感した瞬間。

フライ盛合わせ付き へそハンバーグ定食

1370円

キッチン亀
（きっちんかめ）
板橋区中板橋 18-11
☎ 03-3964-1192　火休

　「舟蕎山」のあと、常盤台駅前のロータリーから東上線の踏切を南に横断して環七を越えると、目の前にはわが母校、上板橋一中の昔とあまり変わらぬ雄姿。でもないか。その脇を抜け、石神井川を渡って直進後、左折して今度は中板橋の踏切を北に横切った。

　こうして到着した「キッチン亀」の人気料理はハンバーグとオムライス。それぞれ変化に富んだ数種類の品揃えが自慢だ。テーブルに着くやいなやさっそくビール。銘柄は生も瓶もサッポロ黒ラベル。生中にしたが暑い中を歩いて来たものだから、ほんの20～30分で3杯飲み干した。

　まずはチーズ入りオムライス（820円）。ケチャップライスとふんわり玉子の間に溶けて糸引くモッツァレッラを忍ばせて上々の出来映え。そして名物のへそハンバーグ定食。ハンバーグをほうれん草入りの濃厚なクリームソースで食べさせる。通常の定食は1050円。海老フライと海老クリームコロッケの盛合わせを付けると1370円。320円増しで海老ちゃん姉妹が食べられるならこのほうがおトク。ちなみに珍妙なネーミングのへそハンバーグは中板橋の夏の風物詩、へそ踊りから拝借したのだそうだ。

　心温まる接客をしてくれたアルバイトの女性に訊くと、創業は昭和35年のことだという。当時は店先に池があって亀を飼っており、それが店名の由来とのこと。J.C.は昭和38年から51年まで中板橋に住んだ。この店の並びのスーパー「よしや」には買い物をする母親に連れられて何度も来ているが、亀の池にはついぞ気づかなかった。もし気づいていたならば、今回の訪問は懐かしさあふれるものになったろう。

成増キーマ
カレーセット
900円

不二越
（ふじこし）
板橋区成増 2-19-1
☎ 03-3930-5758　火休

　成増は板橋区のはずれでここを越えると埼玉県。学生時代に住んだ、愛着のある町である。休みの日にはもっぱら朝から駅前でパチンコ。今はまったくハジかなくなったがチューリップを手打ちで開かせるパチンコは好きだった。

　ある日、パチンコ屋の向かいの坂の途中に見慣れぬハンバーガーショップが開店していた。よしず張りの海の家みたいな店だったが、立ち寄って食べてみると、厚切りトマトがユニークなハンバーガーだった。これがのちに急成長を遂げる「モスバーガー」の1号店。成増は「モス」発祥の地なのである。
「モス」の前の坂を下りきった突き当たりに1914年創業の「不二越」がある。成増、いや板橋区で最古の喫茶店はタバコも商っていて、学生時代にタバコを買った記憶があるが、喫茶に利用した覚えはない。この店のキーマカレーが成増名物と聞き及び、懐かしさだけに惹かれて乗り込んだのが東武東上線の準急電車。

　さすがに創業100年になろうとする老舗、店内に流れる空気からして独特のものがある。お年寄りの溜まり場を予想していたから、若い女性の読書姿が新鮮に目に映った。セットにはドリンクと化調を感じるスープがつく。名物のキーマカレーは得意としない甘口にもかかわらず、個性的な風味が際立ってなかなかのカレーだった。キーマというほど挽き肉が主張しないで、シャキッとした玉ねぎと油になじんだ茄子が重要な役割を担う。次回は成増ハヤシライスセット（900円）を試してみよう。カレーもハヤシも16時を過ぎると80円だけ値段が上がる。この80円というのが実にまたノスタルジック。

担々麺
ランチセット
1000円

栄児家庭料理板橋店
(ろんあーるかていりょうりいたばしてん)
板橋区板橋 3-34-12
☎ 03-3961-9188　日休

　店名の「栄児」はロンアールと発音する。四川省出身の女性店主の幼年時代の呼び名に由来するそうだ。板橋のほかに本郷にも店舗があるが、1号店の板橋が本店に位置付けされよう。四川料理の定番中の定番、麻婆豆腐と担々麺が二大看板料理に君臨している。都立北園高校に隣接する板橋店は、都営三田線・新板橋と東武東上線・下板橋からほぼ等距離。駅から10分近く歩くものの、角地というロケーションのおかげで比較的判りやすい場所にある。

　ランチメニューに目を通すと、麻婆豆腐・麻婆麺・担々麺・鶏スープ麺などが並んでいる。それぞれ単品で900円、セットだと1000円という価格設定だ。たった100円の上乗せで水餃子と味付けもやしがつくセットのほうが断然お食べ得だろう。メニューには4個とあっても、実際には5個できた水餃子は麺類の脇役としてはうってつけで、焼き餃子よりもシックリくる。そのうちの1つか2つを担々麺の中に放り込んで楽しむのもよい。韓国料理のナムルにも似たシャキシキのもやしの食感が心地よい。きゅうりとにんじんが混じり、ほどよい酸味の甘酢がさわやかだ。

　肝心の担々麺は他店の平均的な味わいとはまったく異なる。麻辣の「麻」よりも「辣」が主張する、言わば花椒のシビレや胡麻の滋味よりも唐辛子の辛味が際立つタイプだ。明らかにコクよりもキレを重要視している。牛肉のしゃぶしゃぶの際にもほとんど胡麻ダレを使わずに、ポン酢一辺倒のJ.C.にはまことにありがたい担々麺と言えよう。お運びの女性と交わす言葉は日本語だったが、厨房で飛び交っているのは100％中国語。BGMの歌謡曲もまたしかりであった。

板橋区　ベストランチ200が食べられるお店

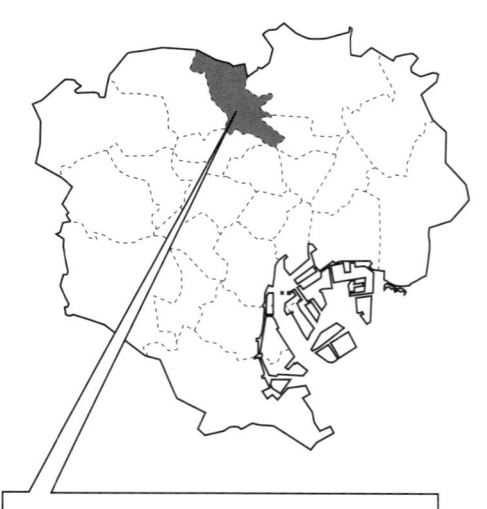

北区

人口：317,289 人
区役所所在地：王子本町 1 丁目
主な繁華街：王子・十条・赤羽
区都：田端新町（J.C. が勝手に定めました）

タイカレーせいろ
グリーン
1150円

玄庵 昌
（げんあん しょう）
北区東田端 2-8-2
☎ 03-3800-8873　火休　第3月休

　京成立石は沿線きってのディープ感あふれる町。大衆酒場を中心に名店・佳店ならぬ迷店・禍店が軒を連ね、心に熱くフトコロに優しい愛すべき土地柄だ。そんな中、日本そば「玄庵」には立石らしからぬムードが漂い、打たれるそばのレベルも高い。未来のそば店主を夢見る人たちのため、手打ちそば教室を開いたりもしている。のっけから遠回りして葛飾のそば店にふれたが、北区・田端のここ「玄庵 昌」の店主はそのそば教室の卒業生。暖簾分けでもないのに卒業すると「玄庵」を名乗ることが許されるものらしい。

　操車場のせいだろうか、田端駅周辺は即物感に満ちた殺風景さ。これが東京の中心部を走る山手線とはにわかに信じがたいほどに人気（ひとけ）が失せている。松本清張作『砂の器』で一躍有名になった出雲の無人駅・亀嵩（かめだけ）でさえ、もっと人がたくさん居たぞ。

　線路の東側の商店街にこの店を見つけたのはつい最近。店頭の品書きに見入り、惹かれたのはタイカレーせいろ。つけめん人気の影響でもなかろうが、日本そばも天せいろや鴨せいろだけでなく、カレーせいろも手掛ける店が珍しくなくなった。それでもタイカレーせいろは前代未聞、さっそく日を改めて参上した。

　訪れてビックリ。何とイエローとグリーンの2種類のタイカレーが揃っている。ともにココナッツミルク仕上げでイエローはターメリック、グリーンは青唐辛子がベース。辛口のグリーンをお願いし、いざ味わってみると何の違和感もなくそばがスルスルと舌の上を通り過ぎ、エキゾチックなタイカレーの風味が残った。ハナシの種にも1度試して絶対に損はない。

とんかつ定食
+お新香
550円

とんかつ みのや
北区中十条 3-17-4
☎ 03-3900-7080　日休

　東十条にワンコイン・ランチの王者あり。昼どきに行列ができても回転が速く、長い時間を待たされることはない。屋号にとんかつを冠するが、多彩な料理内容は洋食屋のそれだ。それでもとんかつ定食が一頭抜きん出ており、やはり名は体を表わしている。下記のメニューはすべて豚汁・ライス付き。

☐ 450円
　メンチカツ・イカフライ・エビフライ・アジフライ・カキフライ・サーモンフライ・サーモンバター焼き・ハムエッグ・あらびきウインナー・マカロニサラダ

☐ 500円
　とんかつ・ハムマカロニサラダ・ハムポテトサラダ

☐ 650円
　ビフテキ・ポークソテー・チキンソテー

☐ 700円
　ビフカツ・ロースカツ・チキンカツ・ミックスフライ

　一番安い料理の品揃えがもっとも充実している。この営業姿勢がエラい！　エビフライとカキフライは食べていないが、ともに450円は都内最安と推測される。650円のビフテキ定食は何だか不気味。ビフテキより高いチキンカツもミステリアスだ。

　一番人気のとんかつ定食はコロモ付け置きのため、ガチガチに揚がっているが、ラードの風味は香ばしく合格点。とんかつは大きく、豚汁とライスの盛りもよい。しかるに大枚（？）700円を投じたチキンカツは熱の通しすぎでパッサパサ。ほかに浮気することなく、とんかつ屋ではとんかつ、それが鉄則なのだ。

平目のムニエル・アーモンドソース

980円

キッチンK
北区西ヶ原 1-54-4
☎ 03-3949-5468　月休

　電話帳には店名「K」と登録されているようだが、置き看板には「キッチンK」とあった。ネットで検索すると語呂がよいのか、日本中に多くの「キッチンK」が存在することが判明。小平の一橋学園や静岡県藤枝市などにもあり、広島の廿日市には「お好みキッチンK」という広島焼きの店も。

　初老の夫婦2人だけで切り盛りする駒込は霜降橋の「キッチンK」はたった14席しかないため、昼めしどきは満席状態に近い。A（700円）・B（700円）・C（1200円）と3種類揃うランチが中心。日替わりパスタのBや牛フィレステーキのCよりもAの人気が断然だ。ソテーとフライの組合わせが基本で豚肉生姜焼き・サーモンのバター焼きなどに、メンチカツ・いかフライあたりがペアとなる。日替わりは入店するまでその内容が不明だが3種類も用意されると、気に染む料理が必ず見つかるはずだ。

　それでもあえてオススメの一皿は平目のムニエル・アーモンドソース。値段が値段につき、高級魚の本平目ではあるまいが風味・食感からヒラメ・カレイ系のサカナであることが判る。ひょっとすると北海の大魚・オヒョウかもしれない。小ぶりな長方形にカットされて4片、澄ましバターで焼き上げられている。その上には同じくバターをまとったアーモンドのスライスがたっぷり。ソースというよりもアーモンドそのものという感じで白身魚との相性はよい。この独創性を評価してベスト200に選んだ。レモンを搾って半分食べたら、後半戦は醤油を数滴たらす。ライスと一緒にほお張ると、子どもの頃に食べたバター醤油ごはんの味がした。化調のきつい味噌汁と、ややおざなりな新香には改善の余地がある。

イカフライ
定食
670円

キッチンとん忠
（きっちんとんちゅう）
北区志茂 2-37-9
☎ 03-3902-9838　火休

　最寄り駅の南北線・志茂よりも JR 赤羽駅から歩いたほうが判りやすい。東口の商店街 LaLa ガーデンのアーケードを真っ直ぐ。道は志茂スズラン通りとその名を変え、なおも進めば今度は志茂平和通り商店街となり、その先の右側に「キッチンとん忠」がある。手前左側に同じく洋食の「ワールド」という店があり、見るからにディープな気配だ。ショーケースのサンプルに最近はめっきり見かけなくなった結婚披露宴の定番、伊勢海老のテルミドールがあるのには驚いた。1890 円とずいぶん安めだが本当に伊勢海老なのかしら。

「とん忠」の店先には写真付きのメニューがペタペタと貼られているから料理の内容は一目瞭然。ちょいとばかり珍しい光景だ。店内は洋食よりもソース焼きそばやたこ焼きなんぞを扱いそうな雰囲気。狭いながらもフロアに段差の付いたテーブル席とカウンターがある。定食ではジンジャー焼きとスタミナ焼き（各 700 円）が人気を二分。それぞれ豚肉の生姜焼きとにんにく焼きのこと。どちらも味付けがよく、柔らかい薄切りの豚肉がうまい。ミニ冷奴はうれしいが、わかめの味噌汁は化調を控えてほしい。たくあんとキャベツの新香、それにごはんはまずまず。

　2 回目の訪問時、目先を変えようと選んだイカフライ定食がズバリ当たった。カラリと揚がった長め太めの 2 本のイカが 3 つ切りで計 6 ピース。まず 1 切れに練り辛子を付けてかじりつく。一瞬、コロモがサクッと音を立てたかと思うと、中身のモンゴイカがスッと噛み切れた。なかなか優良品に出会えぬイカフライながら、ここのはかなりイケている。

朝鮮焼き
ライス
770円

百亀楼
（ひゃっきろう）
北区上中里 1-47-34
☎ 03-3917-6184　日休

　ほとんど飲食店の姿を見ることのない京浜東北線・上中里駅界隈に、希望のともしびをポツリと灯す良心的な町の中華屋さん。若夫婦の切り盛りをお婆ちゃんが手伝っているようだから、まだ幼い子どもがいるはずだ。休業日確認の電話を入れると、お婆ちゃんが日曜休みを告げてくれ、ついでに5月某日は子どもの運動会で臨時休業することまで伝えてくれた。

　限りなく庶民的な「百亀楼」は料理の盛りのよさがウリ。品書きに大盛りチャーハン（630円）があるのに普通のチャーハンはない。野菜炒め（440円）など皿ではなくラーメン用のどんぶりにテンコ盛りで現れる。ライスを2つもらえば、若いカップルにもじゅうぶんな量だ。割安感が強い上に味付けも申し分ない。肉野菜炒め・ニラレバ炒め・野菜うま煮・肉豆腐（各580円）、何を注文しても肩を透かされることがない。麺類も、ラーメン（470円）・タンメン（610円）・北京焼きそば（710円）とすべて二重丸。6カン付けの餃子（400円）もいいデキだ。

　数あるメニューの中、ベストランチ二百選に推すのは朝鮮焼きライス。今どき「北」をはずして単に「朝鮮」と記すと心なしかギクリとするが、相当にインパクトの強いネーミングであることは確かだ。もっとも昭和30～40年代にはキムチのことを朝鮮漬けと呼ぶのが一般的だった。この朝鮮焼き、品名だけは強烈ながら、実際は豚バラ肉薄切りの塩味炒め。これがシンプルにうまい。千切りキャベツをこんもりと覆い隠すように盛られて登場する。大根ときゅうりの新香に豆腐とわかめの味噌汁がつくが、朝鮮焼きにはチャーハン用の清湯スープのほうがありがたい。

足立区

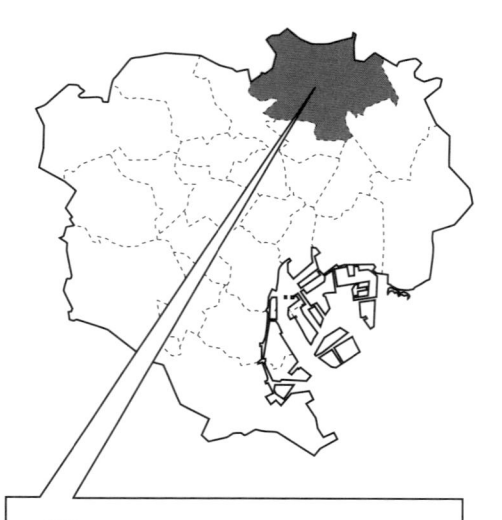

人口：630,897 人
区役所所在地：中央本町 1 丁目
主な繁華街：北千住・西新井・竹の塚
区都：千住仲町（J.C. が勝手に定めました）

親子丼セット
1050 円

手打そば 重吉
(てうちそば じゅうきち)
足立区綾瀬 1-33-16
☎ 03-5680-9077　火休　第 3 月休

　田舎そば（840 円）はいつも売り切れ、いまだに未食のままだ。メニューには「田舎……粗挽き、想像された田舎のイメージ」と但し書きがあった。何のこっちゃい？　と一瞬とまどいながらも、能書きはいいからそば打ちの量を増やしておくれ、といいたくもなる。口に入るのはいつもせいろ。あとはせいろ使用の種モノだ。

　この店のせいろはかなり細打ちだが、鞭（むち）のようにしなる強靭なコシをたくわえている。しかも冷水でビシッと締められているから、噛みしめてもそうやすやすとは歯を受け入れない。結果としてこれが快適な食感につながっている。隣り町の亀有にある「蕎草舎」のせいろは中太の平打ちで冷えが甘く、ややもするとぬるささえ感じる。対照的に「重吉」ではそばだけでなく、つゆもよく冷やされている。それもそのはず、徳利も猪口もすべて冷え冷えなのだ。この気遣いはありがたい。

　夏場はぶっかけそば千寿（890 円）なる名物そばが何より。冷やし中華の日本そばヴァージョンといった位置づけだろうが、深皿に盛られたせいろの上に辛味大根・切り海苔・白胡麻・揚げ玉・温泉玉子が所狭しで、そばの姿がまったく見えない。薬味はさらしねぎとニセわさび。ニセわさを出すくらいなら、替わりに一味を添えてきた「蕎草舎」に一目置かざるを得ない。

　丼モノが秀逸につき、昼どきの推奨献立は平日限定ながら、せいろ or かけと小丼のセット。玉子丼・親子丼・鴨とじ丼・天丼とあるうち、親子を選んだのは 1 粒ずつが立つ固めのごはんに、つゆだく気味の玉子と鳥肉がよくなじむため。天丼も天ぷら自体は悪くないが、丼つゆが少々甘めで頼りないのが難。

カツカレー
ライスセット
850円

ニューあわや
足立区千住1-21-9
☎ 03-3881-4998　水休

「何でここのカツカレーがランチ二百選に入っちゃうの？」——非難の声が聞こえてきそうだ。なぜか好きなのである。いや、この店でランチを食べること自体が好きなんですな、きっと。それにしても貧乏学生だった頃、ポケットを探ってもコインしか出てこなかった時代に食べたカツカレーによく似ている。

タイムスリップしたような店内でカツカレーと向き合う。ロースカツを覆い隠すように掛けられたカレールウの脇には赤く染まった福神漬け。単品が730円だから、120円を追加してサラダとドリンクが付くセットを頼んだほうがおトク。コロモがサクサクのカツは適度な脂身を蓄えて値段に見合ったものだ。カレーはどこか昔の喫茶店風。サラダはキャベツ＆レタスの千切りながらドレッシングがシャープ。ヴィネガーよりもオイルが主張して、オニオンの辛味が利いている。この店は自家製ドレッシングを4種類も製造販売しているほどのその道のプロ。レベルは高く、デパ地下をしのいでホテイチで売られているものに匹敵する。

昭和13年の開業当初は純粋な和菓子店。以来、和菓子はずっと扱っており、今でも10時の開店直後に訪れると、鉄製の型に収まったままの羊羹なんぞがテーブルに並べられたりもしている。雑然とした店内の壁には読売巨人軍・王貞治、料理の鉄人・道場六三郎ご両人の色紙や、リオのカーニバルで踊る半裸のダンサーたちの写真が飾られ、天井からはビニール製のイルカに乗った少年ならぬ河童が宙吊りだ。先代の奥さんと息子さん兄弟、といっても2人ともオジさんだが、とにかく家族3人で営む和菓子屋兼洋食店の空間はどこまでもキッチュである。

チーズバーガー・コンボ

980円

SUNNY DINER
(さにーだいなー)
足立区北千住3-45 ☎ 03-3888-3211
月休　祝日の場合は翌火休

　めったに食べないハンバーガーだが二百選に1つもないのは淋しい。あわてて過去の訪問歴をチェックする。五反田の「F・A」、白山の「O・D」、本郷の「F・H」、千駄木の「R・K」などが有力候補に挙がり、最終的に「O・D」とこの店が残った。メニューの幅では前者、ホスピタリティでは後者に分がある。ハンバーガーそのものの勝負は互角で、雌雄を決する要因となったのは、この店の類いまれなサービス精神と足立区というロケーション。優良飲食店があふれる文京区の「O・D」がワリを食った。

　祝日に出向いてハンバーガーとホットドッグを試そうとすると、土日祝はハンバーガーのみの提供。基本はサニーバーガー・コンボ（880円）。いわゆるハンバーガー＆フレンチフライ。ほかにチーズ・ベーコン・エッグ・アボカドバーガーなどがあり、一律980円。ランチタイムにはドリンクが無料サービスされて割安。待つ間、スタッフがいろいろと話し掛けてくる。これをうっとうしいと邪険にしては元も子もない。今どきこんなにフレンドリーな店は貴重な存在、気楽に会話を楽しもう。準備が整うとバーガーを包むための紙袋を手渡されるが、これだけはどうもなじめない。ものを紙に包んで食べることに抵抗があるのだ。半分だけフタを開けて食べる弁当みたいで食事を楽しむ気分になれない。

　この店をネットで検索していて、あるハンバーガーの達人のブログに遭遇した。驚いたのはバンの上と下にはそれぞれ名称があってクラウン＆ヒールと呼ぶそうだ。これには目からウロコが落ちた。金融界に身を置いた自分が命名するとしたら、間違いなくキャップ＆フロアにしたろうね。

ラーメン&餃子
400円

うめーや！夢屋
（うめーや！ゆめや）
足立区島根 2-1-20
☎ 03-3859-2034　水休

　小田急線・豪徳寺駅前の「満来」の200円には及ばぬものの、「夢屋」の250円にはあらためて脱帽。いえ、ラーメンのハナシです。まずは激安メニューをトクとご覧いただきたい。

ぎょうざ	150円	やきそば	220円
ラーメン	250円	カレーライス	300円
塩ラーメン	250円	ライス	150円
チャーシューメン	350円	半ライス	100円
		おしんこ	100円
塩チャーシューメン	350円	ビール	400円
		大盛りは50円増し	

　スゴいでしょう？　やるでしょう？　立ち食いそば店も真っ青の出血大サービスだ。もちろん赤字続きでは店の存続が不可能だから、どうにか薄利を得ているわけでたいしたもの。しかも餃子にしろラーメンにしろ、驚くほどに真っ当。安かろう悪かろうなんていうお定まりの文句はヨソの店のハナシ。

　5カン付けの餃子には焼け焦げが見られず、香ばしくキツネ色に焼かれている。ラーメンはしなやかな細麺がささやかにちぢれ、塩気が勝ってもケレン味はないスープにからんでいる。具はバラ肉チャーシュー・シナチク・わかめ。とかく廉価なラーメンには極小チャーシューが付き物だが、そんなケチなマネは一切しない。そして特筆すべきは美味い！　安い！　速い！　に加えて、温かい！　こと。マニュアル通りのチェーン店には「夢屋」の接客を学んでほしい。最寄りの東武伊勢崎線・梅島駅からでも徒歩15分。しかし、この15分を厭うようではまともな人生は歩めない。

葛飾区

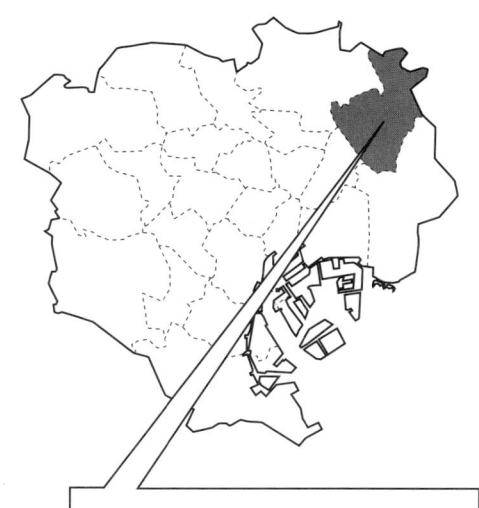

人口：429,267 人
区役所所在地：立石 5 丁目
主な繁華街：新小岩・青戸・金町
区都：柴又（J.C. が勝手に定めました）

せいろ二段
+小そばがゆ
840円

蕎草舎
(そばそうしゃ)

葛飾区亀有 5-28-2
☎ 03-3605-3810　木休

　少年ジャンプの連載漫画「こちら葛飾区亀有公園前派出所」、通称「こち亀」のおかげで世に知られた亀有は、用がなければまず訪れない町。「吟八亭やざ和」でそばをたぐったのが最後だから、実に6年ぶりの訪問だった。

　北口に出て徒歩5分ほどで到着。店内はなかなかに落ち着いた造作だ。真ん中に相席用の大きなテーブルが配置され、左手が椅子席、右手は板の間の小上がりになっている。店主は今はなき平井の名店「増音」の流れを汲むという。ご夫婦だけの切り盛りのようで奥さんが接客担当。品書きの1ページ目にそばがゆと記されていて（1人前）630円と（小）210円。ちょっと懐かしいホッとする味とある。2ページ目には、せいろ（二段）630円、（三段）945円、のりかけ740円、とろろそば940円、辛味大根おろしそば945円が並んでいる。

　ビールは今どきのそば屋にありがちなエビスのみ。これが日本そばに合わない。喉の渇きには抗えず仕方なく頼み、つまみとして岩手産鴨塩焼きを所望すると、柚子胡椒を添えた鴨胸肉は上々だった。二段せいろはちょうどよい量。中太やや平打ちのそばは、かみしめ感を楽しむタイプで香りもじゅうぶんだが、惜しいかな冷やしが足りない。これはキリッとしながらほのかな甘さを持つそばつゆにも言えること。ひょっとすると店主は確信犯かもしれない。薬味は白い部分だけのさらしねぎと一味唐辛子。ニセわさを出されるよりずっとありがたい。試しに取ってみたそばがゆの（小）が予想外の佳作。鴨の小間切れとしいたけの風味もよく、せいろだけのもの足りなさを補って余りあった。

鯉あらい&鯉こくごはん

1785円

川千家
(かわちや)

葛飾区柴又 7-6-16
☎ 03-3657-4151　無休

　寅さんシリーズにおいて、たびたび実名で登場するのが川魚料理のこの店と草だんごの「高木家」。創業は安永7年(1778)でアメリカ合衆国独立の直後にしてフランス革命を10年ほど先んずる。開店当時は近隣の農民たちが副業で営む川魚料理の茶店であった。おおかた鯉やどぜうを商ったものと思われる。当時から高級魚だったうなぎは包丁仕事も厄介だし、茶店レベルの簡易食堂では扱いきれなかったことだろう。

　柴又には川魚専門の料理屋が共倒れしやしないかと、心配になるほどに乱立しているが、そこはよくしたもので共栄はともかく、共存だけはしているようだ。これも寅さん人気と帝釈さま(題経寺)のご利益だろうか。ほとんどの料理屋に行ったが、江戸川の川っぺりにある有名店「川甚」よりも、料理の水準は「川千家」のほうがずっと高い。

　どぜうは柳川鍋くらいしかないので、うなぎと鯉を味わうことになる。せっかく遠路はるばるやってきたのだ、都内各所、どこでも食べることのできるうなぎはパスして、ぜひ鯉料理にトライしてほしい。鯉というと泥臭いイメージがつきまとうが、どうしてどうして「川千家」の鯉はそんな先入観を吹っ飛ばすほどの美味ですぞ！

　昼めしどきなら江戸時代の庶民よろしく、鯉こく(735円)とごはん(315円)でも満足できるが、帝釈さまの参道に暖簾を掲げる名店の1席を占めるのに、汁と飯だけというわけにもいくまい。もう1品追加して鯉のあらい(735円)をいってみよう。こういう献立は目にも舌にも新鮮な感じがすること請け合いである。

かきのクリーム
コロッケセット
730円

こいわ軒
（こいわけん）
葛飾区新小岩1-40-12
☎ 03-3651-5962　水休

　新小岩で優良店を探すのは厄介なシゴトである。それでもやっと見つけた何軒かはことごとく洋食屋であったり、とんかつ屋であったりする。これは単なる偶然ではない。粋な世界の花柳界、下世話となればカフェー街、こんな花街・色街には洋食屋がつきものだ。洋食は冷めてもさほど味が落ちないし、当時はハイカラな食べものの筆頭格。その筋の女性にも人気が高かったに違いない。新小岩は敗戦後間もなく、隆盛を極めたカフェー街であった。

　駅南口のアーケードから脇道に入る「こいわ軒」は使い勝手のよい洋食店。夜に出掛けて1品料理をつまみにビールを飲むのも悪くはないが、この店の魅力は断然ランチタイム。揚げ物中心になりがちながら、豊富なセットメニューに目移り必至だ。

　ロースカツ（940円）やフライ盛合わせ（840円）の定番に加え、日替わり定食（780円）が人気。内容はサーモンフライ＆揚げ出し豆腐だったり、ポーククリームシチュー＆かぼちゃフライだったり。この店のクリームソースには力があるのでシチューはもとより、クリームコロッケも上々の出来映え。殊に冬場のかきクリームコロッケ（730円）がよい。蟹コロ・海老コロはどこでも見かけるが、かきコロはきわめて珍しい。その珍しさも手伝って、かきフライよりそそられる。

　グラタンやチャウダーが証明するように、かきとクリームの相性は抜群。ハンバーグ（780円）や生姜焼き（730円）をお願いし、かきコロ（300円）1個追加なんてリクエストも聞いてもらえる。ちなみに単品1個の注文はかきフライ160円、海老コロ340円、海老フライ350円といった塩梅だ。

ハンバーグ
＆ライス
950 円

レストラン ヨシイ
葛飾区東金町 3-40-12
☎ 03-3608-2641　水休

　葛飾・柴又へ電車で行くには京成電鉄・高砂駅で金町行きに乗り換える。あるいは千代田線・金町駅から高砂行きに乗る。たった2駅間の運行なので電車はあまり来ない。それなのに「レストラン ヨシイ」はこの狭い区間に3軒もある。高砂・金町・東金町に1軒ずつあるのだ。それぞれが別経営のようだが、兄弟・親戚などの血縁関係で結ばれているそうだ。

　いまだ金町店は未訪につき、評価の対象外。高砂店では狭いカウンターで食事をしたせいか、居心地が悪くて印象がよくない。加えて親父＆息子（だと思う）、とりあえず親子と呼ばせてもらうが、2人の愛想のなさが天下一品。つっけんどんではなく、客の問い掛けに返事をしない、いわゆる扁桃腺タイプなのだ。

　その点、東金町店を切り盛りするご夫婦は親切にして丁寧。店主は高砂店店主の弟さんなのだそうだ。客の過半が注文する料理はハンバーグ（750円）とライス（200円）。人気ぶりを信じてお願い。野菜不足の解消にと蟹サラダ（800円）を追加したが、それでも千円札2枚でオツリがきた。運ばれたハンバーグはずんぐりと立体的。上にはサニーサイド・アップの目玉焼きだ。コーヒー色に照り輝くデミグラソースにはマッシュルームと玉ねぎが入り、ケチャップの甘さも感じさせる。脇役のポテトサラダとトマトとコールスローはほぼ完璧な布陣。いよいよハンバーグにナイフを入れると肉汁があふれるでもない。むしろズシリとした肉感が特長の、ソースで食べさせるタイプ。ずわい蟹の缶詰を使用したサラダは豊富な野菜にゆで玉子入り。自家製マヨネーズがたっぷり掛かって、リッチなランチを演出するにはうってつけの一皿だ。

江戸川区

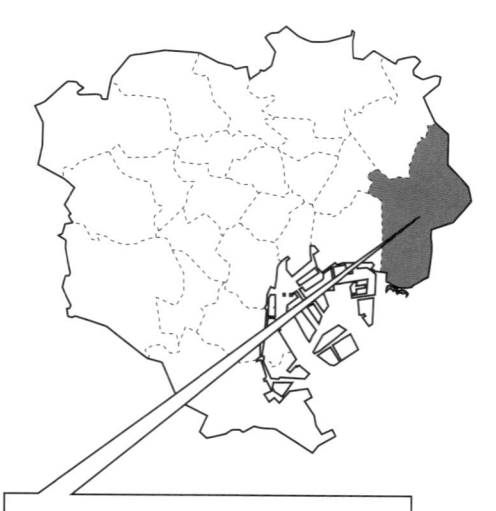

人口：647,186人
区役所所在地：中央1丁目
主な繁華街：小岩・船堀・西葛西
区都：篠崎町（J.C.が勝手に定めました）

鴨汁そば（並）
1155円

手打そば 矢打
（てうちそばやうち）
江戸川区江戸川 5-23-39
☎ 03-3687-2293　水木休

　都営新宿線・一之江から徒歩20分。東西線・葛西からだと25分。こんなところに、日本そばの名店があると知ったら、そば好きのアナタはどうします？　そば好きでもないJ.C.は行きました。

　電話で確認すると、開店は11時45分とのこと。一之江からテクテクと歩いて11時55分到着。早くも店内は満杯だ。日曜日とあって小さな子ども連れが多く、2名ほどが順番待ち。待つ間、目の前のテーブルに運ばれた大もりせいろ（735円）を見て肝をつぶした。5人前はラクにありそうだ。15分後に小上がりへ。名代は鴨汁そばで、並・中（1260円）・大（1365円）とボリュームで3段階に分けられており、もちろん並をお願いする。

　ほんの5分で運ばれたそばは極太打ち。並でも他店の2倍近い。「並木藪蕎麦」・「室町砂場」あたりだったら、その4倍はあるね。太いだけにコシもスゴく、周りを見渡せばみんなよく噛むこと、噛むこと。噛まないとダメだぞ、ここのそばは！　したがっておろしやとろろなど冷たい種モノはおすすめしない。熱い鴨汁にくぐらせて初めて真っ当な噛み心地となる。上等な胸肉ではないが、鴨肉と長ねぎのつけ汁は味が濃いから途中でそば湯を足すとよい。前半は鴨せいろ、後半は鴨南蛮として楽しむのだ。それにしても大もりの量がすさまじい。中もりは並とそれほど変わらないのに、中と大の差はいきなり3倍以上になる。

　満腹の腹をさすりながら帰り道。旧江戸川もこの辺りまで下ると、矢切の渡し近辺のような風光はすっかり失われて、水と人とが完全に遮断されている。にもかかわらず、川沿いを歩むのは気持ちがよい。休日にご夫婦でお出掛けあるべし。

さくら定食
1300 円

とんかつ さくら
江戸川区松島 2-24-2 ☎ 03-3654-4879
水休　第 2・4 火休

　2008 年 4 月 26 日にオープンしたばかりのニューフェイス。情報もないままにこの店を発見するに至ったのはまったくの偶然だった。J.C. にとっては未開の地・江戸川区にカレーの店「ヴィオレッタ」を訪ねた日のこと。新小岩駅から 20 分歩いて到達し、ランチのあとの帰り途であった。往路は大通りを来たものの遠回りの感否めず。復路は近道を目論み、直線狙いで住宅街に踏み込んだ。歩き始めて間もなく横道に目をやると 50 メートルほど先にはためく「とんかつ」の幟(のぼり)が目に入った。これがひどく場違いな印象。誘われるように足が向き、店先に立つと雰囲気はモダンながらも、お屋敷風のたたずまい。入店してビジネスカードを頂戴する。店主の奥さんらしき方は親切であった。「とんかつ さくら」の店名はどうやら庭の桜の木に由来するらしい。

　2 日後の日曜日の昼めしどき。再び「とんかつ さくら」の暖簾をくぐる J.C. オカザワの姿を見ることができた。日曜・祝日に営業するものの、土曜・平日用のランチメニューはお休み。ランチタイムのサービスメニューで 950 円だったヒレカツ・ロースカツの定食はオフィシャルメニューで 1300 円となる。アシの不便さからほとんど陸の孤島にある店としては強気の価格設定だ。

　注文したさくら定食は海老フライ・ヒレカツ・メンチカツの盛合わせ。海老はそこそこのサイズでプリッとした食感。タルタルソースがシャープさに欠ける。ヒレカツはもう少々レアでもいいくらい。メンチは豚挽きを使ったあっさりタイプだ。やや力不足のきらいはあるが、若い夫婦の二人三脚に期待度をこめて二百選に選出。

ハンバーグ
&ライス

850円

とんまつ
江戸川区南小岩 7-13-9
☎ 03-3673-3850　火休

　メディアにも登場しないし、町を散策しても簡単には見つからない洋食店が、どうしてアンテナに掛かったか、種明かしすると1冊の本に行き着く。それは芸能人や著名人の好きな店と料理を集めて、文庫本仕立てにしたものだった。B級グルメ満載のその本に紹介されていた1軒がこの「とんまつ」。おぼろげな記憶をたどると、ほかの有名人では二代目水谷八重子が四谷「来々軒」(すでに閉店)のラーメン。松岡修造が「吉野家」の牛丼なんてのが思い出される。新派の大御所がてらいもなく中華そば。大富豪の御曹司が1杯数百円の牛丼。ともにその庶民性が好ましいじゃないですか。

　その本で「とんまつ」のカツサンドを紹介したのが、おニャン子クラブ出身の国生さゆり。鹿児島・長崎・広島と近世において、戦火や災禍に見舞われたところばかりを転々としてきたタレントがなぜ新小岩の洋食屋なのだろうと、常々不思議に思っていたが、今回の訪問で疑問は一気に氷解することになる。

　明るい感じの店の厨房にはオジさんばかり3人のコックさんが立ち働き、接客は女将さん独りきり。さっそくくだんの事情を訊ねると「ウチの娘が昔CBSソニーに勤めていてね、その関係なのよ」──何だそういうことでしたか。スッキリした気分でハンバーグ(650円)とライス(200円)をお願いする。大きめのハンバーグにはマッシュルーム入りのデミグラがたっぷり。にんじん・いんげん・ポテトの脇役もキッチリと正統派だ。いや、おいしかったですよ。そうそう、さゆりオススメのカツサンド(800円)はお持ち帰りにして、その夜のビールのつまみとしました。

江戸川区　ベストランチ200が食べられるお店

261

ニラレバ炒め定食
900円

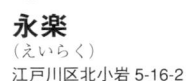

永楽
（えいらく）
江戸川区北小岩 5-16-2
☎ 03-3657-7527　火休

　昭和13年創業。ご丁寧に保存版と謳った店のチラシにはこうあった。「路地裏にひっそりと佇む、大人の隠れ家」。言われてみて写真を見ると、竹垣・灯篭・飛び石がそれなりの雰囲気をかもし出し、心惹かれるものがある。実際に訪れるとあまりのコンパクトさに拍子抜けしてしまうのだが、センスはけっして悪くない。

　麺類・飯類を中心に酢豚・青椒肉糸・回鍋肉などの1品料理が揃うが、位置づけとしては本格中国料理店ではなく、町の中華屋さんというのがふさわしい。開業時、先々代が満州から持ち帰ったという、たれなし餃子（3個220円・6個390円）を店の名物に据えながら、ついでに小岩名物と宣言しているのはご愛嬌だろう。ところがこの餃子、タレを必要としないだけに具の下味が濃い。他店との違いはそれだけで、別段傑出したところとてなく期待はずれだ。昔ながらの支那そばがキャッチのラーメン（590円）も魚介系のスープが自慢らしいが、丁寧な仕事ぶりは伝わってくるものの、スッキリとした旨みは感じられなかった。

　何事においてもオーバーな表現を好む「永楽」の今一つの自慢はニラレバ炒め。ほかではちょっと味わえない逸品だそうで、3000頭に1頭の確率でしか手に入らぬ白レバーを使うという。牛なのか豚なのか明記されていないが、確かに妙な臭みがない上、量的にもたっぷりでオススメだ。

　ニラレバを含め、海老チリ・蟹玉・麻婆豆腐・酢豚など1品料理はオール900円均一。不思議なのは単品も定食仕立てのセットも同値であること。セットにはライスとスープと新香が付くから、単品で注文するのはあまりにもバカバカしい。

昼

ベストランチにあと一歩の優良ランチが食べられるお店

千代田区・文京区・新宿区

このエリアのランドマーク
皇居・日比谷公園・靖国神社
湯島天神・六義園・播磨坂
東京都庁・歌舞伎町・新宿御苑

天おろし
890円

尾張屋
(おわりや)
新宿区戸山 1-2-3
☎ 03-3203-0525　土休

　若松河田の国立国際医療センターのすぐそば。素朴でありながらすっきりとした店のたたずまいに惹かれた。このそば屋ならおかしなものは出さないな、そんな予感がしたのである。天おろしには小海老の天ぷらが6尾にピーマン天、あとは大葉・貝割れ・おろし・針海苔が盛り込まれる。俗にいうぶっかけそばに天ぷらを散らしたものだ。ほどほどのコシを備えたそばとやや甘めのつゆはなじみがよい。ある日の日替わりミニ丼セット（840円）は、もりそばとミニかつ丼。そばとつゆに文句はない。小さなヒレカツ3枚を玉子でとじたかつ丼はアタマと割下は合格ながら、あまりにも柔らかいごはんがネック。どんぶりモノは避けるのが賢明。

さんま塩焼き定食 750円

ひとりむすめ
新宿区高田馬場 3-4-13
☎ 03-3371-4690
日休

　学生街の定食屋は学生の味方ではあるけれど、ヨソから来た異邦人には魅力の薄い存在。高田馬場の駅のそばであれば当然 W 大のテリトリーであろうし、すぐ近所に東京富士大学もある。期待もせずに訪れた初回、その水準の高さはうれしい誤算であった。丁寧に焼かれたさんま塩焼きのうまかったこと。輝きが失せた豚肉生姜焼き（800円）はダメだろうと踏んだがこれもなかなかだった。700〜800円の定食の選択肢は実に豊富。ハンバーグやオムライスなど洋食系がズラリと並ぶ上に、ありがたいのは多彩な小鉢の数々。しらすおろし・冷奴・ポテトサラダ・玉子焼きが200〜300円のレンジ。これらは晩酌の合いの手にもピッタリ。

黒毛和牛カレーセット 1100円

ルー・ド・メール
千代田区内神田 2-14-3
☎ 03-5298-4390
月祝休

　ディナータイムのカレーメニューは単価1500円を超えてしまうが、昼ならば1000円前後と比較的手軽に食べられる。チキンカレー・ポークカレー・オムレツ乗せドライカレーがすべて900円。100円増しのセットというのはサラダが付くだけ。サラダは他店にありがちなグリーンサラダではなく、マカロニサラダでこれがおいしい。ホームページによると、ときどきスープに替わるようだがお目に掛かったことはない。黒毛和牛カレーのみ1000円と100円アップする。昼限定で存在感はこれが一番。特選や限定を謳ったハヤシライス（1600円）とハンバーグカレー（1500円）は何かいいことがあったときの自分へのプレゼントに。

スパゲッティ・ナポリタン 650円

さぼうる2
（さぼうるつー）
千代田区神田神保町 1-11
☎ 03-3291-8405　日祝休

　神保町交差点そばの名物喫茶が「さぼうる」。隣りの「さぼうる2」はフードメニューに注力している。よく出るのは一にナポリタン、二に豚肉生姜焼き（750円）だろうか。ほかにはハンバーグ（750円）・ミートソース・海老ピラフ・ビーフカレー（各650円）といった品揃え。飲み物の付くセットは200円増し。喫茶店だからコーヒーや紅茶を頼みたくなるが、何もムリをすることはない。貧乏な学生さんはお冷やを飲みなさい。そのぶん料理を大盛りにしてもらうほうが賢明だ。ナポリタンは中細スパゲッティを使用し、ソースがねっとりとからむタイプ。フランクフルトを縦割りにしたホットドッグセット（600円）で軽めに仕上げるのもまたよし。

サーモンムニエル&ライス 1800円

ランチョン
千代田区神田神保町 1-6
☎ 03-3233-0866
日祝休

　本当は千円札1枚で食べられる日替わりランチが推奨品なのだが、何が出てくるか行ってみなけりゃ判らないのが難。料理2品の盛合わせであることが多く、その片割れはハンバーグの確率が高い。そこに海老やサーモンのフライがジョインする。好き嫌いがなければ、満足のゆくものだが鮭の料理が得意なので、ここでは思い切ってぜいたくをしよう。サーモンムニエル（1600円）はなかなかのサイズ。これにライス（200円）を別注文。もともと日本人はしゃけでごはんを食べるのが大好きなハズ。和朝食の定番を洋風でいただくわけだ。こうなるとナイフ・フォークよりも箸を使いたくなる。ついでに醤油もちょっぴり垂らしてしまおう。

ミルクワンタンセット 800円

🍚 **鳥藤ミルクワンタン**
（とりふじみるくわんたん）
千代田区丸の内 3-7-9
☎ 03-3215-1939　土日祝休

有楽町から東京駅に向かうガード下。界隈には「とんかつ繁」や「ラーメン谷」など古くから有楽町の町に根付いた個性的な店が散在している。1949年の開業で、何でもシベリアの極道だか、満州の馬賊だかが引き揚げてきて旗揚げをしたなどと、まことしやかな噂が流れている。火のないところに煙りは立たないというから、これも当たらずとはいえ、遠からずなのではあるまいか。特別においしいわけではない。それでも謎めいた出自と時代に取り残されたロケーション、加えて独創的なミルク仕立てのワンタン、エキセントリックなのが三拍子揃ったら、自分の目で確かめて自分の舌で味わうしかなかろう。

海鮮丼 1260円

🍚 👧 **MARUAKA DINING 悦**
（まるあかだいにんぐえつ）
文京区小石川 4-21-1 小石川丸赤 2F　☎ 03-3818-3339　日祝休

そこで買う買わないは別として、都内のデパ地下で高級鮮魚を取り扱う「丸赤」という店を見掛けた方は少なくなかろう。兄弟がそれぞれ湯島と小石川に店舗を構え、独立採算制で営んでいる。日本橋高島屋や浅草松屋は湯島系、池袋の西武と東武は小石川系、ザッとそんな具合だ。センスのない横文字を並べたこの店は小石川「丸赤」の2階にあるイートインスポット。もともとサカナの質にかけては都内有数の店につき、海鮮丼の内容もすばらしいものがある。赤身・平目・帆立・たらば蟹・いくら・甘海老・白海老・たことすべて良質。築地市場の格安海鮮丼など足元にも及ばぬが何せ量が少ない。おままごとじゃないんですから、もう。

> **パスタ2種盛り合わせ** 1000円
>
> 🍚 👧
> **ラ・ステラ**
> 千代田区外神田 6-13-11 ミクニビル B1 ☎ 03-3833-9321
> 日祝休 土昼休

末広町駅から徒歩1分。この一帯のイタリア料理店では湯島が最寄りの「ラ・サエッタ」と双壁ではあるまいか。あちらはコンパクトでこちらは大箱だが、夜に訪れるとそれぞれに個性あふれるピアットが続々と現れ、目を舌を楽しませてくれる。週替わりのパスタランチはもはや常識ともなった3種類の異なるタイプのソースが揃う。いわずと知れたオイル・トマト・クリームである。この店のエラいところは2種類のパスタの盛合わせを用意するところ。世の中が夏休みに入って間もなく出掛けてみると、ロングパスタはペペロンチーノ、ショートパスタはトマトクリームであった。他店にも見習ってほしいと思う。

> **ワンプレートランチ** 1500円
>
> 🍚 👧
> **タンタ・ローバ**
> 文京区小石川 4-18-7
> ☎ 03-3815-1122
> 水休

美しい桜並木を持つ播磨坂。続々というほどではないが、おしゃれな新店が生まれている。この店の開業も5〜6年前だろうか。実は表題のワンプレートランチを取り上げるか否かで迷った。ここ数年のイタリア料理の傾向にピアットウニコがある。いわゆるプリモ（パスタ）とセコンド（主菜）を一皿に盛合わせたものだ。ところがこの店ではそこにアンティ（前菜）まで加わるのでさすがに躊躇した。結局、温度差の違和感もさほどではないし、料理がおいしいからオミットしきれなかった。立食パーティーでよく見掛けるのは冷たい料理も温かい料理も一皿に山盛りにする日本人の悪いクセ。美しく盛り付ければ、気にならないものだった。

中央区・港区

🏳 **このエリアのランドマーク**
銀座通り・歌舞伎座・築地市場
東京タワー・愛宕神社・お台場

おまぜ
1500円

🍚
鮨兆（すしちょう）
港区赤坂3-6-10 第三セイコービル3F ☎ 03-3585-7917
日祝休　土昼休

とにかく元気がよい。威勢がよいと言ったほうが当たっている。サービス精神も旺盛で、おみやげにどら焼きが配られたりもする。昼はおまぜと称する特製ちらし一本やり。夜のみやげ用ばらちらしとは内容がかなり異なる。おまぜの陣容は、まぐろ赤身・かんぱち・いか・海老・いくら・とび子・玉子に漬け生姜とたくあんと青小梅。酢めしには生姜・かんぴょう・海苔がきざみ込まれている。白と赤の2種類のお椀が供され、赤を赤だしと謳うがこれは赤だしではなく、赤味噌を使用した青背のサカナのクセが強烈な汁。白味噌椀だけでじゅうぶんだ。着席すると普通？　多め？　と訊かれ、ボリュームのLは多めを対象とした。

中央区・港区 👑 ベストランチにあと一歩の優良ランチが食べられるお店

ロースかつ定食 1800円

とんかつ すずき
港区白金 6-22-18
☎ 03-3442-9432
日祝休

ランチタイムのロース定食は1050円。よほどの健啖家でもない限り、これで満足できる。ただ看板に明記していないから、初回は見落として表題のプレミアムを注文してしまった。自分を含めてそのとき居合わせた客のオーダー状況はランチ定食4人、ヒレかつ定食（1900円）1人、ロースかつ定食5人であった。近所の若いOL・リーマンはほとんどがランチ。遠来とみられるフリークはロースだ。かっちり揚がったロースかつはかなりの厚み。スパイシーなソースとの相性は疑問で、塩や醤油のほうが好みに合った。遠路はるばる、しかも駅から離れた店まで来たのだ。シロガネーゼにバカにされないためにも、奮発してプレミアムを。

カレーのCセット 650円

ホーカーズ
港区芝浦 3-14-19
☎ 03-3456-1755
土日祝休

居心地さえよかったらベストランチ二百選入りが現実味を帯びてくる。ピーク時に行列もできるが回転は速い。とにかく3種類あるカレーがみなそれぞれにうまい。チキンカレーはタイ風とインド風で、ポークカレーがなぜかダブリン風ときた。アイルランドのカレーなんて聞いたことがない。Cセットはインドとダブリンの組み合わせ。チキン同士を選ぶなら片割れをポークにしたくなるのも人情。3種のうちベストはインド風。辛味が刺激的に立ち、スパイスの香りも高い。ホールのカルダモンをガリッと噛んだときなど、このカレーの醍醐味を味わえる。ライスはジャポニカ米だが固めに炊かれ、カレーたちとの相性もバッチリだ。

スパゲッティ・ジャポネ 500円

ジャポネ
中央区銀座 1-2 銀座インズ 3
☎ 03-3567-4749
日祝休

炒めスパゲッティ専門店。扱う商品の独創性で比較すると、銀座でもっとも個性的な店。ゆで置いたスパゲッティを様々な具材とともにフライパンで炒めてゆくスタイル。ヨソの店ではナポリタンくらいのもので、ミートソースだって麺は炒めてもソースはあと掛けだ。これが焼きそばより上とは思わぬが、焼きうどんよりは確実にうまい。玉ねぎよりも小松菜を多用する店の定番は、醤油味のジャポネとジャリコ、塩味のチャイナとヘルシーあたり。すべて 500 〜 550 円のレンジに収まる。レギュラーサイズで満腹になるが、メタボもへったくれもないという命知らずはジャンボ（＋ 150 円）や横綱（＋ 250 円）を勝手にやってください。

金目鯛煮付け定食 800円

魚ゆ（うおゆ）
港区東麻布 1-29-1
☎ 03-3583-4855
水土日祝休　昼のみ営業

広尾の「福田屋」、麻布十番の「魚可津」、入谷の「さいとう」、鮮魚店に隣接して直営の食事処は都内のあちこちで見られる。ここもそんな 1 軒。土日祝の休業は理解できるが、水曜も休むのはちょいと休みすぎの感がないでもない。おそらく月に 2 度ほど築地の河岸が休場するためだと思われる。さすがに魚屋さんのことでズラリ並んだお昼の品書きはおサカナ一辺倒。タレントにして東京海洋大学客員准教授のさかなクンが来店したら、泣いて喜ぶに違いない。本まぐろや真鯛の刺身（各 850 円）の人気が高いが、煮付けがおいしい。金目がなければさばの味噌煮（800 円）でどうだろう。秋が深まったらかきフライ（800 円）でキマリだ。

黒むつの柚香焼き定食 1260円

🍚
たき下
（たきした）
港区麻布十番 2-1-11
☎ 03-5418-4701　土休

いつも黒むつではないが、さわらか黒むつのどちらかの柚香焼きが用意されている。ともに1050円のさばの塩焼きはよかったのに、あこう鯛（実際は赤魚）粕漬けは焼きすぎでペケ。たっぷりの大根おろしとつややかなごはんはグッドだ。プラス315円で味噌汁をアラ汁に替えてみた。鮭・助宗鱈・生青海苔入りのアラ汁は廃物利用みたいで魅力ナシ。実は直近の訪問まで二百選の有力候補だった。焼き魚に刺身が付く欲ばりランチ（1890円）を試したのが運の尽き。平目とたこの盛合わせは平目がごく少量で、ニセわさび。目を疑ったのはたこが足ではなくアタマ（胴体）。これで金を取るかね。欲ばりなのはお客じゃなくてお店のほうでした。

串カツライス 550円

🍚　🎩
萬金
（まんきん）
中央区入船 3-4-2
☎ 03-3551-0181　土日祝休

ニューヨーク駐在中に半月遅れのビデオで観たドラマ「ロングバケーション」でラーメンを食べるシーンにたびたび登場した店だと聞いた。まったく記憶にないまま出向いてみると、やっぱり見覚えがない。初めは夜だったのでウインナー炒めをつまみながらビールを飲み、締めに中華そばをツルツルッとやる。昼に再訪したときは、いかフライライス（480円）。その後、中華そばと同値でカレーが掛かったカレーラーメン（450円）なども試してみた。好きなのは串カツライスと野菜炒めライス（600円）。揚げ物と中華メニューが二本柱の食堂はオトコばかりが占領していたが、日に日に若い女性の姿を見掛けるようになってきた。

魚料理のランチ 1100円

シェ・ルネ
中央区銀座 7-16-21 雲ビル 2F
☎ 03-3542-9866
日祝休　土昼休

　開高健がひいきにしたフランス料理店。彼はムール貝のマルニエール（白ワイン蒸し）に目がなく、バケツに2杯も平らげたという。残念ながら名物のムール貝はランチタイムに登場しない。あるのは魚料理と肉料理（各1100円）がそれぞれ1品ずつで、パンとサラダ付き。片方に人気が偏って品切れが発生すると、緊急スクランブルでオムレツが代役を演ずる。なぜかスクランブルドエッグではなくオムレツだ。ある日の献立はイシモチのムニエルと豚肉のロースト。肉料理はチキンソテーやビーフ煮込みが登場するが、魚料理はほとんど尾頭付きのムニエルだ。両者を比較するとサカナの方に分がある。かれいや甘鯛に出会ったら幸運と思し召せ。

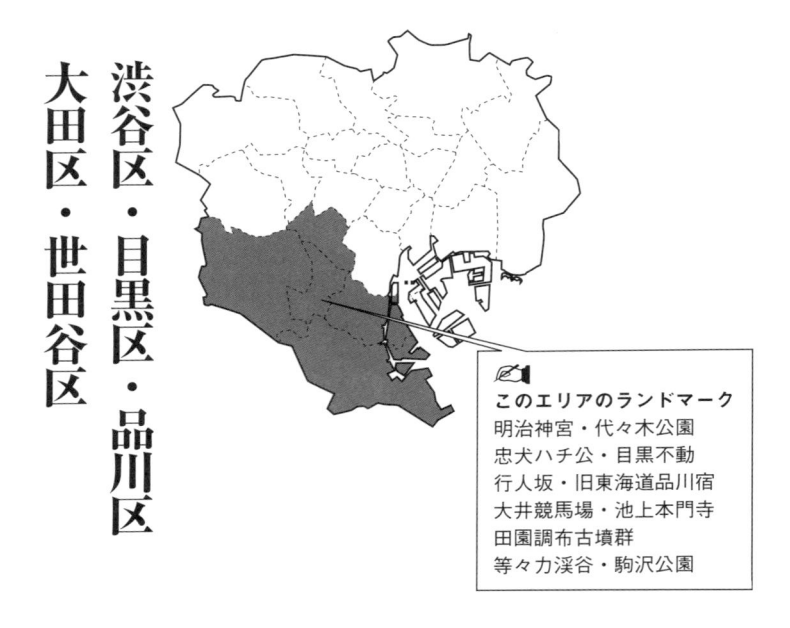

渋谷区・目黒区・品川区 大田区・世田谷区

このエリアのランドマーク
明治神宮・代々木公園
忠犬ハチ公・目黒不動
行人坂・旧東海道品川宿
大井競馬場・池上本門寺
田園調布古墳群
等々力渓谷・駒沢公園

オムライス
550円

ソルタナ
渋谷区代々木1-52-9
☎ 03-3379-1891
火休

　地番は代々木でも最寄りは小田急線・南新宿で、ほぼ駅前。それにしてもこの駅名、南新宿というより西代々木のほうがずっと当を得ている。お歳を召したご夫婦2人がひっそりと営む洋食店のオススメはオムライス。ハムと玉ねぎ入りのケチャップライスを薄焼き玉子が包んでいる。豚肉生姜焼き（550円）は味付けが濃い上に、肉質が固くて疑問。ポテトサラダがうれしい海老フライ（750円）のほうがよかった。お食べ得はともにライス・味噌汁の付くAランチ（500円）とBランチ（600円）。Aはハンバーグ＆魚フライ。BはAの魚フライが蟹コロッケとのチョイス可能になり、目玉焼きが加わる。格安につき近所に勤める常連さん多し。

おかめそば
1200 円

立会川 吉田家
（たちあいがわ よしだや）
品川区東大井 2-15-13
☎ 03-3761-7669　火休

幕末にはすでに鮫洲で開業していた「吉田家」の分店として隣り町の現在地に暖簾を掲げたのが大正元年。当時はとてもこんなに繊細なそばを打っていたとは思えぬが、建物の風格や店内の雰囲気からも、旧東海道の街道筋では一目置かれる存在だったことがじゅうぶんに偲ばれる。細め平打ちのもり（850 円）はモチモチ感が好印象。ほどよい甘さをたくわえたつゆもよい。かけつゆはもっと甘いが種モノのおかめそばが気に入った。おかめの顔の表情が何ともいえないのだ。かまぼこ・湯葉・玉子焼き・しいたけ・ほうれん草に決め手は紅色に染まった生麩。どんぶりから尻尾のはみ出た天丼（1800 円）は見るからにおいしそう。

蝦蛄天丼＋味噌椀
1600 円

天仲（てんなか）
大田区大森本町 1-8-15
☎ 03-3761-0837
木休　第 3 水休

平和島の橋のたもとの大型店。見た目はありがちな宴会や法事中心の料理屋然だが丁寧な仕事をする。足を踏み入れると香ばしい胡麻油の香りが出迎えてくれた。カウンターに陣取って品書きに蝦蛄天丼を見つけたときのうれしさよ。別注文のなめこ味噌椀とともに脇目もふらずに注文する。江戸前の小柴産ではなかろうから香川県の観音寺あたりか。蝦蛄の入荷がないときは穴子天丼（1600 円）を滑り止めに。どんぶりには小ぶりな蝦蛄が 6 尾に青唐が 1 本。量的にはややもの足りないがここ数年は稀少な蝦蛄だ、ぜいたくはいえない。やはり胡麻油が主張する天ぷらは天丼にしたほうがより楽しめる。多めの丼つゆと柔らかめのごはんが残念。

特製コロッケ&ライス 1300円

丸栄（まるえい）
目黒区自由が丘 2-11-16
☎ 03-3717-3418
火休　月に1度連休あり

　先代が亡くなられたようだ。娘さんが跡を継ぎ、鍋の前に立っている。キャベツの盛り付けやライス・味噌椀を担当するのは彼女の旦那さんとお見受けした。とんかつ店のアシスタントよりもスナックのマスターのほうが似合うタイプ。2人の接客ぶりがいろいろと批判されているが、応対は丁寧なものだった。悪い印象はまったくない。他店では見られないラードで煮沸していくようなとんかつの水準は高い。ただし優良店ならこのクラスのとんかつは食べられる。ここは独創的な特製コロッケ（1000円）&ライス（300円）で昼めしといこう。豚ももの挽き肉をクリームでまとめたもので、蟹クリームならぬ豚クリームコロッケは前代未聞。

かつ丼 900円

とんかつ竜馬（とんかつりょうま）
世田谷区中町 5-38-6
☎ 03-3702-8240
火休　第1・3月休

　この店のかつ丼を初めて食べたのは2002年7月。もう6年以上も前のことだがダイアリーには780円と記録されていた。この日のことはよく覚えていて、同値のかつ煮定食とどちらにするか迷ったのである。相棒が海老フライ・鳥ささみ海苔にんにく巻き・ヒレ大葉とびっ子巻きなど、あまりヨソでは見かけないキワモノの盛合わせ定食にするというので、こちらはどんぶり仕立てのかつ丼に決めたのだった。ところが、注文を取ったオバさんがUターンしてきて「お客さん、悪いけど、かつ煮定食にしてもらえる？」とこう頼まれた。何でも出前でウツワがみな出払ってしまったらしい。再訪時、あらためて黒光りするどんぶりとご対面。

入船ランチ 1260円

入船（いりふね）
品川区南大井 3-18-5
☎ 03-3761-5891　日祝休

　界隈は明治から昭和にかけて三業地として栄え、最盛期には大井海岸と大森海岸が1つにつながって隆盛を極めていた。震災の傷跡いまだ癒えぬ大正13年創業のこの店は花街の面影を偲ばせるお座敷洋食の老舗。店を取り仕切るお婆ちゃんは昭和の歴史の生き証人である。ここへ来ると、自動的に入船ランチを頼んでしまう。ネーミングの妙もさることながら、一皿4品盛りの魅力には逆らえぬものがある。内容はポークピカタやロールキャベツのメインが1品。あとは海老か蟹のクリームコロッケとサーモンのフライにボンレスハムだ。これにデミタスに入ったポタージュとライス。「入船」の歴史を一皿で味わいつくした気になれる。

ラーメン＋野菜炒め 600円

満来（まんらい）
世田谷区豪徳寺 1-45-11
☎ 03-3429-5377　水休

　昭和23年創業。狂乱物価の今どきにラーメン1杯が何と200円。小さいながらもちゃんとチャーシュー・シナチク・ナルト・海苔だって乗っている。見上げた精神と言わねばならない。最近、姿をお見かけしないので心配なのだが、先代のご主人は「命ある限り、値上げはしない！」と宣言しているとのこと。頭が下がる思いがする。ラーメンを食べに訪れたのなら、よい機会だからついでに野菜炒め（400円）で日ごろの野菜不足を解消して帰ろう。近頃はコンビニの小っぽけなサラダでさえ300円もするのだからなおさらだ。帰り際、正面から店のたたずまいを眺めていて、2階部分の壁に雷文模様が刻まれているのに初めて気付いた。

Pranzo A
1050 円

カーサ ヴェッキア
渋谷区上原 1-34-10
☎ 03-3468-4280
月休

　週末も OK だった Pranzo A は平日限定となった。代々木上原には週末のランチに出掛けることが多く、この店も何回か利用した。週末コースは 1575 円となり、気に入りビールのモレッティをやると 2 千円を超えてしまう。ビールが飲みたけりゃ、平日に来いということになった。Pranzo A はパスタにサラダとカッフェがつく。春先に出会ったふきのとうのスパゲッティのおいしさを今も舌が記憶している。映画「グランブルー」のロケでジャン・レノが食したヴォンゴレ・ロッソを店主が作ったというハナシは有名。ところがそのメニューを Pranzo A に見かけたことがない。あさり嫌いでもない限り、ほとんどの客が食べてみたいと思っているはずだ。

豊島区・中野区・杉並区・練馬区・板橋区

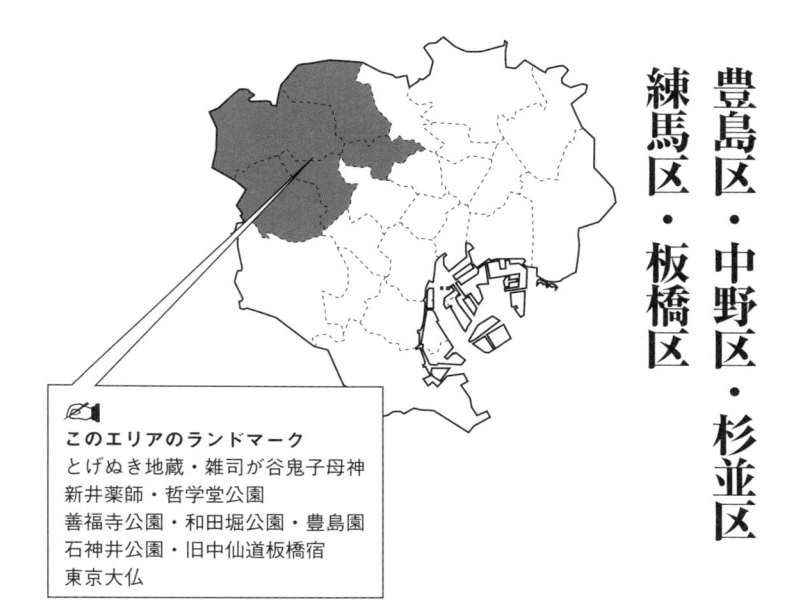

このエリアのランドマーク
とげぬき地蔵・雑司が谷鬼子母神
新井薬師・哲学堂公園
善福寺公園・和田堀公園・豊島園
石神井公園・旧中仙道板橋宿
東京大仏

そば御膳
1470円

ひびき庵（ひびきあん）
板橋区赤塚5-34-33
☎ 03-6780-0001
水休 第1火休

弘兼憲史の劇画「ハロー張りネズミ」で世に知られるようになった乗蓮寺の東京大仏。そのすぐそばにある閑静な1軒家の日本そば店。客の心に響くそばを打ちたいという思いを込めて「ひびき庵」を名乗ったのだという。その日は音威子府産のそばを使ったせいろとけし切りの二色せいろ（1050円）を。細打ちのせいろはコシが強い。平打ちのけし切りはやや香りが薄い。力強いかえしのつゆはよいが、ニセわさびは客の心に響かない。平日の昼限定のそば御膳がイチ推し。そば豆腐・せいろ・天ぷら・炊き込みごはん・あんみつのコース仕立てで、訪れる男性客はほぼ全員、注文している。二色せいろと420円の差なら、断然おトクだ。

うな丼＋肝焼き 1800円

蛇の目（じゃのめ）
板橋区大和町 9-5
☎ 03-3962-3189
月休　第1・3火休

　都営三田線・板橋本町が最寄りで、東武東上線・中板橋からもそう遠くはない。店内に誰も見かけないから老店主が独りで頑張っているようだ。2軒先の「蛇の目寿司」は弟さんの経営。最初は2人で鮨屋だったが40年前にたもとを分かったとのこと。兄弟が目と鼻の先にいるなら互いに何かと助け合えて、ずいぶん心強いことだろう。うなぎを炭火ではなくガスで焼く。それでも丁寧な仕事の賜物かガス臭くもなければ水っぽくもない。杉並区の平均的レベルには及ばずとも、世田谷区には勝っているかもしれない。塗りのどんぶりに入った1500円のうな丼は3/4尾ぶん。肝焼き（300円）1本付けて完璧だ。願わくばごはんをもっと固めに。

馬肉味噌鍋定食 1060円

吉松亭（きっしょうてい）
豊島区北大塚 1-13-12 全経会館 B1
☎ 03-5907-5101　日祝休

　オープンして数年経っているのに気が付かず、その存在を知ったのはつい数カ月前。大塚駅前からとげぬき地蔵に抜けようとして偶然見つけた。馬肉料理専門となると刺身や鍋で酒を飲みたくなるから、初回は素直にそのようにした。3人で出掛け、生ビールと芋焼酎で食べたこと、食べたこと。馬刺しは霜降り・中霜・ロース・フタエゴ・タテガミの盛合わせ。その後、バラ焼き・ハンバーグ・餃子・ヒレステーキ・鉄板焼き・味噌鍋と、これすべて馬肉モノである。ランチメニューの品揃えもかなりのものだが、馬刺しだとごはんのおかずにならないし、ハンバーグでは馬肉を食べているという実感に乏しいだろう。ここは味噌鍋でキマリなのだ。

天丼 800円

🍚 🎩
きよし
中野区中野 5-24-22
☎ 03-3387-0172
月休

　中野駅から徒歩10分。早稲田通り沿いに暖簾を掲げている。カウンターが5席、小上がりにテーブルが3卓だけの小体な天ぷら店。天ぷら定食・かき揚げ定食・かき揚げ丼、すべて800円と良心的な価格設定。いかゲソ入りの小サラダのドレッシングに酢が利いている。豆腐とわかめの味噌汁はよいが、きゅうりのぬか漬けはクセがある。天丼の内容は海老2尾・小きす・さつま芋・なす・小海老といかのかき揚げ。かき揚げに存在感があり、なかなかの充実ぶりである。おや？　と思ったのは丼つゆの酸味。隠し味に酢を使っているのだろうか。神田は昌平橋通りにあった「中久」出身の店主は酸っぱいものがお好きなようだ。

日替わりランチ 680円

🍚 🎩
レストラン シュベスター
板橋区板橋 1-36-10
☎ 03-3964-7041
日祝休

　2種類以上の料理が盛合わされる日替わりランチがお食べ得。月・木—ポークカツ・ハンバーグ。火—ローストポーク・ミンチカツ。水—若鶏のフリッター・ハンバーグ。金—ポークカツ・クリームコロッケ・ハンバーグ。土—若鶏のカツ・ハンバーグ。オススメは月・木曜。ポークカツが半分になる替わりにクリームコロッケが加わる金曜もいい。毎日のように顔を出すハンバーグはつなぎの多い肉団子風でサイズも小さく、あくまでも脇役だ。ポークカツは厚みこそないが広がりがあり、いかにも洋食屋のカツレツといった感じで上デキ。化調が際立つオニオンスープが不満で、盛りのよいライスは及第点。接客も丁寧で好感の持てる町の洋食屋さんだ。

豊島区・中野区・杉並区・練馬区・板橋区　♛　ベストランチにあと一歩の優良ランチが食べられるお店

和牛ビーフジャワカレー 1785円

トマト
杉並区荻窪 5-20-7
☎ 03-3393-3262
木休

　欧風カレー&シチュー専門店を高らかに宣言。シチュー部門はビーフシチューもストロガノフもすべて3千円以上と、手も足も出ない。カレー部門ですらビーフタンとシーフード（各2310円）は高嶺の花だ。そこで狙いを定めるのは仔牛のミルク・骨付きチキン・帆立貝柱・季節の野菜（各1680円）あたり。仔牛のみマイルドで、あとは基本的に中辛仕立て。ここは100円ほど上乗せして和牛ビーフか和牛ビーフジャワ（各1785円）を試していただきたい。前者が中辛、後者が辛口だが、辛さの調節は可能。ビーフジャワは欧風でありながらスパイシーで印度風を名乗っても違和感がないくらい。もうちょっと価格帯が下がると二百選入り確実。

骨付きチキンカレー 840円

すぱいす
杉並区荻窪 5-16-20
☎ 03-5397-3813
日休

　前記の「トマト」が荻窪カレーのエグゼクティヴクラスとすれば、こちら「すぱいす」はエコノミークラスを代表する店。もちろん価格においてである。季節の移ろいとともに様々なカレーが登場する。極上かきカリー（1480円）・海老と青南蛮のカリー（1050円）、牛すじとトマトのカリー（1240円）などである。通年食べられて値段も抑え気味のチキンカリーを推奨するのが妥当な線。辛味の増量は可能だがベーシックな辛さでじゅうぶんだ。カレーだけではちと淋しいという向きはポテトサラダ（330円）かトマトとほうれん草のサラダ（430円）をどうぞ。ビールを飲むなら台湾風手羽先煮込み（480円）はいかが？

カレーライス+ラーメン 900円

ほかり食堂
（ほかりしょくどう）
練馬区石神井町 3-16-18
☎ 03-3996-4672　火休

知る人ぞ知る坂口安吾ライスカレー大量発注事件。この事件を解決したというか、とにかく100人前のカレーをさばききったのが、同じ商店街にある「辰巳軒」（235ページ参照）とこの店。ともに和・洋・中、何でもこなすのだが、しいて分類するとあちらは洋食＆中華の色合いが濃く、こちらは和食＆中華といった趣きがある。店内は昔ながらの食堂という雰囲気。あじ開き定食（600円）で朝めしだか昼めしだか判らん食事もいいが、いつまた来れるか知れない身ならば、くだんのカレーライス（500円）を食べておこうか。ついでにナルトが印象的なラーメン（400円）もいってしまおう。これにてお腹もいっぱいになることだし。

豊島区・中野区・杉並区・練馬区・板橋区　♛　ベストランチにあと一歩の優良ランチが食べられるお店

台東区・荒川区 北区・足立区

このエリアのランドマーク
上野恩賜公園・浅草寺
都営荒川線・あらかわ遊園
飛鳥山公園・旧古河庭園
西新井大師・舎人公園

とんかつ定食 800円

とんかつ スエヒロ
台東区浅草橋 1-33-5
☎ 03-3851-2727
日祝休

2007年4月1日より、とんかつ定食がとうとう50円上がって800円に。プレミアムのロース（1400円）とヒレ（1600円）はどうにか据え置かれている。たとえ値段が800円となろうとも、この店の定食群は割安感にあふれている。デカいのが2個付けのメンチカツ、メンチ1個にこれもデカいシューマイ3個のメンシュー。とにかくボリュームがすさまじい。これにライスを大盛りにしてもらえば、その日の晩めしは不要だ。食味の上ではとんかつが一番。心もち薄めのロースが運ばれると、ラードの匂いが鼻腔をくすぐり、食欲をそそる。サックリの食感にジンワリの滋味。千切りキャベツの脇に添えられたポテトサラダもタップリだ。

蟹入りマカロニグラタン 800円

キッチン ラッキー
足立区興野 1-11-10
☎ 03-3849-3882
火休　第3・4水休

日暮里・舎人ライナーが開通して便利になった西新井。それでも駅からこの店まで15分は歩かねばならない。老夫婦2人きりで営むキッチンには、そこはかとなくくたびれたレトロ感、うらぶれた場末感が漂っている、といったら失礼だろうか。でも、この感じは好きだなぁ。田端新町にあった同名店の流れを汲み、継承する名物料理はコーンポタージュ（400円）とマカロニグラタン。ねっとりとしたポタージュは障子張替え用の糊みたいで口に合わない。各種揃ったグラタンは蟹入りを注文。熱々をフーフーいいながらいただくと、インパクトのある1品に仕上がっており二重丸。ビールにもライスにも合うオムレツ（550円）も花マル。

あんかけ+焼き鳥+味噌椀+ごはん 1600円

笹の雪（ささのゆき）
台東区根岸 2-15-10
☎ 03-3873-1145
月休　祝日の場合は翌火休

元禄年間に京都から江戸に出てきた豆腐職人が開業した頃は朝めしだけの商い。朝の早い豆腐屋という商売柄、その日の製造を終えた店先で食事を出したものと推察される。あんかけ豆富と焼き海苔と白飯が当時の献立。もっぱら吉原からの朝帰りの客目当てだったという。名物のあんかけ豆富（350円）は小さいのが2碗1組で出されるのが習わし。これに戦後始めたもう1つの名物の焼き鳥（650円）をおかずとして昼めしとしよう。プリッとしたもも肉の2本付けだ。あとはなめこ味噌椀と新香付きのごはん（各300円）を取ればよい。締めて1600円は安くはないが、老舗でゆったりいただく食事代として、高いものとも思えない。

まぐろ刺身定食 980円

🍚 **椎橋食堂**（しいはししょくどう）
足立区千住橋戸町 50
☎ 03-3879-2806　日祝休　水不定休　5:40～13:30 の営業

　松尾芭蕉が『奥のほそ道』の第一歩を印した千住大橋に中央卸売市場足立市場、通称「千住の魚河岸」がある。市場に出入りするプロたちの胃袋を支える食事処がこの店。築地場内の食堂よりも価格設定に割安感がある。かれいの煮付け（600円）や金目鯛のかぶと煮（700円）に味噌汁・新香・ごはんのセット（340円）が気に入りながら、一番人気はまぐろ刺身定食。客観的に判断すると、やはりこの定食がこの店の看板商品だ。赤身と中とろの中間感じの分厚いまぐろが7～8切れ。清酒を冷やでもらってそれを少量、醤油にたらし、勝手にヅケを4切れほど作る。残った刺身で酒を飲んだら手製のヅケで飯を食う。やみつきになること請け合い。

炒り豚&ライス+味噌汁 500円

🍚 **天将**（てんしょう）
北区上十条 2-24-12
☎ 03-3906-6421　火休

　店頭のサンプルケースがノスタルジック。店内に入ると、もう1つ似たようなケースがあってビックリ。こんな店はほかにないやろ。周りを見回すと、土曜の朝の11時前だというのに、すべての客が酒を飲んでいてまたもやビックリ。若い素人女性の2人連れまでサワーかなんかを召し上がられてる。こんなんほかでは見られんやろ。ツラレてビールを頼んだら大瓶できた。なんで朝から飲まなアカンの？　ナポリタン風ケチャップ味の炒り豚（300円）をまず食べてほしい。ビールにもライス（150円）にも好相性で、昼めしならば当然ライス。あとはわかめの味噌汁（50円）だ。もの足りなければ、まぐろの味噌漬け（350円）あたりをいかが？

**平日の
ランチ** 1050円

ビストロ・ラ・シブレット
台東区浅草橋 2-27-5
☎ 03-3863-6232
日水休

仏語の店名の「シブレット」は英語ではチャイヴ。日本のあさつきや鴨頭ねぎに似た小ねぎのこと。その店名通りにほとんどの料理にシブレットのみじん切りを振りかけてくる。洋食屋のパセポン（みじんのパセリ）のごとくだ。何種類か揃う平日限定ランチの充実ぶりには驚くばかり。二百選入りでもおかしくないが席数に限りがあるため、順番待ちや売り切れのリスクが伴うので減点した。こういう店は外すべきところながら、あまりのおトク感に排除しきれなかった。サカナのポワレに帆立やあさりを惜しげもなく添えてくるのがうれしい。料理によっては追加料金が必要なものもあるが、スープ・パン・デセール付きでこの値段なら納得だ。

もやしそば 700円

一寸亭
（ちょっとてい）
台東区谷中 3-11-7
☎ 03-3823-7990　火休

谷中名所の夕焼けだんだんを降りたら、そのまま谷中銀座を真っ直ぐ進んでほどなく左折すると左側にある。近隣の常連でにぎわっているが、カウンターは隣り同士が狭苦しく、小上がりもあまり居心地がよいとはいえない。サッと食べてスッと帰るにふさわしい店だから、ゆっくりと酒を飲んでいる客が多いのは意外だ。一番人気はもやしそば。湯麺の上にもやしと豚バラ肉だけのあんかけが掛かっている。ガッツある太打ち麺は簡単にノビないけれど、猫舌は苦労する。そんな人にはチキンライス（700円）を推したい。鳥胸肉と玉子が入り、味が濃いめの油は多め。チャーハンのように円形ではなく、流線形で現れるのが懐かしい。

台東区・荒川区・北区・足立区　♡　ベストランチにあと一歩の優良ランチが食べられるお店

汁なし担々麺 860円

香巷菜 松楽
(ほんこんさい しょうらく)
荒川区南千住 1-19-2
☎ 03-3807-5784　水休

　都営荒川線の片方の始発駅・三ノ輪橋。そのすぐそばに古くからあるアーケードの商店街がジョイフル三ノ輪。道の両側に野菜や果物があふれんばかりの通りの中ほどに1軒の中国料理店がある。中に入って場違いなスッキリとした内装に虚を突かれる。接客もとても丁寧でマダムに伺ったら創業50年になるとのこと。お見それしやした。曜日替わりの定食や半チャンラーメンが790円。同じく日替わりサービスの麺類は100円引きの730円。針唐辛子・もやし・いんげんをあしらった汁なし担々麺が清湯も付いてグッド。このスープがイケるからラーメン（630円）もよい。少量の油を加えて炊く白飯が意に染まず、定食は避けたほうが無難。

海鮮五目焼きそば 980円

同心房
(どうしんぼう)
北区滝野川 7-9-9
☎ 03-3949-8562　無休

　JR板橋駅の真ん前なのに地番は北区。すぐそばに新撰組局長・近藤勇と、副長・土方歳三の墓が忽然とある。中国家常菜を謳うこの店は荒川区・尾久、練馬区・中村橋にも同名店があり、暖簾分けだか系列店だか判然としないが、お互いに廉価なメニュー構成を打ち出しているところは一緒だ。表題の一皿は焼きそばというよりもイタリアンのパスタに近い。麺は薄めの平打ち。海老・いか・帆立の魚介がふんだんに使われ、旨みの溶け出したスープもたっぷり。タリオリーニ・ペスカトーレの世界が目の前にある。名代の餃子と担々麺が傑出しているわけでもなく、牛ハラス炒めの定食を注文した際には冷めたごはんが固くて手の施しようがなかった。

江東区・墨田区・葛飾区・江戸川区

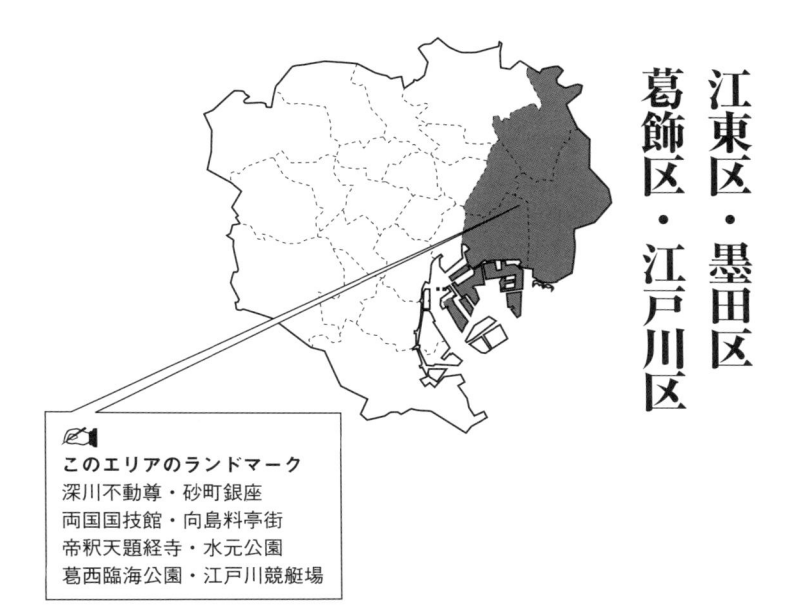

このエリアのランドマーク
深川不動尊・砂町銀座
両国国技館・向島料亭街
帝釈天題経寺・水元公園
葛西臨海公園・江戸川競艇場

かつカレー
1000円

むさしや
墨田区両国 3-24-1
☎ 03-5625-2929
日祝休

多彩なランチメニューはそのほとんどが金千円也。ロースかつ・ひれかつ・盛合わせ・豚とろの定食類のほか、かつカレーと限定豚とろ丼などがある。盛合わせ定食の内容は、コロッケ・イカフライ・ロース or ヒレの3点。昼の立て込む時間に盛合わせの注文はキッチン泣かせ。にも関わらず、うち1品のとんかつに選択肢を与えているところを評価したい。できそうでできない心配りといってよい。かつカレーのかつにはそこそこの厚みを持つロースを使用。カリッとした揚げ上がりなのでカレーと混ぜずに食べたい。ロースかつ定食も推奨に値するが、ニセわさびと塩で食べるように指導するのは勇み足。ハッキリ言って迷惑だ。

ベストランチにあと一歩の優良ランチが食べられるお店

究極のカニコロッケ+かきフライ+ごはんセット
1770 円

🍚

とんかつ 喝
（とんかつ かつ）
葛飾区東金町 1-11-3 伴ビル 2F
☎ 03-3608-7141　水休　第 3 木休

　めったなことではおいしいものに出会えない葛飾・金町にあって、ユニークな揚げ物を揚げ続ける優良店は 1984 年創業。店内でまず目を引くのは取り放題の漬物バー。きゅうり・かぶ・しば漬け・野沢菜などに混じってひじきなんぞも並んでいる。ロースカツごはんセット（1785 円）が王道で花マルだが、ここではあえて邪道（？）に足を踏み入れたい。たらば蟹がタップリ入ったカニコロッケ（1個 820 円）と広島産のかきを 4～5 個、一まとめにして揚げたかきフライ（1個 350 円）にごはんセット（600 円）をお願いすれば、この時点で口福は約束されたようなもの。あとはくだんの漬物バーをこまめに利用すればそれでよい。

ヒレかつ定食 1580 円

🍚　👧

とんかつ二条
（とんかつにじょう）
江戸川区瑞江 2-6-20 渡辺ビル 2F
☎ 03-3679-7005　月火休

　都営新宿線・瑞江駅から徒歩 2 分の至近。ビルの 2 階だがスペースがあって居心地がよい。葛飾・金町と同様にうまいものを探すのに一苦労の江戸川・瑞江ながら、1 駅先の篠崎には東京一の焼肉屋と絶賛される「ジャンボ」がある。「ジャンボ」の牛肉ほどではないにせよ、「二条」の豚肉もまた、訪れる客の舌を喜ばせるにじゅうぶんだ。コロモの付きが多いのに植物油で揚げるせいか胃もたれとは無縁。脂身のあるロースかつ定食（1470 円）でもシツコさを感じない。棒状に揚げるヒレかつは外サックリの中ジューシー。コロモ・揚げ油・揚げ方を総合的に判断するとオススメはヒレになる。キスフライ定食（1130 円）は隠れた優れモノ。

豚肉生姜焼きとハンバーグのセット(Cセット)
1300円

レストラン シラツユ
墨田区錦糸 4-1-7
☎ 03-3626-2535
無休

　総武線・錦糸町駅の高架下。食通よりも色通が集まる街のしかもガード下とあっては、何の期待もせずに飛び込んだ初回。それがCセットとの出会いだった。紛らわしいのはほかにCランチ（850円）というのもあって、これは味噌汁・シャーベット付きのオムライス。飲みものも付くCセットの生姜焼きは中華っぽい味付けで、ハンバーグはロシア料理屋のロールキャベツ風の味わい。どちらも望外のおいしさだ。手抜きは一切なく、並みの洋食屋ではないことが判る。付け合せの生野菜がたっぷりで、おいしく炊けたライスも他店の大盛りに近い。海老フライ・ハンバーグ・グラタンの3品セット（1780円）が欲ばり者に大人気。

レバニラ炒め定食　900円

旭屋（あさひや）
葛飾区柴又 1-24-2
☎ 03-3607-5211　水休

　フーテンの寅さんで有名な葛飾・柴又にある何の変哲もない街の中華屋さん。葛飾・立石の甘味処「旭屋本舗」とよく間違える人がいるそうだ。そうかと思えば、江戸川・南小岩にあった激安団子店も「旭屋」で城東の地も何かと紛らわしい。根強いファンがいるラーメン(600円)は煮干しが主張するスープに、色白の細打ち麺がサラリと絡んで実に素朴。夜汽車に乗る前の寅さんがツルツルやるにはピッタリのラーメンがこんなに間近な場所にあった。ニラレバ炒め定食はよくありがちなモヤシレバ定食では断じてない。モヤシがニラを駆逐する水っぽいのは願い下げ。悪貨が良貨を駆逐するのは通貨の世界に限ったことではない。

小松菜カレー 800円

ヴィオレッタ
江戸川区松島1-23-6
☎ 03-3652-1927
火休

　店名から連想されるのはヴェルディのオペラ「椿姫」の薄幸のヒロインだが、その名の通りにオシャレなたたずまいと内装を併せ持つカレー屋さん。いちょう並木のロケーションも素敵だ。失礼ながら江戸川区とは思えぬエレガンスさえ漂う。最寄りの新小岩から徒歩20分だけが玉にキズ。小松菜の原産地は江戸川区小松川。地域の名産を地産地消する小松菜カレーは和印折衷の趣き。サラリとしていながらトロリともするソースには小松菜の緑が散り、なぜか厚揚げとしめじが入る。会津産コシヒカリの胚芽精米使用のターメリックライスとともに味わう。食後のチャイはホット・アイスともに100円。上品な初老のご夫婦2人きりの切り盛り。

深川あさり丼 950円

福佐家
（ふくさや）
江東区三好2-11-4
☎ 03-3641-1791　月半ばの土休

　すぐそばの深川江戸資料館前では「深川宿」なる世紀の悪店が愚にもつかない深川めしで、何も知らない素人衆相手に暴利をむさぼっている。この店の謙虚さはその対極にある。両者は互いに対極にあり、かたや禿げ鷹、こなた伝書鳩ほどの差がある。鳩は数年前、予告もなしに突然現れた。もっとも外食産業の傘下店でもなければ、いちいち開業を予告する食べもの商売というのはきわめて少ない。俗に言う深川丼はあさりの味噌仕立てをぶっかけたどんぶり。深川めしはあさりの炊き込みごはんを意味することが多い。「福佐家」の深川あさり丼はすき焼き風の味付けに三つ葉が香るもの。わかめの味噌汁とぬか漬けが名脇役を務めている。

スパゲッティ いろんな野菜のトマトソース
1000円

パディントン
墨田区東向島5-19-13
☎ 03-3613-4441
月休　祝日の場合は翌火休

　以前は東武伊勢崎線・東向島（旧玉ノ井）駅前のビル2階にあった。2007年秋に水戸街道沿いに移転。かなり大箱の路面店に変身した。車の往来の激しい大通りはけしてよいロケーションではないが、着実に集客できているようだ。ランチはスパゲッティとピッツァがそれぞれ3種の計6種類。パスタが表題のほか、あさりのガーリック、クリーム仕立てのミートソース。ピッツァは定番のマルゲリータ、クアトロ・フロマッジオ（4種のチーズ）、アイ・フンギ（きのこ）。それぞれに悪くはないが、どれか1品となるとトマトベースのパスタに行き着く。ピッツァは香ばしさがイマイチ。ここまで来たら帰りには向島百花園の散策を。

索引

(五十音順)
- ◎ベストランチ200が食べられるお店
- ○ベストランチにあと一歩の優良ランチが食べられるお店

あ

◎赤津加	52
○旭屋	291
◎飯田屋	119
◎伊せ㐂	171
◎井泉本店	139
○入船	277
◎いわしや	81
○ヴィオレッタ	292
◎ウエスト・レトロカフェ	79
◎上野藪そば	116
○魚ゆ	271
◎うめーや！夢屋	252
◎梅寿司	115
◎栄一	71
◎永楽	262
◎EDOYA	101
◎皇蘭	230
◎太田鮨	64
◎陸蒸気	195
◎オステリアココ・ゴローゾ	145
◎オステリア・ラ・ベリータ	144
◎小田保	75
◎お茶とごはんや	142
◎おひつ膳 田んぼ	158
◎おもひで定食	191
◎オリガノ	205
○尾張屋	264

か

○カーサ ヴェッキア	278
◎海燕	148
◎柿の木	85
◎加瀬政	164
◎かつ久	212
◎割烹 中嶋	154
◎角萬	118
◎亀戸餃子	178
◎川千家	255
◎川勇	151
◎韓国薬膳はいやく	94
◎桔梗家	184
◎季彩 そばきり すゞ木	233
◎北一食堂	206
○吉松亭	280
◎キッチン亀	239
◎キッチンK	245
◎キッチンとん忠	246
◎キッチン マカベ	222
◎キッチンまつば	140
◎キッチンめとろ	152
○キッチン ラッキー	285
◎きむら	90
◎キャス・クルート	203
◎京すし	63
◎㐂よし	102
○きよし	281
◎クンビラ	162
◎慶楽	60
◎玄庵 昌	243
◎源来酒家	58
○こいわ軒	256
◎興華楼	185

◎高揚	196		◎そば切り源四郎	42
◎紅楼夢	59		◎蕎草舎	254
◎古家庵	113		○ソルタナ	274
◎古今	72			
◎ことぶき本店	179			
◎ KORYO	135		**た**	
◎コンコンブル	160		◎タイガー食堂	84
			◎たい樹	198
さ			◎醍醐	210
◎坂本屋	228		◎大三	117
○笹の雪	285		◎大三元	186
◎ SUNNY DINER	251		◎たいめいけん	78
○さぼうる 2	266		◎宝家本店	44
◎山海	130		◎田川	225
◎三幸園	112		○たき下	272
○椎橋食堂	286		◎竹や	138
◎シェリーハウス	168		○立会川 吉田家	275
○シェ・ルネ	273		◎辰巳軒	235
◎四川一貫	57		◎ダリエ	92
◎七福	177		◎ダルマサーガラ	91
◎しむら	229		○タンタ・ローバ	268
○蛇の目	280		◎たんたん亭	227
○ジャポネ	271		◎ダンドロ ダンドロ	87
◎松栄亭	47		◎たんぴょう亭	133
◎松花江	217		◎竹葉亭銀座店	67
◎松竹	189		◎茶語 アラン・チャンティールーム	159
◎新京	236		◎潮夢来	108
◎寿恵川経堂店	219		◎中華オトメ	146
◎すぎ田	123		○一寸亭	287
◎スクニッツォ！	56		○ Didean	181
◎すし匠	150		○ Devi Fusion	110
○鮨兆	269		◎手打うどん あかう	188
○すぱいす	282		◎手打そば 重吉	249
◎住友	194		◎手打そば 矢打	259
◎静智庵	41		◎デリー上野本店	141
◎雪園京橋店	88		◎天茂	98
◎舟蕎山	238		○天将	286
			◎天朝	69

○天仲	275
◎天ぷら 逢坂	97
◎天扶良からくさ	121
◎伝丸	132
◎天味	211
◎天竜	173
○同心房	288
◎桃乳舎	77
○土手の伊勢屋	122
◎砺波	128
○トプカ	48
◎Dobro	93
○トマト	282
◎トラットリア・ラ・テスタドゥーラ	54
◎鳥つね自然洞	45
○鳥藤ミルクワンタン	267
◎とんかつ大倉	221
◎とんかつ おさむ	165
○とんかつ 喝	290
◎とんかつ家庭	174
◎とんかつ さくら	260
◎とんかつ繁	46
○とんかつ スエヒロ	284
○とんかつ すずき	270
◎とんかつ大宝	199
◎とんかつ 椿	220
◎とんかつ二条	290
◎とんかつ みのや	244
◎とんかつ竜馬	276
○とん㐂	73
◎とん陣	233
◎とん太	166
◎豚八	126
◎とん平	167
◎とんまつ	261

な

◎中山	70
◎ナプレ	106
◎鍋茶屋	120
◎業平屋	183
◎ニューあわや	250

は

◎梅光	137
◎海南鶏飯食堂	109
○パディントン	293
◎ビストロ・ド・ラ・シテ	104
◎ビストロポン・レベック	202
◎ビストロ・モンペリエ	134
○ビストロ・ラ・シブレット	287
◎ピッツェリア バッコ	216
○ひとりむすめ	265
○ひびき庵	279
◎百亀楼	247
◎ひょうたん屋	68
◎ピラブカウ	169
◎福和好日	82
◎深川煉瓦亭	176
○福佐家	292
◎福田屋（渋谷区）	157
◎福田屋（大田区）	215
◎不二越	240
◎藤むら	53
◎ふじや食堂	103
◎鮒与	156
◎ブラッスリーポワソン・ルージュ	207
◎ペティアン	202
◎ベントルナート・マッジオ	55
◎朋樹庵	96
◎蓬莱軒	226
◎蓬莱屋	125
○ホーカーズ	270

○ほかり食堂	283
◎ホクエツ	213
○香港菜 松楽	288
◎ほん田	50

ま

○ MARUAKADINING 悦	267
○丸栄	279
◎丸香	43
◎満る善	172
◎丸福	193
◎丸福食堂	190
○萬金	272
○萬福	80
○満来	277
◎ミスター・ガーリック	100
◎宮川本廛	66
○みや古	175
◎ミュン	147
◎みよし別館	131
◎ミンスクの台所	111
◎夢飯本店	231
○むさしや	289
◎むらもと	214
◎メーヤウ神保町店	49
◎目黒のさんま 菜の花	200
◎メルシー	153

や

◎ゆたか本店	124
◎洋食たけだ	76
◎吉野鮨本店	62
◎吉宗	83

ら

○らーめん なかや	129
◎ラクシュミー	208
○ラ・ステラ	268
◎ラ・レネット	180
○ランチョン	266
◎利久庵	65
◎リストランテ・ヴィコレット	223
○龍の子	161
○ルー・ド・メール	265
◎ル・シズィエム・サンス・ドゥ・オエノン カフェ	86
○ Restaurant S	105
◎レストラン・カミヤ	127
○レストランシュベスター	281
◎レストラン シラツユ	291
◎レストラン・プルミエ	143
◎レストラン ヨシイ	257
◎レバンテ	51
◎煉瓦亭本店	74
◎楼蘭	89
◎六波羅	99
◎六本木樓外樓飯店	107
◎栄児家庭料理板橋店	241

2008年11月15日　第1刷発行

J.C. オカザワの
昼(ひる)めしを食(た)べる
東京のベストランチ二百選

　　　　　著　者　J.C. オカザワ
　　　　　発行者　株式会社　晶文社
　　　　　　　　　〒 101-0021　東京都千代田区外神田 2-1-12
　　　　　　　　　電話（03）3255-4501（営業）
　　　　　　　　　URL　http://www.shobunsha.co.jp

編集：アイランズセカンド
DTP& 本文・口絵デザイン：アイランズセカンド
扉イラスト：花岡道子
口絵写真撮影：天方晴子
地図製作：オゾン
装丁：藤田知子
印刷：ダイトー　　製本：三高堂製本

©2008　Shinichi Okazawa
Printed in Japan
ISBN 978-4-7949-7691-8　C0076

Ⓡ〈日本複写権センター委託出版物〉本書を無断で複写複製（コピー）することは、著作権法上での例外を除き、禁じられています。本書をコピーされる場合は、事前に日本複写権センター（JRRC）の許諾を受けて下さい。
JRRC〈http://www.jrrc.or.jp　e-mail：info@jrrc.or.jp　電話：03-3401-2382〉

〈検印廃止〉落丁・乱丁本はお取り替えいたします。